Traffic Control and Operation Safety Techniques for Maintenance and Construction of Highways

公路养护施工区交通控制与安全保障技术手册

周蔚吾　主编

人民交通出版社

内容提要

本书是作者结合国内标准和国际先进国家的相关文献编写的，全书共分8章，内容包括概述、公路养护施工区交通控制概要、养护施工交通控制区定义、公路短期养护施工区交通控制设施设置、公路长期养护施工区交通控制设施设置、高速公路施工区交通控制设施设置、公路养护施工区设施、养护施工区交通控制人员。

本书可供从事公路养护、施工的技术人员及建设管理人员使用，亦可供交通控制与管理人员及相关专业高等院校师生学习参考。

图书在版编目（CIP）数据

公路养护施工区交通控制与安全保障技术手册/周蔚吾主编.—北京：人民交通出版社，2011.7

ISBN 978-7-114-09261-9

Ⅰ.①公… Ⅱ.①周… Ⅲ.①公路养护-路段—交通控制—技术手册Ⅳ.①U491.5-62

中国版本图书馆CIP数据核字(2011)第135659号

书　　名：公路养护施工区交通控制与安全保障技术手册
著 作 者：周蔚吾
责任编辑：沈鸿雁　刘永超
出版发行：人民交通出版社
地　　址：(100011)北京市朝阳区安定门外外馆斜街3号
网　　址：http://www.ccpress.com.cn
销售电话：(010) 59757969，59757973
总 经 销：人民交通出版社发行部
经　　销：各地新华书店
印　　刷：中国电影出版社印刷厂
开　　本：880×1230　1/16
印　　张：11.25
字　　数：344千
版　　次：2011年7月　第1版
印　　次：2011年7月　第1次印刷
书　　号：ISBN 978-7-114-09261-9
定　　价：48.00元

前　言

公路养护施工区的交通安全是由“临时交通控制”措施来实现的。长期以来，我国道路建设、施工、养护设计和管理部门缺乏针对道路施工与养护区的“临时交通控制”指导文献和完整的设施设置规范。目前使用的是《道路交通标志和标线》（GB 5768—2009）的简单图例和《公路养护安全作业规程》（JTG H30—2004）。这两个文献虽然在不同程度上列举了养护施工环境下的交通控制与安全作业的一些设施设置方法图例，但是其内容、分类和具体操作图例都过于简单，缺乏系统性、严密性和可操作性。其中重要的施工区交通安全与事故预防的法律措施，以及路权法规完整性方面是较为欠缺的，从而可能造成养护施工区交通事故并引起法律诉讼的隐患。

本书作者在大量参照国外先进规范的基础上，充分考虑了国内的特殊情况，结合国内已有的规范标准，系统地编制了这本适合我国公路养护施工区的交通控制与安全保障设施设置技术的手册。它也是目前我国第一本理论与实践相结合，系统性与可操作性并重的较全面的施工区交通控制与安全保障技术指导文献。希望借助本手册的出版对促进中国公路养护施工区的交通安全保障的规范化、程序化、系统化方面做出有益的贡献。

本手册的编写是在交通运输部负责的国家科技支撑项目“山区公路网安全保障技术体系研究与示范工程”的专题六“山区公路养护路段交通安全综合保障技术与装备”子课题的经费支持下，在主编和总设计周蔚吾带领下，由北京华通世达智能交通技术有限公司完成的。其中，参与本手册编写的主要人员有：周蔚吾、王丹丹、朱静、任云飞、唐浩、沈进华、周罡、戴晓松、密金伟、房青青、丁慧、张爱萍、龙家才、龙玲、梁丽娟等。

本手册的编写得到了交通运输部公路局李华局长和养护保通处杨国峰处长的关怀与支持，是在交通运输部公路科学研究院所属“中公高科（北京）养护技术有限公司”赵怀志总经理和山东省公路局王松根副局长的具体领导，以及刘振清等同志的协助下完成的。

当然，编写一本在理论性、实践性和操作性上都十分全面的公路养护施工区交通控制与安全保障技术手册并非一件容易之事。本手册虽然经过多方努力研究，但是不足之处在所难免。希望本手册起到抛砖引玉的作用，敬请读者与有关专家批评指正。

周蔚吾

2011 年 3 月于上海

目　录

1 概述

1.1 背景与目的

公路、城市道路的建设施工和养护过程对交通安全和畅通会产生直接的影响。如果在施工前和施工过程中没有形成详细的设置规划和临时交通控制管理措施，往往会对施工中的人员安全和运营中的交通流等产生各种负面影响；另外，控制和管理不当也可能会引发各种交通安全事故，以及引起事故法律诉讼等问题。因此，在进行公路施工与养护的整个过程中，必须建立一整套完善的安全施工组织管理、临时交通组织和控制管理的程序，从而确保整个施工过程中施工人员、公共交通以及施工工程的最大安全性，确保公共交通运营的最大畅通性。

公路与城市道路建设施工和养护作业，正常情况下，在工程施工之前，需要对原有的交通流进行细致和规范的交通组织和控制措施的规划与设计，做好工程施工之前的施工预告，施工过程中的交通组织与控制，以及施工区的警告、隔离、分流、控制，施工结束时和结束后的一系列拆除程序和步骤等工作，使工程施工的整个过程在保证施工人员的安全与工程质量与进度的前提下，最大限度地保证交通流畅通。

以上对养护施工区涉及的交通安全组织管理和控制过程，实际上是交通组织和控制在养护施工区的一个专项内容，国外称其为"施工区临时交通控制设施设置技术手册"，它们一般是200余页的技术指导文本，其中对施工区交通组织和控制的法律重要性，短期和长期施工区的交通组织、管理和控制，提出一系列的设置原理、技术方法、步骤和图例。

然而，我国以前对施工区的交通控制缺乏较完整的指导文件，最初涉及施工交通控制的文本即是《道路交通标志和标线》（GB 5768—1999）（以下简称《国标》）最后附录的14页图例，其中缺乏具体的说明和设置方法。之后原交通部颁布了《公路养护安全作业规程》（JTG H30—2004）（简称《规程》）。虽然《规程》已经在《国标》基础上有了较大改进，增加了不少文字说明内容，也提供了较全面的实施图例，但是，仍然缺乏系统化的规划、设计、实施、管理以及法律责任等一系列相关内容。从整体上看，《规程》不管是设计内容还是图例指导，都与国外先进国家的文本有较大的差距。其中，有些图例还存在一些不合理的设计，尤其存在"交通法规—路权"概念错误，以及影响交通流畅通等缺陷。

近20来年全国公路发展很快，公路通车里程迅速增长，技术等级不断提高，已经初步形成了全国较为完善的公路网体系；同时，每年都有大量已建成的公路面临常规化的养护，面对如此大规模的公路网升级改造和维护，施工和养护工程每年都在不断增加，形成了全国各地公路管理部门在养护施工方面的任务每年快速递增的局面。由于目前我国尚缺乏养护施工区交通控制方面较完整的指导文件，造成工程养护施工单位仅仅依靠一些简单的图例来设置一些较复杂的施工现场，很多养护施工区呈现出或多或少具有各种交通安全和事故隐患的状况，同时还呈现出为了施工需求全然不顾交通安全和交通流通行的错误作法，人为造成很多养护施工区本来可以避免的严重交通拥堵现象。因此，如何借鉴国际先进国家有关养护施工和交通规划管理控制的成果，以及实践证明行之有效的实施规范和标准，充分结合我国已有的规范标准和实践经验，在近期系统化地建立和编制一个适合我国公路特征，理论完善、实际操作性强、适应我国公路养护施工作业所需的、规范性的施工区交通控制设施设置技术指导文献，对我国公路养护施工安全作业是十分必要的，而且对全面推进快速公路网建设，提高公路养护水平和通行能力，提高安全品质，将会有极大的实践推广意义，并且具有全国性的指导意义。

编写本手册的目的是为公路施工区临时交通控制设施的设置提供较完整的实施技术指导文献。本手册的宗旨是为建立和谐社会，打造高效、安全、优质的公路交通环境，改善公路养护施工区交通安全性和畅通性，为全国公路管理部门及设计、建设单位提供一本具有较高实践操作性的养护施工区临时交通控制及安全作业实施规范和技术的指导手册，从而对全国公路建设、管理、养护作业规范化发挥有益的指导作用。作者也期望本手册的出版能对我国公路养护施工的交通组织控制和安全作业保障措施起系统性指导作用，同时也期望本手册能对我国现行相关国家标准和行业标准标在公路施工养护交通控制和安全作业保障方面起到有益的补充与完善作用。

1.2 国内现状

我国公路通过30余年的大规模建设，每年各省都有大量的公路需新建和改扩建。目前，大部分公路都已经或开始进入常规化的养护阶段，同时各地城市道路施工与养护也处处可见。但是由于我国长期以来在具体的施工和养护作业过程中存在的缺乏规范性、正确完善性问题，造成道路施工区的交通事故不断发生，究其原因主要归纳如下。

(1)目前，我国仍然缺乏一个较严谨完整的施工区交通控制和安全保障实施技术手册，已有的《国标》和《规程》相关内容欠缺完整性和严密性。

(2)很多施工区缺乏严格的交通控制规划、设置程序和完整的控制设施，以及现场人工指挥等严格的交通控制措施，使施工区的交通畅通性和安全性都存在不同程度的问题。

(3)目前，我国应用的交通施工标志设置不够完整和合理，交通流引导作用不强；很多情况下没有或缺乏临时标线或设施设置，或者标线施画不规范，造成交通流混乱和事故隐患。

(4)夜间施工时，没有或缺少必要的红灯警示信号，或高强度反光标志设置。

(5)施工现场交通安全设施设置不规范、不完善，对交通缺乏正确疏导，甚至阻碍交通。

(6)通车便道、临时便道路面不平整，通行条件差，缺乏正确设置便道的措施。

(7)设备、材料乱堆乱放，占用行车道，或道路施工车辆未放置明显的施工作业标志。

(8)个别交通隔离设施过于简单，只是拉根绳子、竖根杆，造成行人和车辆擅自闯入不具备安全通行的条件施工作业现场或路段。

公路养护施工区的交通组织和控制的正确设置是保证公路建设和养护路段交通运输畅通和安全的基础。北美洲、欧洲等许多先进国家在公路建设和管理上已经积累了近百年的历史经验，在理论和实践上都已经建立了相对我国更加完整、严密的规范和标准。这些先进的规范和标准已经在近半个世纪的实践中被证明其实用性和相对完善性，因此，在最大范围内确保了公路建设养护管理的安全性、高效性和交通的畅通性。

然而，目前我国在公路施工养护方面还没有一个比较完善的、专门为施工区交通组织和控制，规划、设计和设置应用的技术指导文件，虽然2004年颁布的《规程》已经具有一定的指导性，但其中欠缺的内容仍然很多，尤其是文本的编制方法、内容完整性、图例正确性、应用指导性等方面还存在较多缺陷，甚至还存在由于对交通法规和路权的模糊，形成对交通流控制不妥等问题。

1.2.1 国内相关规范内容不完整

目前，我国在养护施工区的交通控制与安保措施方面还缺乏完整、系统的技术文献指导。原有的《国标》内容太简单，仅有少数一些图例，没有文字说明。后来的《规程》，内容虽然较《国标》增加许多，但是仍然缺乏系统性、完整性和较详细的文字说明，并且还缺乏交通法规与路权分配的内容。

1.2.2 养护施工区正确的交通控制是安全保障的关键

我国《国标》的相关内容和《规程》都没有明确提出"施工区交通控制"的概念，而直接以"安全作业"作为主题。这里比较容易模糊的是"交通控制"，它是一个更加广泛和全面的"概念与措施"。其中，"交通控制"包含"交通法规"和"交通路权"两大重要概念，只有在"正确"的"交通控制"环境下，才会有"安全作业"的"结果"。因此，国外先进国家的施工区作业规范是以"施工区交通控制"来命名的。由于我国目前存在交通控制概念上的模糊，形成我国施工区"安全作业规程"缺乏在交通控制方面相关法规与路权的严密性和准确性问题。

1.2.3 养护施工区安全保障设施设置的法律要求与规范

目前，我国的《规程》缺乏从交通控制和交通法规与路权角度来设置相应的交通控制设施。其中很重要的一个方面是缺乏“法律概念”。因为在施工区的相应交通控制设施设置不正确，产生适用交通法规模糊、路权不明确，由此引起的交通事故将使事故责任方不明确，究其原因是应该由施工和管理部门负责的。因此，存在事故受害者对施工方或地方交通管理单位提起的法律诉讼问题。而这方面恰恰是目前我国相关管理部门在理解和规范上严重欠缺的地方。

1.2.4 施工区交通控制的短期与长期设置的区别

目前，我国的规范没有区分施工区短期与长期在交通控制设施设置上的区别。因此，导致在具体施工区交通控制设施设置方面缺乏严密性，尤其是因为一些简单的施工，时间很短，没有必要设置太全面的交通控制。但是我国规范的设置图例统一为较复杂的设置环境，因此，会给短期施工造成“嫌弃麻烦，而忽略必要措施，反而造成事故”等问题。往往这种短期施工的交通控制严重缺乏正规化的必要交通控制、安保措施，形成事故多发隐患；反之，由于长期施工的交通控制又缺乏严密性，缺乏交通法规与路权概念，许多设置也是有较多问题的。

1.2.5 需具备完整的施工区交通控制设施设置规范

目前，我国的规范因为其设置方法、控制分类、设置原则、设置内容和步骤，以及叙述方法等都相对太简单，缺乏控制区的严密性和系统性。因此，大部分施工区设置方法仅仅依靠提供的一些单独的图例来实施，缺乏文字说明与解释，缺乏较详细的规范性说明，因此在具体实施过程中，存在各种不正确、不完整、不系统的设置，存在许多遗漏等问题。

1.2.6 部分示范图例缺乏道路交通“路权—法规”原则

目前，我国《规程》中的诸多图例，存在施工区双向交通流共用“一条车道”（宽度不到4m）时没有“交通控制—路权分配”相应措施的错误。这在法律上公出现“人为造成事故产生时缺乏责任方”的问题。这些错误图例都会成为许多“法律纠纷”和“法律诉讼”的隐患，也是我国在规范编制过程中缺乏严密性、正确性的问题。

1.3 国外情况综述

美国、加拿大以及欧洲等先进国家道路施工区的交通控制实施报告是相当完善的。其中，普遍包括如下内容。

1.3.1 具备交通控制的必要性、完备性和法律严密性

养护施工区的交通控制是为了在养护施工正常进行的同时，确保施工人员和普通交通流（机动车—行人—自行车）的安全和相关交通的正常运行。

先进国家在设置交通控制设施方面实施的相应规范具有严密和完整的内容，并且从法律层面规定了施工区的交通控制措施要能够确保人员安全和交通通行正常等。这里必须强调的是，先进国家在规范内容上确保施工单位若严格按照规范执行便不会有事故法律诉讼上的责任。然而，目前我国相关的规范中这方面是有缺陷和遗漏的，在事故发生时可能引起法律诉讼问题。

1.3.2 详细的交通控制规划、设计、实施过程和设置步骤

先进国家的规范提供了较严密的施工区交通控制设施设置规划、设计方法，以及根据不同施工区环境和要求的实施步骤、设置方法和过程等详细内容。

目前，我国的规范缺乏设置方法、步骤、过程等详细说明，仅仅有一些图例作为指导，也没有详细的分类等，因此存在实施过程中应用不正确或不完整等问题。

1.3.3 详细的交通控制设施和设备明细

先进国家的规范提供了非常详细的养护施工区独立应用的交通控制设施与设备明细，并且在颜色和标准上与普通交通设施（标志等）具有较明显的区别，这些区别使得养护施工区交通控制比一般道路的交通控制给驾驶者有更加明显的提示和警告作用。

目前，我国在这方面还没有明确区别，大量沿用普通道路交通控制的标志是有缺陷的。

1.3.4 短期与长期施工区设置的区别

先进国家的规范对施工区作业分为短期（一天之内）与长期（超过一天），对于不同的施工期限，其交通控制方法和具体设施设置都有区别。

目前，我国在这方面还没有明确区别，因此，可能造成设施设置不够严密或过多等问题。

1.3.5 分别对高速公路、普通公路、城市道路施工区作出了规定

先进国家的规范对不同情况下的施工区交通控制措施和设施设置的分类比较合理和细致，实施方法、步骤等都有详细的文字和图例说明。这方面比目前我国的规范要完整细致许多。

1.4 本手册研究方法

本手册的研究过程和方法主要如下。

（1）全面参照国内标准和国际先进国家的相关文献。

①本手册的研究主要是参照国外先进国家相关的规范和指导手册，其中共参阅了十多个国家和地区交通部门的施工区“临时交通控制”的相关规范和指导文献，同时按照我国现有国家标准和部颁规范进行了全面的分析，对照国外文献，找出我国规范的差别和优缺点。

②在综合国内外相关规范的基础上，优化、总结、归纳出适合我国国情的实施指导技术文本。

（2）全面参照国际先进国家的相关标准，建立适合我国的新规范。

①全面参照和吸纳了近十个国际先进国家和地区交通部门针对施工区交通临时控制的设置规范，在充分细致学习国外先进规范和我国标准的基础上，去除糟粕，提取精华，采纳和编辑了适合我国情况的新规范。

②新规范理论正确，内容全面，图例丰富完整，具有较高的理论性和实践指导性。

（3）结合我国道路系统的具体情况，参照国外标准，对养护施工区交通控制设施的设置方法作了详细描述。

①根据国际先进国家规范，结合我国标准，建立适合我国实际需求的施工区交通控制设施与设备明细。

②将养护施工区设施设置分别从标志、标线和其他设施方面加以阐述。

③将养护施工区设施设置分别从施工期长、短两方面阐述。

④将养护施工区设施设置分别从道路等级方面阐述。

（4）综合国内外养护施工区设施设置的优缺点和应用实践，设计和建立了具有较强指导和操作性的应用技术指导文件。

①结合国内外相关文本的优缺点，提出了适合、方便、可快速查找的编写格式和文本结构。

②本手册特别加强了对法规标志、警告标志和指引标志的完整描述和应用方法，增强了实用性。

1.5 本手册特点

本手册是在参照十多个国外先进国家和地区交通部门的公路道路施工区交通控制相关内容，结合我国相关标准情况完成的针对我国公路系统各种施工环境下进行交通控制设施设置的一份技术指导文献。本手册具有以下特点。

1）首次全面介绍了养护施工区交通控制设置理论、规范和程序

本手册参照大量国外规范相关理论，同时结合我国标准，首次在我国较详细地阐述了养护施工区交通控制与安全作业设置理论、方法和具体设置规范与程序，系统地提出了符合我国公路建设与养护需求和实施情况的、目前是我国最为详细的一份养护施工区交通控制与安全作业设置理论和规范。

2）详细提出了公路养护施工区设置临时交通控制设施的程序

本手册基于国外道路养护施工区交通控制的先进规范，结合我国相关标准和实际情况，首次在国内详细提出了针对不同道路等级、不同施工时间段的施工区交通控制与安全作业设施设置程序，改变了目前国内养护施工作业区交通控制与安全作业缺乏明确相关控制设施设置程序等现状。

3）正确体现“交通法规”和“交通路权”概念

目前，国内公路养护安全作业规程没有正确理解“交通法规与路权”在养护施工区安全作业过程的法律意义上的重要性。因此，现有《规程》有不少图例中明显具有缺乏“交通法规和路权”的错误，这些错误可能导致在施工区发生交通事故情况下相关施工责任部门受法律诉讼的隐患。本手册首次在这方面给予高度重视，对所有实施图例都进行了严格审查，确保养护施工区的“交通法规与路权”得到完整体现，给公路管理部门在法律上的保护提供保障。

4）合理的施工期间分类形式

本手册参照国外先进的研究方法，将养护施工区交通控制进行合理的分类，分别“短期”与“长期”施工区的不同内容和设置方法，避免了不分类带来的不同施工环境采用相同交通控制引起的交通控制方法不完善、不合理等错误。

5）完善的养护施工区交通控制设施明细

国外先进国家的养护施工区交通控制设施与普通交通控制设施是有许多区别的，尤其是颜色和形式上都有一定的区别，便于驾驶者对施工区的交通控制具有更加清晰的认识，而且，国外专门的养护施工区交通控制设施种类齐全，我国目前在这方面相对太简单和不完整。因此，本手册专门编制了适合我国养护施工区交通控制设施的明细。

养护施工区交通控制（标志标线）设置与施工安全有着密切的联系。因此，完善的标志标线设置方法是很必要的。本手册在现有《道路交通标志和标线》（GB 5768—2009）的基础上，完善了养护施工区标志标线的设置方法。

6）注重实践应用的指导性和针对性

本手册较详细地介绍了养护施工区交通控制设施设置的理论和方法，针对不同施工区环境，提出了不同的设置程序和设置图例，形成了一套完整的养护施工区交通控制和安全保障作业规程，因此，本手册具有很强的实践应用指导性和操作性。

2 公路养护施工区交通控制概要

2.1 一般原则

2.1.1 养护施工区交通控制设施设置的授权与程序

所有养护施工区的建立和相应交通控制设施的设置必须首先获得当地道路交通管理部门的直接参与或授权才能够开始执行。

实施之前必须提交相关养护施工区的设置范围、交通管理方法、交通控制措施、施工预期时间、施工相关内容步骤、程序等内容,获得所属道路直接管理部门的审批后,方可实施。

2.1.2 养护施工区交通控制和安全保障设施设置目的和范围

在养护施工区进行临时交通控制的主要目的如下:

(1)养护施工区的交通控制方法和安保设施设置能保证通过该路段的机动车、行人和自行车的通行安全。

(2)保证养护施工区工作人员的安全。

(3)保证养护施工区交通控制范围内驾驶员、自行车及行人等交通流的安全。

(4)保证在养护施工区所使用设备的完好。

(5)提高养护施工区交通的畅通性,尽量减少养护施工区周围的交通混乱。

2.1.3 设置养护施工区的法律权限

(1)施工单位在施工前要严格履行有关道路和交通管理部门相关审批手续,严格执行相关法律审批条例。

(2)施工前必须与公安交通管理部门签订协议,严格设定施工区的范围、施工时间、相关施工要求,设定交通控制方法和安全保障措施实施方法等,经审核具备施工条件后方可施工。

(3)施工现场的警告标志,交通控制和引导标志,标线、标牌、信号灯等控制设施设置必须符合国家和地方道路交通相应标准。

(4)施工期间要及时修复受损的标志、标牌,及时清除道路上的各种障碍物、施工垃圾,封闭路段的中央隔离带在施工过程中必须开通,以便对养护施工区进行交通组织与控制。

(5)施工现场设置的所有交通控制设施如果违反相关设置规范和标准,施工单位将承担由此产生的相关事故责任,并且追究相应的法律责任。

2.1.4 权威性

(1)养护施工区交通控制设施设置必须符合所在地区城市和公路相关设施设置的法规、标准的条例规范,确保其权威性。

(2)所有的道路施工都应经道路权威负责部门(道路与交通管理部门)的批准后进行。

(3)道路权威负责部门应该指定当地资质合格的单位承担特定路线或紧急路线的施工。

2.1.5 权限性

养护施工区交通控制的管理权限如下:

(1)对于城市道路的养护施工区,市政部门拥有其管理权限。

(2)对于省内的公路和未编号的道路,省和当地公路管理部门拥有其管理权限。

2.1.6 责任性

道路权威管理部门应经常进行养护施工区的交通控制方法培训，明确责任，培训相关操作人员。

1）管理人员的责任

管理人员的责任是确保所有员工和施工监督者通过培训能熟练掌握安全施工方法，同时在安全和允许的施工方案不能执行时能够采取及时和果断的行动。

2）监督人员的责任

监督人员的责任是确保所有施工人员在施工时应穿着安全服装，通过相应标志、锥形交通标、闪光灯及交通控制人员等来保障施工区域的安全。

3）操作人员的责任

充分考虑施工人员可能面临的各种危险，给施工人员提供可保护自身安全的服装、设备、设施和施工程序，确保施工人员安全不受运营车辆和施工车辆的威胁。

2.1.7 基本准则

在养护施工区，只要有机动车、非机动车或行人等通行，就需要进行交通管理和控制，确保他们的安全。在现实中，由于各种交通状况复杂多样，本手册也只能给出一般情况下的处理方法。对于特定条件下"必须强制执行"的交通控制措施，应严格按要求使用。

本手册针对养护施工区不同交通设施的设计、实施、安装及维护四个方面，提出了各自的基本原则和相应标准。其中，主要包括交通标志、交通标线、交通信号、照明设备、路障、渠化设施和人工指挥。

对于特殊养护施工区的交通控制方案本手册会给出最低的标准，并给出特殊路段推荐使用的设施。在紧急情况下，可适当降低标准。

出于对养护施工区的驾驶者和施工人员的安全考虑，应坚持以下原则和措施。

1）养护施工区的交通安全是重中之重，应在每个工程的规划、设计、施工各阶段优先考虑此因素

（1）交通控制区养护设施设计的目标是：施工区域尽量少占用正常行驶的车道。

（2）无干扰条件下的道路交通控制的安全原则同样适用于养护施工区的安全原则。

（3）养护施工区的交通控制规划应充分考虑工程的复杂性，在开工之前，应得到各相关部门和人员的理解、支持与配合。

（4）已通过审核的交通控制规划应经过道路权威管理部门的认可。

2）养护施工区的交通设施应尽量避免妨碍交通流的通行

（1）减速区域的设置应在确实需要减速的路段设置。

（2）对于需要驾驶者快速做出反应的道路状况，如车道变窄、车道数目减少路段等，都应该尽量避免。

（3）对于需要通过养护施工区的紧急车辆，根据其车速或车载人数，采取一定的安全防护措施。

（4）施工期间应尽量减少有害物质暴露的可能性。

（5）提供正确合理的施工区信息，确保驾驶者的重视和交通部门的可信度。

3）驾驶者在通过养护施工区时，应有明确的指引

（1）在养护施工区周围，必须有适当的交通标志、交通标线、交通信号灯等有效设施为驾驶者提供足够的警告，预报前方路况信息。

（2）施工期较长时，要清理不合适的交通标线，防止误导驾驶者；施工期较短时，可以权衡利弊合理选择清除与保留。保留时要使用其他的交通控制措施进行警告。

（3）在交通控制方式不能向驾驶者提供足够的警告、引导时，应配备专门人员进行交通指导。

（4）设置养护施工区交通控制设施应针对第一次经过此区域的陌生者来设置。

4）养护施工区的交通设施应定期进行常规检查

(1)有专门人员对养护施工区的安全负责,包括驾驶者和施工人员的安全。

(2)为了交通畅通与安全,可对交通控制设备进行多次修正或暂时停工,直到实施完安全的补救措施。

(3)在各种交通流、时间或天气情况下,都应对施工地点进行仔细监控,确保各种交通控制措施有效执行和所有控制设备可见、清晰与完好。

(4)当施工结束、暂不进行其他施工或相关设施不需要时,应移除或覆盖相关交通设施。

(5)施工虽已结束,但由于天气或工期的原因,仍应保留适当的交通控制设施,为驾驶者提供引导、警告,同时规范交通。

(6)在施工开始之前,应对施工区内的所有交通事故或冲突进行监控和分析。

(7)根据施工区的交通事故报告,应能迅速进行施工区设施的改善。

(8)交通控制设施应能起到向驾驶者进行引导、警告和监督的功能。因此需要仔细考虑交通控制设施的信息内容和设置位置。

(9)不需要的交通控制设施应迅速移除。

(10)交通控制设施,如标志、标线等,不能提供不恰当、不清晰的内容和(或)设置在不合适的位置。

(11)交通控制设施的信息内容通常包含三种:警告潜在的危险、确定可接受的规则(如最高限速)、交通路径信息。

(12)确定好交通控制设施后,应进行有效的监督。

(13)施工区的交通控制设施必须易于理解。减少施工人员对交通的干扰,并能报告损坏、缺失或更换交通控制设施。

5)在道路施工期间,应时常关注道路的安全维护状况

(1)考虑残疾人车或驾驶错误的情况出现,应考虑提供一个较宽的不受阻碍的路边通行区域。

(2)施工区的交通渠化应主要使用交通标线、交通信号灯、可移动路标或防撞桶、反光路标、锥形交通标、路栏或其他易折的轻型交通控制设施。

(3)在夜间或可视性较差的天气状况下,应提供照明设施,确保施工区交通控制设施的可见性。

(4)施工控制设备和原料应尽可能保存完好,不占用道路。

6)对所有参与施工的人员就如何放置和维护交通控制设施进行培训

(1)可能影响到施工区交通安全的人员都应接受培训,以便达到交通控制的实际要求。

(2)相关人员应理解制定的标准与规则,从而监督施工区内交通控制设备的选择、设置位置与安全维护。

2.2 养护施工区交通控制设施设置规划与设计

施工作业区内的交通控制规划非常重要,其规划应由专业人员编制,并在施工中不断修订。不论工程大小,预先规划和施工过程中的修订都应认真进行。

交通控制规划应包含纲要、施工方案和特定工程的详细设计。规划细节取决于施工的复杂度和交通与施工之间的冲突。

规划应该包含以下内容:

(1)提供公众交通和作业区之间的隔离。

(2)施工期间的限制规定。

(3)基于交通流量和工人安全进行车道封闭。

(4)交通标志标线的应用与移除。

(5)道路照明。

(6)道路状况预告。

(7)渠化和所有设施的设置与维护等,但不应仅局限于此。

设置施工区交通控制设施时需要考虑以下问题。

2.2.1 施工道路性质确定

在道路进行施工前，应充分考虑道路的各种信息，对施工区所处的道路交通环境进行归类，是双车道还是多车道，是高速公路还是干线公路，是乡村道路还是城市道路，道路交通量是大还是小，设计速度高低等。

对于施工区的具体道路环境做好文字记录。

2.2.2 施工地点确定

施工地点确定是指确定施工位置是在远离路肩处还是在路肩上，还是在车道上，施工时需要全封闭车道，还是半封闭或不封闭等情况。

对于施工区的具体位置和车道封闭要做好文字记录和初步设计。

2.2.3 施工期限估计

根据养护施工的需要，确定大概的施工期限，确定是短期施工还是长期施工，是白天施工还是夜间施工等，要预先考虑并且规划好。

对于施工区的具体施工期限、时间安排等做好文字记录。

2.2.4 有无特殊情况

是否存在急弯、陡坡、沿河线、桥梁、集镇区等特殊路段，视距是否受限，交通流量如何，速度如何等。

对于施工区的具体特殊环境等做好文字记录和相应设计，其中要特别注意在视距受限环境下施工区设施的布置调整（警告区、过渡区长度的增加）。

2.2.5 供交通通行的车道宽度

如果是全封闭道路，如何进行交通流的指引或修筑辅道等；半封闭道路如何引导交通流，对特大型车辆的通行如何处理等。

对于施工区的具体交通流引导安排等做好文字记录和相应设计。

2.2.6 交通绕行

道路施工期间，随着施工的大面积铺开，必然会对交通带来影响，这时候过往车辆最好绕行。绕行是行驶车辆在现有的公路上临时变更线路，目的是避开临时交通管制区域。

对于施工区的具体交通流绕行安排等做好文字记录和相应设计。

2.2.7 限速控制

考虑交通流与施工作业的冲突，在施工作业影响范围内需设置合理的降速限速值，并且采取有效的控制措施，保障养护施工区车辆安全通行。

对于施工区的具体限速等安排做好文字记录和相应设计。

2.2.8 行人、自行车交通措施

道路施工区不仅要考虑机动车的通行，还要采取相应措施保障行人与自行车安全通行。

对于施工区自行车、行人交通的具体安排等做好文字记录和相应设计。

2.2.9 养护施工区照明

施工现场的夜间照明系统需要进行专门设计，并同时采取措施对重要施工环节和设备进行实时监控。

对于施工区的具体照明需求等做好文字记录和相应设计。

2.2.10 设备和指挥人员设置

施工中需要何种设备，以及是否需要旗手等指挥引导人员都需要仔细设计。

对于施工区的具体设备需求、交通流控制安排，以及人工指挥需求等做好文字记录和相应设计。

2.2.11 复杂路段施工的工程改造分析与设计

对于依山傍水、急弯陡坡、隧道、桥梁等情况复杂的路段，需要根据实际情况完善路段施工工程改造分析与相应的施工安全操作设计。

对于复杂路段施工区的具体交通控制等需要细致分析工程实际情况，做好文字记录和相应设计。

2.3 公路养护施工区交通控制设施设置程序

2.3.1 施工开始前的准备

施工开始前的准备是养护施工区设立前的一个重要任务。根据公路养护施工区实际情况等要求，通知相关管理部门，给不同施工位置的负责交通控制管理的人员安排施工区的交通控制任务，做到任务明确、责任到位，每类工作人员都清楚自己特殊的交通控制责任技能和职责要求。由于组织安排的多样性，在施工区内需要明确指定相关负责职位和个人，列出整个施工期间准备安排和实现的临时交通控制措施的任务清单。

以下列举施工区交通控制的主要任务，其中，部分任务要事先申请，有些任务属于施工区长期施工专有内容。

道路施工前需要做的准备工作主要包括以下内容。

1)完成施工审批与相关准备事项

(1)熟悉所有的规章制度，对需要获得道路管理部门批准的实施项目内容，在实施前完成审批手续。

(2)向公路运输管理部门、公安交通管理部门、消防部门、救护服务机构等部门通报相关的施工区域、施工规模和可能的施工时间等。如果需要，向其他可能影响道路维护和施工作业的其他机构通报。

(3)施工实施部门在施工前需要与道路管理部门和公安交通管理部门讨论，确定相关法规和限速值。

2)对施工区周边公众的通告

(1)在施工区周边适当范围内，通过当地媒体，或以电视、广播和标志布告形式告知公众相关计划中的和正在进行的施工活动。

(2)以标志布告或口头通知形式，通告附近的居住者，养护施工区禁止停车和限制进入。

3)完成施工场地的评估

(1)施工侵占类型。

(2)停车视距。

(3)现有的交通控制设施。

(4)对临时路栏的需求。

(5)交通控制人员需求。

(6)人行道、学校区影响。

(7)高空作业、地下配线影响。

(8)天气情况影响。

(9)如果是在夜间施工，需要考虑夜间工作区的可见度等。

4)制订施工区的交通控制设施设置计划

(1)准备一份施工区交通控制计划，其详细程度应该与施工方案的复杂程度相符。

①对于小型工程，先列计划，后选择设计方案。

②对大型工程,计划应该较复杂,内容包括绕行、分段运输顺序,施工车辆进入和驶离施工场地,临时路栏,以及旧标线的清除等。

③在完成施工区交通控制设施设置计划和详细说明的同时,选择适于实施的典型设置设计方案。

④在施工场地占用之前,确保所有的相关负责人都理解交通控制计划。

⑤任何交通控制计划的改变都要经过相关领导的批准。

(2)制订用于保护施工区施工人员安全的交通安全保护计划。

(3)制订紧急事故情况下施工管理的交通控制计划,该计划是交通控制计划的一部分,用于紧急事故情况下急救车辆等进入施工区时的处理方案。

5)短期施工的注意事项

(1)如果是短期施工,确定限速值,根据交通量设置施工场地的标志和渠化设施。

①最好可以获得简单的交通量数据,确定道路是低流量还是高流量(低流量路段的交通量小于300辆/d)。

②通常,道路施工不会在交通量高峰时段进行,因此可测量非高峰时段的交通量。如果道路施工必须在高峰时段进行,那么交通量的测量也应该在高峰时段进行。

(2)短期施工应该按照交通流量情况决定施工采取的种类和时间。

(3)如果可能的话,尽量避开高峰时段施工。

6)长期施工的注意事项

(1)如果是长期施工,应该考虑是否需要清除现有标线,并用临时标线代替。

(2)考虑行人和自行车交通的活动安全,确保车辆与行人活动完全分离。

(3)选择最合适的典型设计方案,如果标准的典型设计方案不合适,应该依照合理的交通工程原则设计新的典型设计方案。

7)施工过程中的注意事项

(1)确保所有的工人恪尽职守,熟练安装、拆除交通控制设施,完成测量操作。确保交通控制人员胜任本职工作,熟悉相关法律规定,并经过相关培训和指导。施工人员在进行交通控制设施的安装和拆除时,不能进行其他操作。

(2)施工管理部门需要设立专门相关人员记录所选择使用的典型设计方案,记录依照计划(或典型设计方案)安装的交通控制设施,记录计划的修改,以及违反计划的地方等情况。

(3)确定所需标志的尺寸和数量。

(4)确保施工区域内为施工车辆(包括缓冲车辆)、标志、路栏、警示柱等提供了足够的安全保护,确保在需要时可以调遣交通控制人员。

8)夜间施工的注意事项

(1)夜间施工必须确保有合适的安全保护设施。

(2)确保施工车辆、标志、路栏和警示柱完好和干净,并符合具体的反射等级要求。

(3)确保闪光箭头指示板符合相关要求。

(4)确保相应请求获得批准,尽可能使用以下控制设施。

①施工区限速标志。

②临时交通控制信号灯。

③便携式交通信号灯。

2.3.2 施工区交通控制设施设立与移除的一般原则

大量事实证明,即使使用了完整的警告标志和提前警告设施,在公路上设立或拆除交通控制(例如车道封闭)设施时,由于某些驾驶员的疏忽或超速行驶,也会出现一些难于预估的交通危险。这些危险可能会伤害到施工现场的交通控制人员、施工操作人员、缓冲车辆的操作者以及其他驾驶员等。

为了将施工区可能的交通危险和曾经发生过的事故风险降到最低，下面在保证施工人员、交通控制人员的安全的前提下，提出了交通控制设施的一些设置原则、程序和措施。

施工人员在设立、使用和移除（拆卸）施工区交通控制设施时应遵守下面的安全原则，这些原则在普通公路和高速公路上都适用。

1）施工区设立的一般要求

（1）提前制订施工设施设立和拆卸计划。

（2）施工车辆的位置在施工区的上游而非下游（在施工人员和驶近的交通流之间），这样使得施工车辆上的闪光灯和闪光箭头指示板出现在道路上正常通行车辆驾驶员的视野中，并且可将施工车辆作为可见的障碍物。

（3）尽量做到交通流远离装配和拆解的交通控制设备。如果实际情况允许，沿着封闭车道临近的路肩提前放置交通路栏。

（4）尽可能减少施工人员和车流的接触。

（5）确保道路车辆驾驶员和施工车辆操作员可以看见施工人员。

2）施工区设施设立程序

（1）施工区交通控制设施设立的程序是从施工区的上游开始设置，向下游推进。

（2）在多车道分离式公路上，需要在公路两边都设置标志。在封闭车道对向车道上设置一块标志，在封闭车道的同一侧也设置一块标志。如果公路两侧不能都设置标志时，在一边重复设置。

（3）需确保车道改变渠化的平滑性和连续性，避免在连续的、成一条平滑线的渠化设施中有断续、偏差和跳跃情况。

（4）确保交通控制设施与其他物体清晰可见。

（5）确保所有配置交通控制设施的人员接受了专业人员的教育和培训，并且着装符合交通施工人员的要求。

（6）当标志和设施不需要时，要及时覆盖（或转移，或移除）。

（7）在曲线段内侧、山路施工区，应该加密渐变段上的防撞标志，以及适当增加渐变段的长度，用于加强封闭车道的保护。

3）施工区设施移除程序

（1）移除交通控制设施时的次序和安装时的顺序相反，是从离施工区最近的封闭车道开始，直到最后移除最初设置的第一个安装的路栏（锥形安全标）为止。但是警告区的提前警告标志例外，移除时和安装时顺序相同。

（2）在解除车道封闭时，不要将施工车辆放在上游，除非遇到特殊情况。夜间任何情况下，都不要将施工车辆放在上游，以免引起交通事故。

（3）交通控制设施移除后，确保所有的施工人员离开道路，并且路段封闭设施无遗留，才能允许普通车辆通过施工区。

4）高速公路缓冲区设置的其他原则

（1）高速公路需要使用缓冲车辆来保护施工人员安装或解除封闭车道的交通控制设施。

（2）在高速公路安装或移除交通控制设施时，还须在具有缓冲车辆条件下，增加预防横向入侵距离（LIDG）（表 2-1），即横向入侵防备间隙。

（3）高速公路施工应该尽快安装或移除车道封闭的交通控制设施，尤其是渐变段设施。

（4）在移除高速公路封闭车道控制设施过程中，应倒退缓冲车辆和施工车辆，用来保护下游的施工人员。但是，不要在有交通流开放的车道上倒退缓冲车辆和施工车辆。

（5）在高速公路施工区，锥形交通标只用于短期的白天施工，其他情况下，一般应该首选防撞桶。

（6）在曲线段内侧、山路、临近匝道处施工区，应该加密渐变段上的防撞桶，用于加强封闭。

纵向缓冲区和横向入侵防备间隙的应用(加拿大安大略省交通部)　　表2-1

固定作业区		
高速公路必须设置:纵向缓冲区 + 缓冲车辆 + 横向入侵防备间隙(LIDG) 普通公路只需设置:纵向缓冲区		
(1)法定限速值(km/h)	(2)纵向缓冲区(LBA)(m)	(3)横向入侵防备间隙(LIDG)(m)
50	(30)	(35)
60	(40)	(40)
70	50	50
80	60	60
90	75	65
100	95	70

移动作业区	
(1)法定限速值(km/h)	(2)横向入侵防备间隙(LIDG)(m)
70	35
80	45
90	50
100	55

注:LBA (Longitudinal Buffer Area)为纵向缓冲区。
LIDG(Lateral Intrusion Deterrence Gap)为横向入侵防备间隙。

2.3.3　施工区交通控制设施的设立

施工区相关交通控制设施的设立必须严格按照提前警告区、过渡区、缓冲区、作业区和终止区的设置次序,逐步、有序进行。

1)建立施工区设施设置计划与设备明细

对于每一个施工区,必须首先按照施工规模进行施工区设施设置分析,按照本手册规定的图例,详细建立设施设置的具体方案,包括所有设施设置长度和密度表,列出所需设备明细和数量。

设立施工区前,按照设备明细表准备所有的设备,准备完善后才能设置交通控制设施。

2)严格按照以下设置次序逐步设立每一个交通控制区的设施

(1)提前警告区

①按照提前警告区表3-1、表3-2的设置长度要求,结合具体施工需要,根据本手册提供的相应设置图例设置相应的警告标志。

②警告区警示标志设置次序是先从上游的起始位置开始,逐步向作业区推移设置。

(2)上游过渡区

①按照上游过渡区表3-3~表3-7的设置长度和间距要求,结合具体施工需要,根据本手册提供的相应设置图例设置相应的锥形或桶形交通警示标志。

②警示标志设置次序是先从上游的起始位置开始,逐步向作业区推移设置。

③过渡区警示标志设置必须符合平滑性和连续性要求。

(3)上游缓冲区

①按照上游缓冲区(表3-8)的设置长度和间距要求,结合具体施工需要,根据本手册提供的相应设置图例设置封闭车道边线相应的锥形或桶形交通警示标志。

②警示标志设置次序是先从上游的起始位置开始,逐步向作业区推移设置。

③缓冲区警示标志设置必须符合平滑性和连续性要求。

(4)作业区

①按照施工作业区要求,结合具体施工需要,根据本手册提供的相应设置图例设置作业区封闭车道边线相应的锥形、桶形交通标或护栏,以及渠化设施或临时路障等交通设施。

②作业区警示标志设置次序是先从上游的起始位置开始,逐步向作业区尾部推移设置。作业区警示标志设置必须符合平滑性和连续性要求。

(5)终止区

①按照施工作业区要求，结合具体施工需要，根据本手册提供的相应设置图例设置施工终止区相应的锥形渠化设施或临时路障等交通设施。

②终止区警示标志设置次序是先从作业终点位置上游开始设置，逐步向下游过渡区尾部终点推移设置。

③下游过渡区警示标志设置必须符合平滑性和连续性要求。

3）锥形交通标的设置（图2-1）

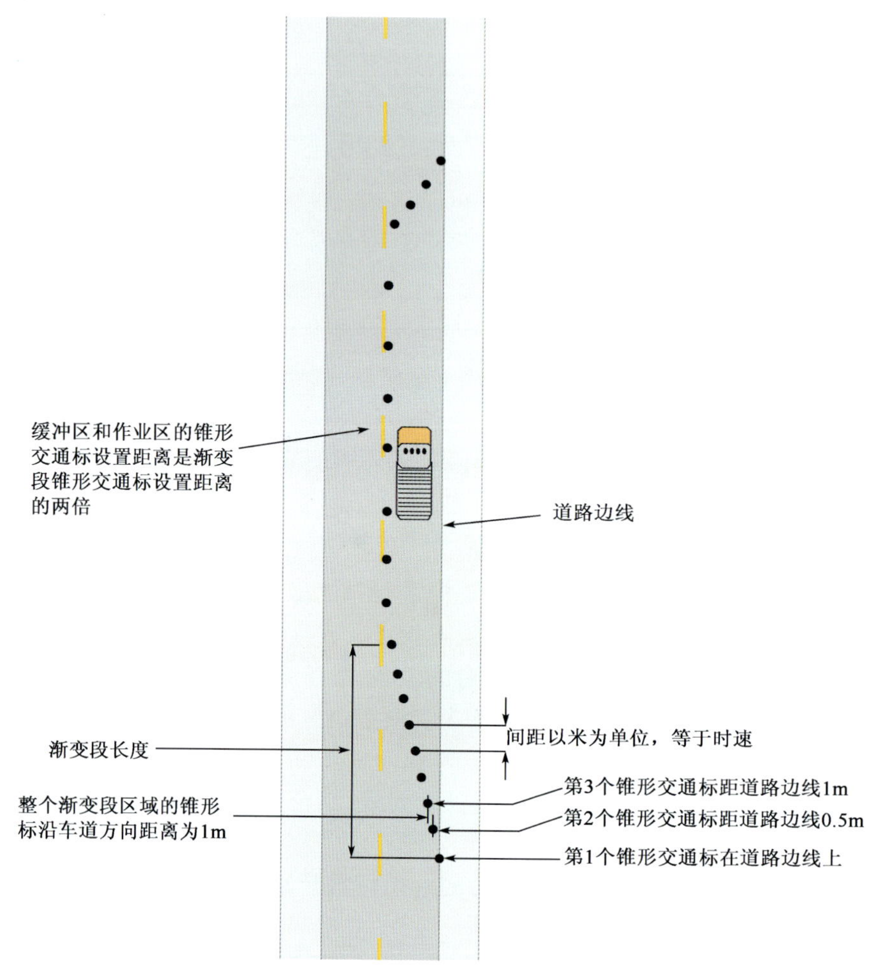

图2-1　锥形交通标的设置

锥形区长度及锥形交通标设置间距见3.10.1和3.10.2。

第一个锥形交通标的设置：在作业区或缓冲区，沿着车道边缘徒步量取锥形区长度，并设置起始锥形交通标形成合并和移动式锥形区。如果是用于路肩施工的车道，锥形交通标则设置在路肩边缘。

第二个锥形交通标的设置：沿着车道边缘以一定速度向作业区匀速移动0.5～1m，并进入车道0.5m设置第二个锥形交通标。

第三个锥形交通标的设置：同样地以一定速度匀速向作业区移动，在离车道边缘1m的地方设置第三个锥形交通标。

锥形区剩余锥形交通标的设置：继续向作业区匀速移动，每次移动超过1m设置一个锥形交通标，直至到达锥形区终点。

以车辆行驶或步行方式，有效地设置施工区的锥形交通标，并根据需要对设置的锥形交通标进行调整。

2.3.4　养护施工区交通控制设施移除

（1）待施工结束后，首先清理施工控制区内所有垃圾，清除所有多余的土方，移走所有作业设备和设施等，清洗路面。

(2)待施工区清理干净后，开始移除交通控制设施。

(3)移除交通控制设施时的次序和安装时的顺序相反，是从离作业区最近的封闭车道开始，直到最后移除最初设置的第一个锥形交通标为止。但是移除提前警告区的提前警告标志例外，移除时和安装时顺序相同。

(4)在解除车道封闭时，不要将施工车辆放在上游，除非遇到特殊情况。夜间任何情况下，都不要将施工车辆放在上游，以免引起交通事故。

(5)交通控制设施移除后，确保所有的施工人员离开道路，并且路段封闭设施无遗留，才能允许普通车辆通过施工区，恢复道路交通。

2.4 公路养护施工区限速

当施工区两侧道路在提前警告标志和其他交通控制设施还不能向施工人员和驾驶者或公众提供一个安全的环境时，就需要对施工区域进行相应的限速。

图 2-2 和图 2-3 所示是施工区域限速应用的典型图例。

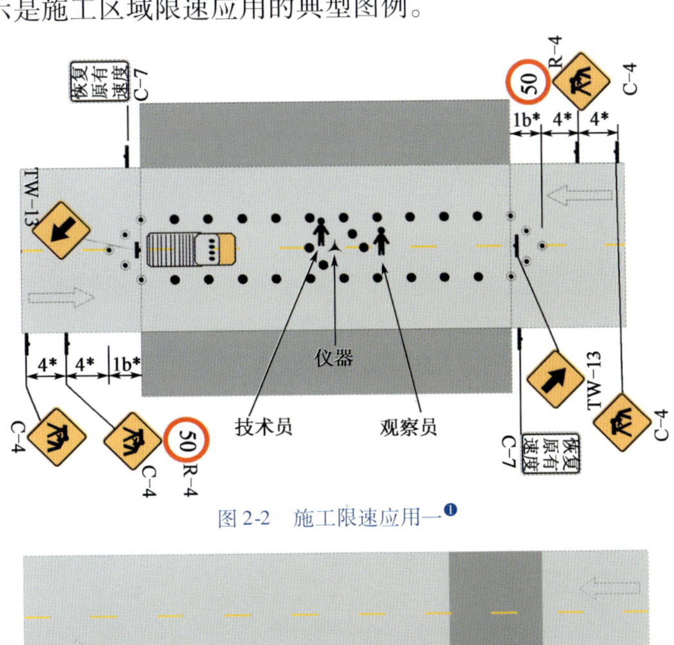

图 2-2 施工限速应用一❶

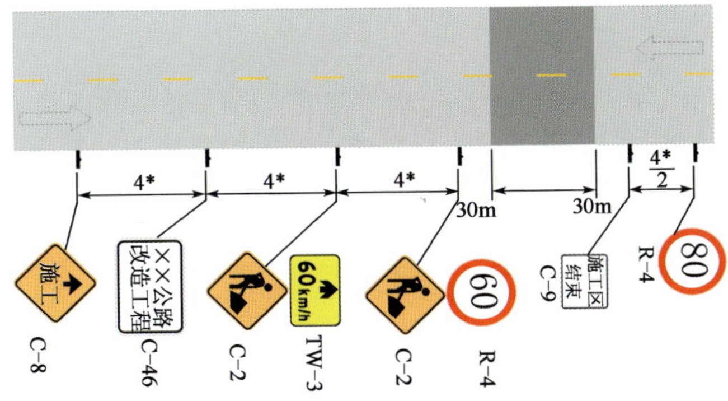

图 2-3 施工限速应用二

2.4.1 施工限速区域

施工限速区域需要得到道路管理部门的认可，一般情况是由当地公路管理部门负责批准。在施工限速区域的起点处应该设置前方最大速度限制标志和施工限速区标志，结束时应恢复设置原有最大限

❶为方便叙述，本手册图例中的各种标志设置间距统一用 1a*、1b*、2*、3*、4* 编码表示，其数值因施工区情况的不同而不同，具体详见本手册第 4 章至第 7 章相关内容，本手册所述各种标志的尺寸详见第 7 章。

速标志，标明正常路段的限速。

当施工区侧面开放的车道交通能够维持在一个很好的运行状态时，一般情况下，应尽量避免设置施工限度区域。

施工区域应尽量避免限速的情况包括：

(1)过长的施工区域长度。

(2)施工作业时间过长，并且限制速度过低。

施工区域的限速可以全天限制，或仅在施工时限制，或在未施工时也限制。在不施工时，不需要限速控制的时间由交通控制人员控制。

(3)强制施工限速区域需长期施工或高速公路施工区域，会在原速度的基础上减少 40km/h、50km/h或者 60km/h；另外，需要考虑设置过渡限速区域或缓冲限速区域(通常最小长度为 500m)。

(4)当减少 40～50km/h 时，上游缓冲区的限速值应比作业区限速值高 20km/h。

(5)当减少 60km/h 时，上游缓冲区域的限速值应比作业区域限速值高 30km/h。这样可以保证正常行驶车辆的车速减小量不大于 30km/h。

2.4.2 临时限速区域

临时限速区域应该设置施工人员最大限速标志或测量人员最大限速标志，但应得到监理人员的同意。测量人员应该使用测量人员最大 30/50km/h 的限速标志，而不是施工人员最大 30/50km/h 的限速标志。临时限速区域结束时，应该设置恢复限速标志。

临时限速区域应尽量少用限速，在不需要时尽快移除，以维护速度控制的权威性。

2.4.3 施工区限速依据

研究表明，不合理的限定速度值，是不能有效控制车辆速度的。如果施工活动或危险没有严重到需要限制速度或施工活动没有可见的标志时，大多数的驾驶者会不遵守限速。如果驾驶者知道限速的原因时，他们会倾向于遵守限速。在某些情况下，建议限速和道路变窄或车道缩减标志组合使用比单独的法规限速标志更为有效。车辆通过施工区的限制速度应该等于或尽可能接近施工区开始时的速度。尽管法规限速和建议限速都可用于施工限速区，然而法规限速的设置仍需交通警察咨询专业的交通人员，并由交通警察来授权管理。其设置的基本原则除非有充分的依据，否则尽量避免限速。同时，所有限速区域应该都能够反映交通状况的变化。

2.4.4 施工区限速管理措施

在施工区设置交通控制“旗手”人员，可以有效管理车速，减小车辆行驶速度的变化，并且可以规范车流的运行速度，减少因速度差带来的交通流以及通行效率的变化。另外，交通控制人员可以使施工区内遵守限速的车辆比例提高 15%，同时也使车辆碰撞事件显著减少。一般来说，诸多管理措施的实施都需要得到交通控制人员(如交通警察)的协助。

在有条件的施工限速区域，可通过雷达测定车速，并在可变信息板上实时显示。采用信息板发布的车速控制比静态标志限速减少 4～8km/h。可变信息板的作用会随着距离的增加而减小，但可通过设置两个或多个信息板来加强。这项措施只在有交通控制人员时有效。

道路管理部门和公安交通管理部门应联合，共同协商确定控制方式和限速值。当确定施工区以后，施工人员和道路管理部门都必须严格遵守，从而加强施工限速的管理。在干线和高速公路上，可能在两个方向有不同的限速，如当施工区只涉及一个方向的交通流时，该方向可设置限速，另一方向保持不变。需说明的是，在双向两车道上的一个方向实行限速，驾驶者可能会误以为对向车流也按照限速行驶。

2.5 夜间进行施工的规定

夜间施工一般是在短期施工情况下的紧急施工，在同一地点施工超过 1d，且满足以下条件的，仍认为是短期施工。

(1)施工需得到道路权威管理部门同意。

(2)施工作业需遵循道路管理部门的相关规定,包括施工时间等。

(3)道路施工(包括人行道)应满足道路管理部门的要求,且在日常工作时间(授权施工时间段)内,不影响道路的正常使用。

对于紧急施工,短期施工交通控制规定应该满足最大使用标准,包括夜间充足的照明以避免危险的产生。同时,如果紧急工作必须在降雨或可见性差的条件下进行时,应该考虑设置更长的过渡段和(或)交通控制辅助设施。紧急情况下,所有的相关部门和车辆应该配有B类情况中的夜间施工装置。

以下几种情况适用于夜间短期施工,有些在白天短期施工时也可以使用。

1)情况A

路肩或路边施工侵占道路车行道,但相邻道路仍有3m宽(高速公路最好为3.5m宽)供交通流通行。

(1)需设置图2-4的标志,其设置距离和要求见表4-2。

(2)360°黄闪灯和4向闪光灯(除了需要设置闪光箭头的地方)(设置闪光箭头的施工车辆和拖车应装配闪光箭头替代360°旋转黄灯和4向闪光灯)。

(3)在典型设置中如需要锥形交通标,高度为70cm的锥形交通标必须在1/3高处安装统一标准的10～15cm宽的白色反光器(至少类型III,高亮度),在圆锥顶部之下的10cm处。

图2-4　施工标志

2)情况B

车道封闭或相邻车道被侵占到不足3m宽(高速公路为3.5m宽)时,除了要满足情况A的要求外,还应该满足:

(1)施工车和拖车应该设置闪光箭头。

(2)对于十字交叉口漆画区域:在漆画过程中,使用白色反光器(至少类型III,高亮度)的45cm锥形交通标替代70cm锥形交通标;在漆画完成,油漆干后,使用车道封闭箭头指示标志替代闪光箭头指示板。

(3)通常,短期夜间施工不应在雾天或道路较滑时进行。如果必须在潮湿、路面易滑或可见性较低条件下进行紧急施工时,应该尽可能采用装配有闪光箭头的施工车。考虑采用长期施工的锥形区长度,而不是短期施工的锥形区长度。

3)情况C

需要对行人进行交通控制的地点(可能是A或B情况中的一种或两种情况的混合)。

行人路障应该设置在施工区内需要为行人提供足够的保护和引导的地方。

在短期施工中,应着重考虑以下几点:

(1)应采用何种交通控制方式。

(2)要施工的道路是何类型,是两车道还是多车道,是高流量还是低流量,是乡村道路还是城市道路,是高速路还是低速路。

(3)施工地点,是路肩外、路肩上、行车道上,还是高架区域。

(4)施工时间,是30min、4h,还是晚上。

(5)是否需要额外保障,如视距如何,是高流量,还是高速度。

(6)可供通行的车道宽度,是否考虑超宽车通行。

(7)可应用的设备和人员。施工车辆上是否装配有减振器,可变信息标志内容应可调整。

2.6　养护施工区交通控制设施的维护和检查

2.6.1　养护施工区交通控制设施的维护

养护施工区所有交通控制设施的维护是施工单位的责任。一旦施工区正式设立,必须确保相应交通控制设施的设置是按照规范和需要正确设立的，如果安装之后在进一步审查过程中需要修改，施工单位必须做好相应的改动和维护，并以文字记录备案。

施工单位要负责对交通控制设施的维护，或因为对施工区设置要求的相应变化而对相应设施的改动，以及在以下情况时对交通控制设施的维护和改动：

(1)交通事故引起需要设施的增加或修改。

(2)由于施工作业、风、载货汽车驶过后产生尾流等，引起的设置位置的错位。

(3)因为施工对相应设施的毁坏。

(4)天气引起的设施毁坏。

(5)闪光灯灯泡或电池毁坏后的及时更换。

(6)柴油发动机燃料的添加。

(7)设施或设备磨损或损坏的修复。

(8)交通控制设备上的污泥和灰尘。

(9)偷窃或破坏行为。

2.6.2 养护施工区交通控制设施的检查

养护施工区交通控制设施设置的检查需要包括如下内容：

(1)参照原来做的交通控制规划和设计，做全面的对照检查；

(2)详细的检查过程和步骤；

(3)对损坏设施的修理或替换过程和步骤；

(4)用于紧急事故替换或维修的零部件有足够备份；

(5)确保所有维修或替换设施及时完成；

(6)确保在施工区的公共行车道，白天、黑夜或不好天气下，尤其是注意在一天施工结束时，都具有合格明显的路面引导标志；

(7)做好每一次检查或维修的文字记录和备案；

(8)进行检查的人员必须有做出正确决定所需的能力和实践知识；

(9)整个施工区交通控制设施设置检查的主要目的是为了确保施工区的正常运行和必要维护，并且所有相应文字均需记录备案；

(10)检查工作应该在每一次维修或更改执行之后进行，确保相应的维修和替换工作按照要求完成；

(11)施工区不作业时间段，夜晚、周末或节假日，或停工，必需检查适当的交通控制是否正确和可维持；

(12)所有的施工项目，施工单位或道路管理部门应该指定专门的检查人员，并且备案；

(13)检查人员与上级道路管理部门之间必须保持随时通信，任何急需上级部门决策的事故或问题，应该第一时间上报，得到及时处理。

2.7 养护施工区交通控制设施设置法律文件储备和事故诉讼防备

2.7.1 养护施工区交通控制设施设置的法律文件建立

养护施工区施工作业过程中的任何交通控制措施都必须有严格的文字记录，这是对于施工区发生任何交通事故并且可能产生法律诉讼情况下，对施工管理、执行单位和现场负责人的必要保护措施。虽然这种文字记录有时候可能比较烦琐并需花费时间，但是这是在发生事故诉讼情况下最为真接有效的保护依据。

这些文字记录应该包括如下内容，但不只局限于此。

(1)对于施工现场进行照相记录。

(2)照相需附录时间、地点、方向和记录员姓名。

(3)保留和更新所有施工现场的交通控制措施规划和内容。

(4)保持日常随时记录(地点、时间和人员),包括任何交通控制设施的安装、改动或移除的情况。

(5)在施工过程中,任何对现有交通控制措施发现问题和需要改变时,需要记录:

①改动原因,如何改动;

②改动时间,有谁参与改动等。

(6)谁给出改动的指示和谁执行的情况记录。

(7)何时进行改动和改变的内容,以及替换的设施等记录。

(8)如果需要改动的指示已经下达,而被推延甚至没有执行,则必须明确记录没有执行的原因和负责人的姓名。

2.7.2 养护施工区交通事故隐患与可能的诉讼问题

任何养护施工区的设置和交通控制设施的设置,必须在当地或上级道路和交通管理部门的授权下按照相应设置规范进行设置,要尽可能完善交通控制的措施,以防在养护施工区发生交通事故,以及引起相关的法律诉讼问题。

因此,对于任何养护施工区交通控制设施的设置,需要满足如下要求:

(1)相关管理人员必须充分了解所有养护施工区交通控制和交通安全的原则、方法和有效性。

(2)对于养护施工区应该设置的设施必须具有完整性和严密性,尤其是对不工作时间(夜间、周末和节假日)的补充养护设施的设置,以及必须移除的设施等。

(3)所有养护施工区的设置必须严格按照相关规范进行。

(4)对于养护施工区的所有交通控制和施工,相关的交通管理人员必须有严格的文字记录和备案,形成制度,并且上交给上级交通管理部门审核。

(5)养护施工区的交通控制方法和措施需要经常进行审核,任何不正确、不完整、不妥当的行为和措施,都必须要得到及时的纠正和完善。

(6)对于养护施工区不需要的所有材料、设施、设备,以及不再需要的交通控制设施,必须在第一时间搬走或移除。

(7)对于养护施工区的所有潜在的施工与交通冲突的危险,均需设置充分的交通控制设施,其中包括对于施工人员、车辆驾驶者、自行车、行人的安全防护和警告与引导措施。

虽然道路管理单位对施工区的交通控制和安全保障做了尽可能的努力,但是并不能完全避免事故发生的可能性和相应潜在的法律诉讼问题。

因此,发生诉讼时最好的辩护依据是施工区日常的文字记录材料,说明施工区的交通控制措施是符合规范和设置程序要求的材料。

对于任何施工区交通控制方法或措施的改变或修正,都应该在某种程度上说明是在安全保障方法上是更加合理有效的。

做好施工区交通控制规划和日常照片文字记录是道路交通管理部门对施工区作业负责人的要求,也是法律诉讼辩护的重要手段和材料。

3 养护施工区交通控制区定义

3.1 基本术语

1)施工区

施工区是指对道路某一路段进行养护施工或对道路相邻位置进行基础设施建设,在一定程度上影响交通流正常通行的路段。其区域是介于施工区前第一个提前警告标志和施工区结尾处不再影响交通流的最后一点之间的整个区域范围。

施工区是为工程施工、施工人员安全作业、设备材料存储而预留的区域。在施工区上游、中游和下游都应该设置相应的交通控制设施,以确保施工和施工人员,以及公众的安全。

2)提前警告区

养护施工区的提前警告区是指第一块施工作业区警告标志到上游过渡区之间的路段,是用来提前告知驾驶者前方是施工区域,提醒驾驶者前方需要变道行驶,使驾驶者在到达作业区之前,有足够的时间改变车道,调整驾驶行为。

3)上游过渡区

上游过渡区是在施工作业区域前使交通流转移出原来正常的行驶路径,引导交通流驶入临时通行道路上的一段渐变段区域。

4)缓冲区

缓冲区主要是在上游过渡区与施工作业区之间分离交通流和施工人员的一段区域,是可选择的但推荐设置的区域,缓冲区不允许作为临时的设备和材料放置处。

5)车辆保护区域

车辆保护区域是利用施工车辆或固定障碍车体放置在施工作业位置前为施工人员操作提供的一个临时安全屏障。

6)作业区

作业区是在道路上为施工作业、施工人员、设备、材料预留的施工工作区域。

7)终止区

终止区是使驾驶者通过作业区后返回正常路径的一段过渡区。终止区应该从下游的作业区结束位置延伸到最后的临时交通控制设施的位置,如道路施工结束标志的位置。

8)下游过渡区

下游过渡区是终止区中的一段锥形过渡区域,是为了让交通流恢复到正常行驶状态设置的区域。

9)交通控制设施

交通控制设施是指施工区内为了保障施工作业过程的安全所设置的所有的标志、信号灯、标线和其他相关设施,用于控制、警告、指导驾驶者或行人安全通过施工区域,并且由交通管理部门授权放置的设施。

10)移动施工

移动施工是指连续的慢速施工。通常是在低速状态下(一般为25km/h)移动车辆间断性、阶段性的短暂停留,通常不超过15min。

11)非常短时间施工

非常短时间施工是指包括布局时间和移除时间在内的施工时间,不超过30min的施工。

12)短期施工

短期施工是指施工时间超过30min但小于24h的施工。

13）长期施工

长期施工是指静态的养护、施工，需要独立的工作空间且超过 24h 的施工。

3.2 分类

1）国内目前的养护施工控制区分区（图 3-1）：

（1）提前警告区 S。

（2）（车道/路肩）上游过渡区（L_s/L_j）。

（3）缓冲区 H。

（4）作业区 G。

（5）下游过渡区 L_x。

（6）终止区 Z。

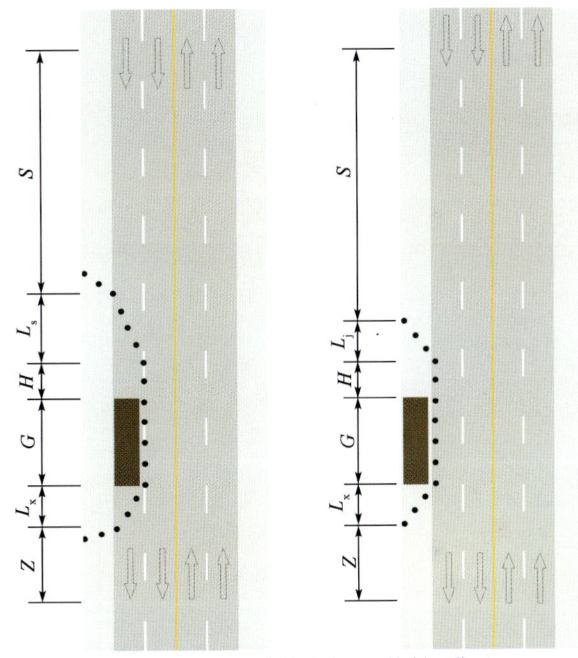

图 3-1 国内公路养护施工区控制区分区

2）美国纽约州公路养护施工区交通控制区分区（图 3-2）

（1）提前警告区。

（2）上游过渡区（路肩过渡区 + 合流过渡区）。

（3）缓冲区。

（4）保护车辆区（包括车辆前置距离）；

（5）作业区。

（6）下游过渡区。

3）加拿大 BC 省公路养护施工区交通控制区分区（图 3-3）

（1）提前警告区。

（2）过渡区。

（3）缓冲区。

（4）工作区。

（5）终止区。

4）美国交通部公路养护施工区控制区分区（图 3-4）

（1）提前警告区。

（2）过渡区。

（3）工作区（缓冲区和作业区）。

（4）终止区（下游过渡区和缓冲区）。

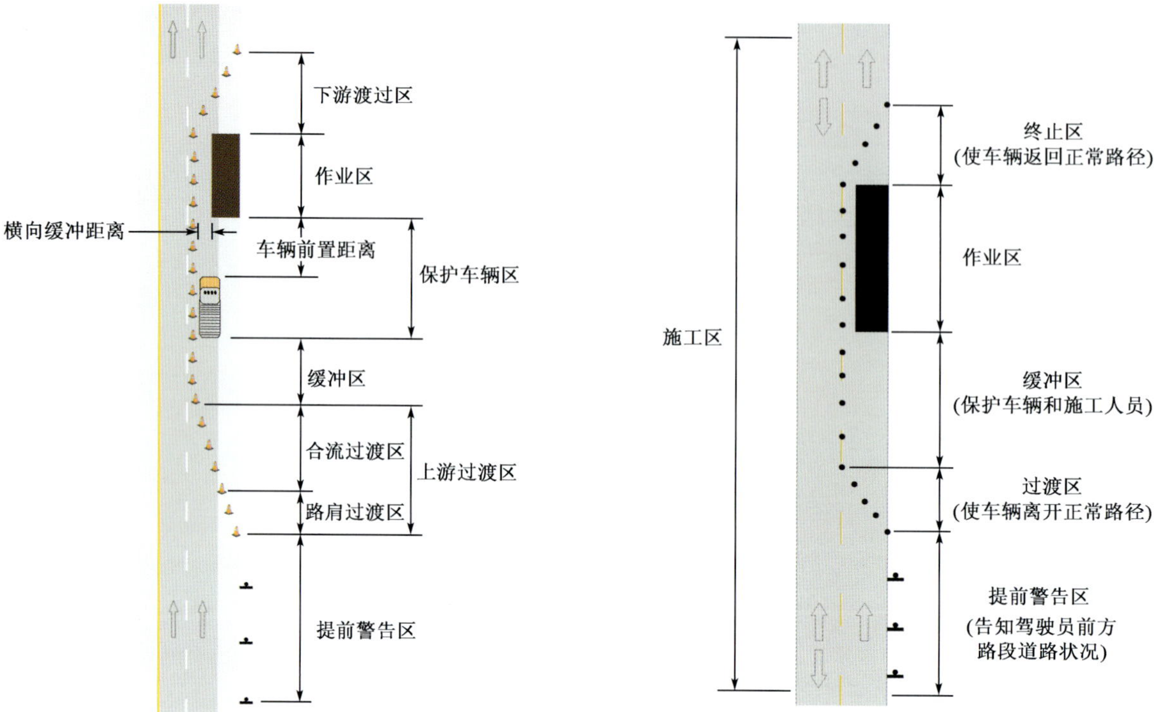

图 3-2　美国纽约州公路养护施工区交通控制区分区

图 3-3　加拿大 BC 省公路养护施工区交通控制区分区

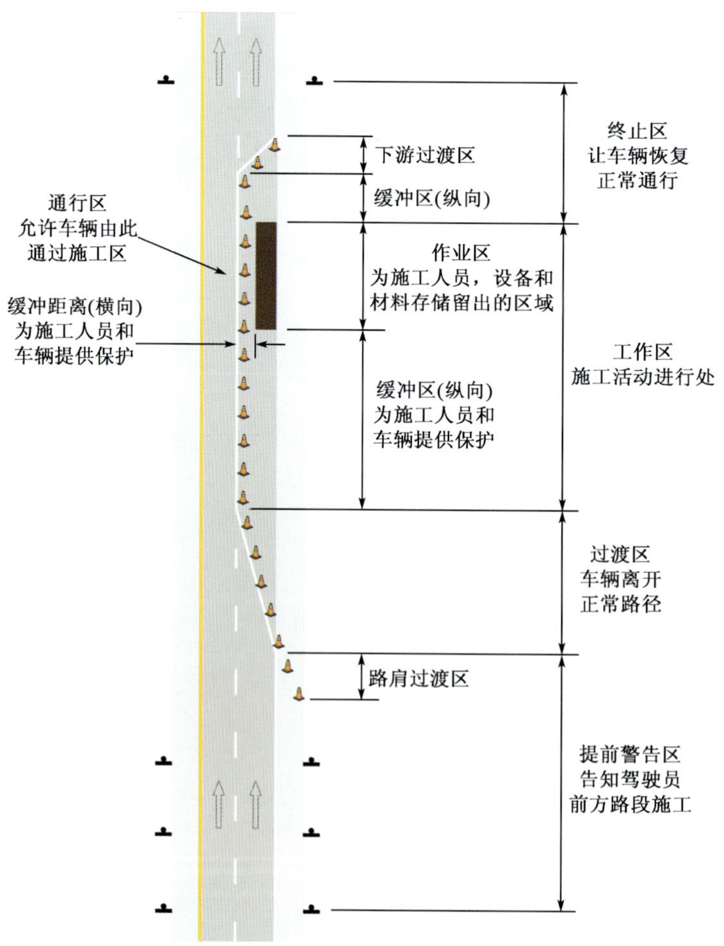

图 3-4　美国交通部 MUTCD 公路养护施工区交通控制区分区

从以上对比可以看出：各国对于控制区的分类原则基本上是相同的，但是在具体细节上也有些差异，如美国纽约州的无下游缓冲区，但是有车辆保护区；加拿大的无下游缓冲区和车辆保护区；美国国家规范中也没有明确规定车辆保护区，但有下游缓冲区。

3.3 建议合理分区

通过以上比较，我们建议采用如图3-5所示的分区。

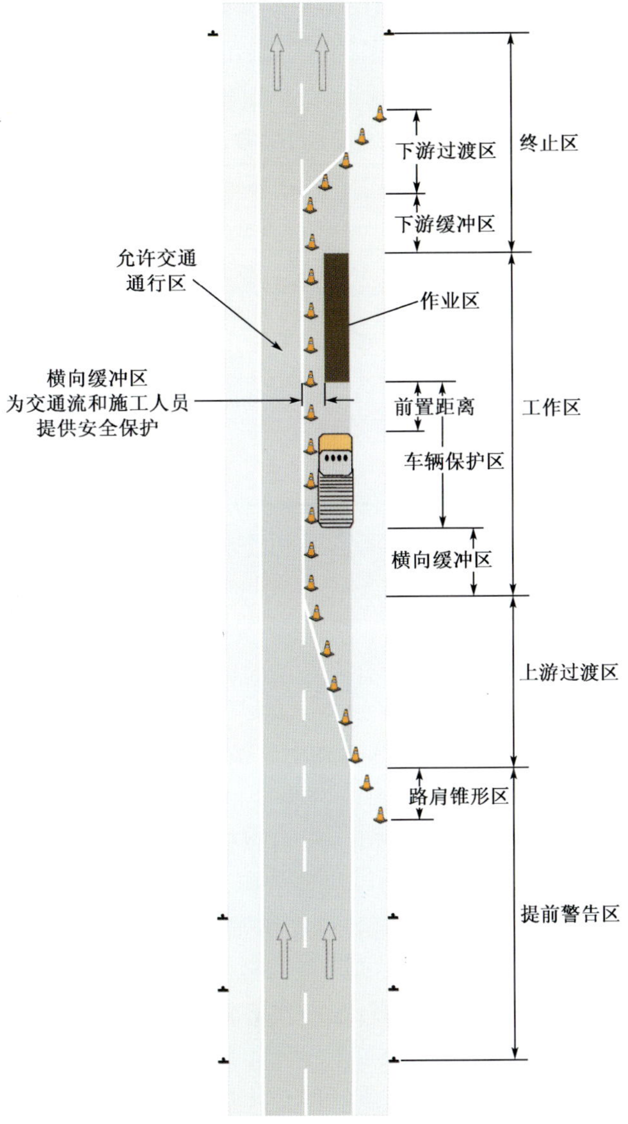

图3-5 建议的公路交通控制分区

当交通流受到养护施工等相似活动的影响时，交通控制应能安全引导和保护驾驶者与工作人员。大多数施工区可以划分为以下部分：

(1)提前警告区。

(2)过渡区。

(3)缓冲区。

(4)车辆保护区。

(5)作业区。

(6)终止区。

下面分别对其进行详细介绍。

3.4 提前警告区 S(Advanced Warning Area)

养护施工区的提前警告区是指第一块施工作业区警告标志到上游过渡区之间的路段，是公路上用来提前告知驾驶者前方是施工的区域，提醒驾驶者前方需要变道驾驶，使驾驶者在到达施工区域之前，有足够的时间调整驾驶行为。

提前警告区有多种形式，一般情况下，采用 1 ~ 3 个警告标志，必要时可以增加闪光灯，或是其他施工区限速等标志。提前警告区的设置长度根据道路等级的不同有所差别，根据我国《公路养护安全作业规程》(JTG H30—2004)，提前警告区最小长度 S 如表 3-1 所示。

提前警告区最小长度 S(m) 表 3-1

位　　置	公 路 等 级	设计速度(km/h)	提前警告区最小长度(m)
路段	高速公路、一级公路	120,100	1 600
		80,60	1 000
	二、三级公路	80	1 000
		60	800
		40	600
		30	400
各类平面交叉口	—		200

当施工区域(包括施工区域入口)完全远离道路和路肩，或施工区域完全不影响交通流时，可不设置提前警告区。

1)提前警告区的长度 S

提前警告区应该有足够的长度，使驾驶者有充足的时间反应和调整驾驶行为。

2)警告区标志设置

因为驾驶者习惯于连续的交通流，因此，公路施工区前的(系列)警告标志应该尽量提前设置，按照表 3-1 的要求放置在远离设施的适当位置。提前警告区的警告标志设置数量是根据实际需要来决定的，一般设置 3 块，在低速和非常短时间施工环境下，可以仅设置一块。

在城市道路或低等级公路，当使用单独的一块警告标志时(像低速的住宅区街道)，提前警告区的范围可以缩短到 30m。当两块或更多的提前警告标志用于行驶速度较高的街道时，例如主干道，提前警告区的距离应该延伸至更大的距离(表 3-2)。

普通公路，通常道路条件好，行驶速度较高，第一块警告标志的前置距离要充分的长，以米(m)为单位的前置距离应为以公里/小时(km/h)为单位的限速值的 1.5 ~ 2.25 倍。当两个或更多的提前警告标志用于开放公路情形时，提前警告区的距离应该延伸至 450m 或更大的距离(表 3-2)。

提前警告区标志间距的建议值(参照美国 MUTCD 修改) 表 3-2

道 路 类 型	标志间距离(m)		
	A	*B*	*C*
城市街道和低等级公路(≤50km/h)	20 ~ 30	20 ~ 30	30
城市干道(55 ~ 65km/h)	50 ~ 100	50 ~ 100	100
普通 2、3 级公路(70 ~ 90km/h)	100 ~ 150	100 ~ 150	150
一级公路/高速公路(≥ =90km/h)	300	450	800

注：①*A* 尺寸是从过渡区到第一块标志的距离。

②*B* 尺寸是第一块标志和第二块标志间的距离。

③*C* 尺寸是第二块标志和第三块标志间的距离(第三块标志是驾驶者靠近施工区临时在交通控制区前最先看到的标志)。

当施工区域完全拆除后,提前警告区也要从驾驶者通过的路径上拆除,使其不干扰正常的交通流运行。

路肩施工时,应在提前警告区范围内设置路肩锥形过渡区。

3.5 上游过渡区 *L*(Transition Area)

上游过渡区是用于保障车辆平稳地从封闭车道的上游横向过渡到缓冲区 - 施工区旁边非封闭的车道的一段渐变段。当车辆的正常通行路径需要改变时,过渡区通常采用设置锥形(或桶)警示交通标志的渐变段将车辆从正常路径疏导到新的路径上去。

上游过渡区渐变段长度是根据行车速度和变道宽度来确定的,一般可以以美国交通部(MUTCD)提供的标准,如表 3-3 所列公式,为参考计算。

渐变段的长度计算公式 表 3-3

限 速 值 S	渐变段长度 L(m)	限 速 值 S	渐变段长度 L(m)
≤60km/h	$L = \frac{WS^2}{155}$	>60km/h	$L = \frac{WS}{1.6}$

注:①L = 渐变段的长度,单位为 m。

②W = 宽度偏移量,单位为 m。

③S = 限速值,或施工段起点的非高峰期的 85% 位车速,或预期的速度值,单位为 km/h。

上游渐变段分以下三种:

(1)前方车道封闭下的渐变段;

(2)路肩封闭下的渐变段;

(3)多车道封闭下的两个渐变段之间的过渡渐变段。

3.5.1 车道封闭下的上游过渡区渐变段长度 *L*

前方车道封闭是属于上游过渡合流渐变段,用于单向道路需要封闭的车道(有时也成为渠化渐变段),其长度取决于车流速度和相邻车道宽度(车辆换道的侧面距离)。合流的渐变段需要足够的长度,提前警告合流的驾驶者,以确保驾驶者有充分的空间来调整车速并在过渡区结束前汇入所需车道。

标准宽度车道的渐变段长度 L 如表 3-4 所示。对于更宽车道的渐变段的长度应该按照括号中的比例系数计算确定。

车道封闭渐变段长度 *L*(m)(即 L_s) 表 3-4

85% 行驶速度(km/h)	普通公路(道路)					高速公路
	≤50	60	70	80	90 ~ 100	80 ~ 110
车道封闭的渐变段长度 L(m)(长宽比率)	10 ~ 50 (1:10)	20 ~ 60 (1:15)	30 ~ 80 (1:20)	50 ~ 120 (1:25)	70 ~ 160 (1:30)	220 ~ 300 (1:45)

渐变段需要最大视距,因为驾驶者汇入普通道路需要足够的空间。如果视距受限,如急剧的竖曲线或平曲线(急弯和纵坡段),上游渐变段应该从视距受限区域前开始,下游的曲线不能遮挡渐变段起点。一般来说,这种情况下应该增加渐变段长度,以增加其效用。

渐变段长度是否设置正确,可以用对交通流进行监测的方法来判断,渐变段区间如果产生经常性的制动和车轮地面滑痕,则说明渐变段设置区域长度和预告距离过短。

渐变段分短期施工和长期施工两种情况,其设置长度完全不同。我们参照加拿大安大略省交通部的标准如表 3-5 和表 3-6 所示。

短期施工的渐变段长度和警示标志设置间距　表 3-5

85%行驶速度(km/h)	普通公路(道路)					高速公路
	≤50	60	70	80	90～100	80～110
车道封闭的渐变段长度 L(m)	10～15	20～30	30～40	50～60	70～80	220～300
路肩渐变段长度 L_j(m)	3～5	5～7	7～10	10～12	15～20	20～50
警示标志的设置最大间距(m)(最少设置4个标志)	4～6	4～6	8～10	8～10	10～12	10～24

长期施工的渐变段长度和警示标志设置间距　表 3-6

85%行驶速度(km/h)	普通公路					高速公路
	≤50	60	70	80	90～100	80～110
车道封闭的渐变段长度 L(m)	25～50	40～60	60～80	80～120	140～160	220～300
路肩渐变段长度 L_j(m)	8～15	10～15	15～20	20～25	30～40	20～50
警示标志的设置最大间距(m)(最少设置4个标志)	6～8	8～10	8～10	10～12	12～14	10～24

3.5.2　路肩封闭渐变段 L_j

路肩封闭渐变段 L_j 是用于封闭路肩的施工区域。如果仅仅使用路肩进行施工，则渐变段长度取值接近 $L/3$ 即可。

(1)如果在施工情况下将路肩作为车行道，在进行通道或临时交通控制施工时，需要使用合流或侧向偏移的锥形区。

(2)在高速行驶的道路上，如果路肩是施工区域一部分的路段，为防止驾驶者把改善后的路肩当做行车道，设置路肩的封闭渐变段是行之有效的控制手段。在这种情况下，同样类型施工则应该使用在正常道路中采用的车道封闭程序。

(3)高速道路的路肩封闭时，应该被视为通行道路的一部分被封闭。因为在紧急情况下驾驶者期望能使用路肩。路肩上的施工区域应该用锥形交通标隔离，其长度可以和双向交通渐变段一样。如果路肩被当作行车道，在施工或试用期间，应该在路肩上设置完整的封闭车道渐变段 L。

3.5.3　多车道封闭下的两个渐变段之间的过渡间距 L_2

当多车道公路施工区前方封闭需要占用1～2个车道时，渐变段将产生前后两段，并且在前后两个渐变段之间又需要设置过渡区，这个过渡区的渐变段取值，我们参照以下加拿大安大略省交通部的标准，如表3-7所示。

多车道封闭施工的两个渐变段之间过渡间距 L_2(m)　表 3-7

85%行驶速度(km/h)	普 通 公 路					高速公路
	≤50	60	70	80	90～100	80～110
车道封闭的渐变段长度 L(m)(短期施工)	10～15	20～30	30～40	50～60	70～80	220～300

续上表

85%行驶速度（km/h）	普通公路					高速公路
	≤50	60	70	80	90～100	80～110
多车道封闭的两个渐变段之间过渡间距 L_2（m）（短期施工）	30	30	60	60	80	220～300
车道封闭的渐变段长度 L（m）（长期施工）	25～50	40～60	60～80	80～120	140～160	220～300
多车道封闭的两个渐变段之间过渡间距 L_2（m）（长期施工）	55	100	120	140	160	220～300

3.6 缓冲区 *H*（Buffer Space）

缓冲区 *H* 是过渡区域与施工区域之间开放或未被占用的空间。

缓冲区的设置根据实际需要而定，如有特殊警告标志设置的可以不设，空间允许时除外。在移动施工中，缓冲区域是指保护车（如果有）和施工车之间的空间。对于移动式施工，缓冲区域随着施工区域而变化。

缓冲区是一块纵向或横向的区域，将驾驶者与作业区或非安全区域分隔，缓冲区为交通流和施工人员提供了安全空间，同时可以提供给错误行驶车辆一定的防御空间。如果驾驶者没有看见预先警告标志或未能在过渡区域内调整改变好车道，缓冲区域提供了在施工区域前制动的空间。此外，在缓冲区内一般不允许堆放存储设备、车辆或材料，也不允许养护维修人员在其中活动或工作。唯一的特殊情况就是，当需要设置保护车时，保护车应该停放在施工区域的上游。

设计施工控制方案时，对缓冲区应该考虑以下原则：

（1）在缓冲区域的边线处需设置渠化设施；

（2）两个方向的交通流在同一车道行驶时，在缓冲区应使用锥形交通标分隔对向车流，以避免交通事故发生。

缓冲区可以纵向也可以横向设置，这是根据引导驾驶者行驶的方向与施工位置来决定的。施工区可以有一个或多个纵向或横向的缓冲区。

纵向的缓冲区可以设置在作业区的前面。纵向的缓冲区也可以用来分隔使用同一条车道的对向交通流。表3-8所示的是参照美国交通部标准的纵向缓冲区的长度值。

纵向缓冲区长度建议值 *H*（美国 MUTCD） 表3-8

速度（km/h）	30	40	50	60	70	80	90	100	110	120
距离（m）	35	50	65	85	105	130	160	185	220	250

注：速度指施工区前的限速值和非高峰85%位车速，或预期的运行车速。

作为缓冲区的交通岛，被看作为渠化设施。

当保护车、箭头指示板、可变信息标志放置在作业区前的封闭车道上时，那么放置在上游区域的这些设施区就组成了缓冲区。

横向入侵防备间隙可以用于分隔交通流和作业区，其宽度取决于工程项目情况。

缓冲区域应该显而易见。正确的行驶路线应该用标线或渠化设施标注明确，引导驾驶者沿正确路线通行。在长期施工区，如果原有的标线与新增的标线或渠化相冲突时，应将原有有的标线移除。在缓冲区域，也应该采用交通导向箭头。

3.7 车辆保护区(Protection Vehicle Area)

某些情况下,在作业区与缓冲区之间还需要设置车辆保护区,放置保护车来防止某些车辆冲入施工作业区。保护车分为两种,一种是移动的保护车,另一种是自身不可移动的固定路障车,也叫缓冲车。固定路障车一般用于长期施工环境。

图3-6所示为放置保护车和不放置保护车的两种交通控制设施设置方法。在实际应用中,如果有条件,设置保护车较为安全和方便,如果没有条件,可以按照不放置保护车的形式设置交通控制设施。

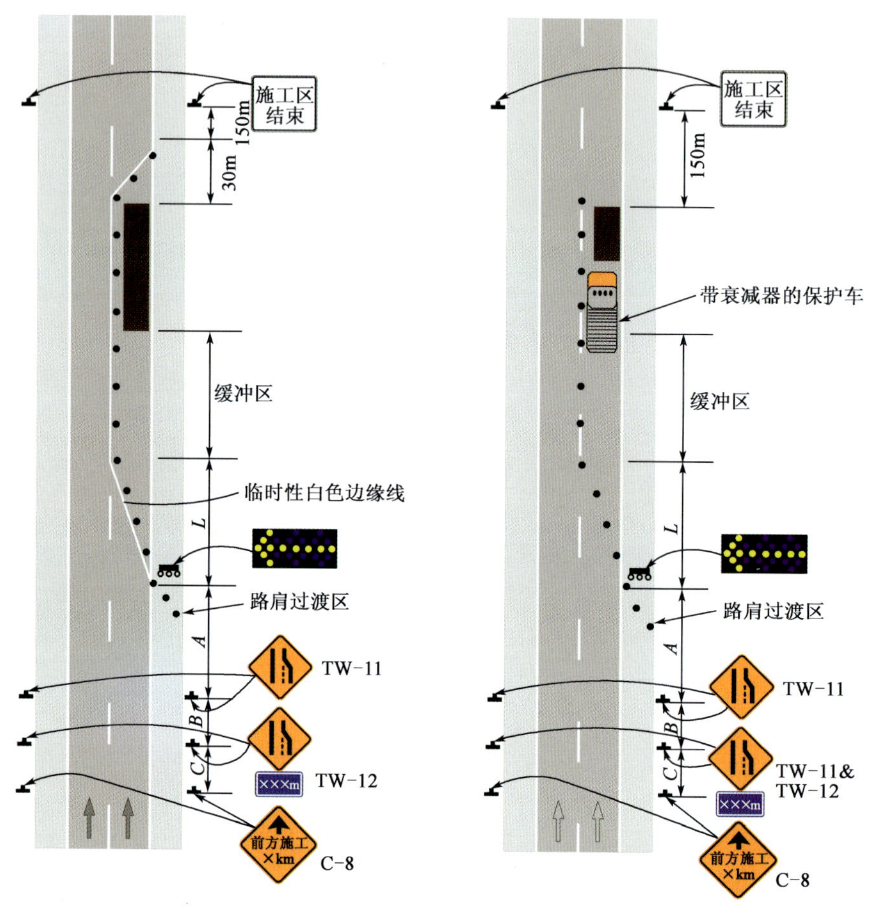

图3-6 无保护车与有保护车两种情况

适当的放置车辆保护设施(渐变/栅栏)在各种类型的施工中都是必要的。应该将车辆放置在距离作业区足够近处,以阻止乘车人进入作业区,但又不能放得太近以至于如果从后面碰撞保护车辆,保护车会被推入作业区。这个距离被称为车辆前置距离。保护车的质量、交通流的速度、施工作业的速度和组成交通流的车辆(客车或拖拉机)都将决定车辆前置距离。前置距离的设置分为为移动保护车和固定的路障车两种情况,详见表3-9和表3-10。

计算移动保护车的前置距离(保护车——移动)(美国纽约州) 表3-9

车辆质量(kg)	常规速度(km/h)	包含碰撞车辆的质量			
		2 043kg	4 540kg	6 810kg	10 896kg
4 540	96～105	30m	53m	69m	85m
	80～88	30m	46m	53m	61m
	≤72	26m	30m	38m	46m

续上表

车辆质量(kg)	常规速度(km/h)	包含碰撞车辆的质量			
		2 043kg	4 540kg	6 810kg	10 896kg
6 810	96～105	26m	46m	53m	69m
	80～88	26m	38m	46m	53m
	≤72	15m	30m	30m	30m
10 896	96～105	26m	30m	46m	53m
	80～88	15m	26m	30m	46m
	≤72	15m	26m	26m	30m

注:典型车辆的质量:中型尺寸的汽车 1 021kg;全尺寸的汽车 1 589kg;载重 0.75t 的敞篷小型载货汽车 1 021kg;载重 1t 的货车 4 540kg;载重 4t 的自动倾卸汽车 10 896kg。

计算固定保护车的前置距离(路障车——固定) 表 3-10

车辆质量(kg)	常规速度(km/h)	包含碰撞车辆的质量			
		2 043kg	4 540kg	6 810kg	10 896kg
4 540	96～105	15m	30m	46m	61m
	80～88	8m	26m	30m	46m
	≤72	8m	15m	26m	30m
6 810	96～105	8m	15m	26m	30m
	80～88	8m	15m	26m	30m
	≤72	8m	15m	15m	26m
10 896	96～105	8m	15m	26m	30m
	80～88	8m	8m	15m	26m
	≤72	8m	8m	8m	15m

注:典型的车辆质量:中型尺寸的汽车 1 021kg;全尺寸的汽车 1 589kg;载重 0.75t 的敞篷小型载货汽车 1 021kg;载重 1t 的货车 4 540kg;载重 4t 的自动倾卸汽车 10 896kg。

1)移动保护车

在连续慢速移动施工中,如标线喷涂、路面清扫、冲洗和树木修剪等短期施工活动,如果施工车辆阻碍或侵占了没有对交通流进行封闭的行车道,需要设置移动保护车。移动保护车可用于警告或引导车辆进入正确的车道,还可用于监督施工活动。

施工人员在施工区域的位置、保护车相对于施工车辆的速度、交通流量、道路类型、路肩宽度、视距和天气状况等因素都是保护车使用时的决定因素。在高速乡村道路上,如果施工车辆阻碍或侵占行车道或视距小于表 3-11 中的最小安全停车距离时,需要设置相应保护设施或安排交通控制人员进行指挥。

移动保护车设置条件 表 3-11

最大速度(km/h)	反应距离(m)	制动距离(m)	安全停车距离(m)
60	50	20	70
70	59	28	87
80	66	36	102
90	75	46	121
100	84	57	141
110	92	69	161

上面的距离是基于3s的感知反应时间和相对于干燥、一级路面的0.7的折减系数。

不同于缓冲车，移动保护车不阻碍行车道，应尽可能放置在路肩和施工车辆（或施工车辆后面挂起的其他车辆）的上游，与施工车辆之间的距离至少为表3-12所示的值。对于平曲线和竖曲线，距离应该调整，使接近曲线的车辆能够清楚看到移动保护车。

移动保护车与施工车之间距离最小值　　表3-12

公路类型	普通公路					高速公路
法规限速值（km/h）	50	60	70	80	90～100	80～110
与施工车之间的距离最小值（m）	40	60	80	100	150	200

移动保护车的尾部应该装有合适的标志，如"前方有慢行车辆"和闪光箭头指示板或360°黄闪灯和4向闪光灯。如果在双向两车道上设有闪光箭头指示板，它也只能为无箭头的警告模式。闪光箭头不应该指示对向车流行驶的车道。

在少数情况下，如多车道道路上封闭车道锥形交通标移除后，车辆既可以作为施工车辆，也可作为移动保护车。

施工车辆和移动保护车必须使用无线电联系。

2）固定路障缓冲车

固定路障缓冲车可以设置在施工区内，位于施工人员的上游，保护施工人员免受纵向车辆的威胁。缓冲车应该装有闪光箭头或360°旋转黄灯和4向闪光灯。对于双向两车道公路，其限制条件同移动的保护车。固定路障缓冲车也需要在尾部装有便携衰减器，衰减器起到减弱碰撞的作用。

3.8　作业区 *G*（Work Area）

作业区*G*是施工作业操作区，是为施工人员、设备、材料和保护车（如果在上游使用）预留部分的区域。

作业区通常用渠化设施或临时路障分隔出边界，阻止车辆和行人进入。作业区可以是固定的，也可以随着施工进展而移动。

由于工程的限制，某项工程可能会有不止一个作业区（有些甚至相隔几千米）。这种情况下，每个作业区都要有足够的标志告知驾驶者，以避免交通混乱。例如，在2km的施工区域存在间歇的施工活动，应该反复告知驾驶者他们正处于施工区域内，避免在交通控制中出现缺口，误导他们通过施工区域。如果使用保护车，则需要在上游留出保护车辆区。

在以下情况下，如果交通控制设施设置不当，交通和施工活动的冲突造成的潜在危险会增加：

（1）施工区域离行车道过近。

（2）存在常规操作的障碍，如不平整的路面、车辆装卸。

（3）速度和交通流量的增加。

（4）行车路线变化过于复杂。例如，在较短距离内有越过中央分隔带的车辆偏移到对向车道上。

另外，施工区域在夜间比白天更需要照明。为了尽可能减小冲突，提出如下建议：

（1）使用有效的交通控制设施确保交通路线清晰可见。

（2）应该在施工区域和行车道间设置渠化设施。设施沿着工作区边界相切设置，以阻止交通流进入封闭车道。

（3）设施的设置间距按照施工范围、施工活动性质、道路限制速度、平纵面的线形决定，同时要明晰显示该车道封闭。对于低速或城市道路，设置间距可以相对小一些。

（4）在施工区为施工车辆提供安全的进口和出口。

（5）保证移动施工有充足的提前警告标志和保护车。

3.9 终止区 Z (Termination Area)

终止区 Z 是用于使驾驶者返回正常路径的区域。终止区应该从下游的作业区结束位置延伸到最后的临时交通控制设施,如道路施工结束标志(如果已设置)。通过道路施工结束标志、限速标志或其他标志告知驾驶者他们可以返回正常路径行驶。

终止区提供交通流离开施工区域结束点后回到原来车道的距离,一般是一段较短距离的设置有锥形交通标的渐变过渡段。

一般情况下,终止区可以包含下游缓冲区和下游过渡区,即,如图 3-5 所示,$Z = L_x + Z_x$。

下游渐变段是设置在施工区域的结束处,用于告知驾驶者可以返回原来封闭的车道。当施工车辆从下游终点进入或离开施工区域时,不建议设置渐变段。

终止区使用下游渐变段非常有效。它给驾驶者一种视觉暗示,前方可以回到原来行驶的车道或封闭的通道。

在某些情况下,渐变段多设置在多车道道路上交通流偏移到对向车道时,结束区域应该有引导车辆回到原车道的交通渐变段,同时,还应该在对向车道内设置对向车流的缓冲过渡区域,如图 3-7 所示。

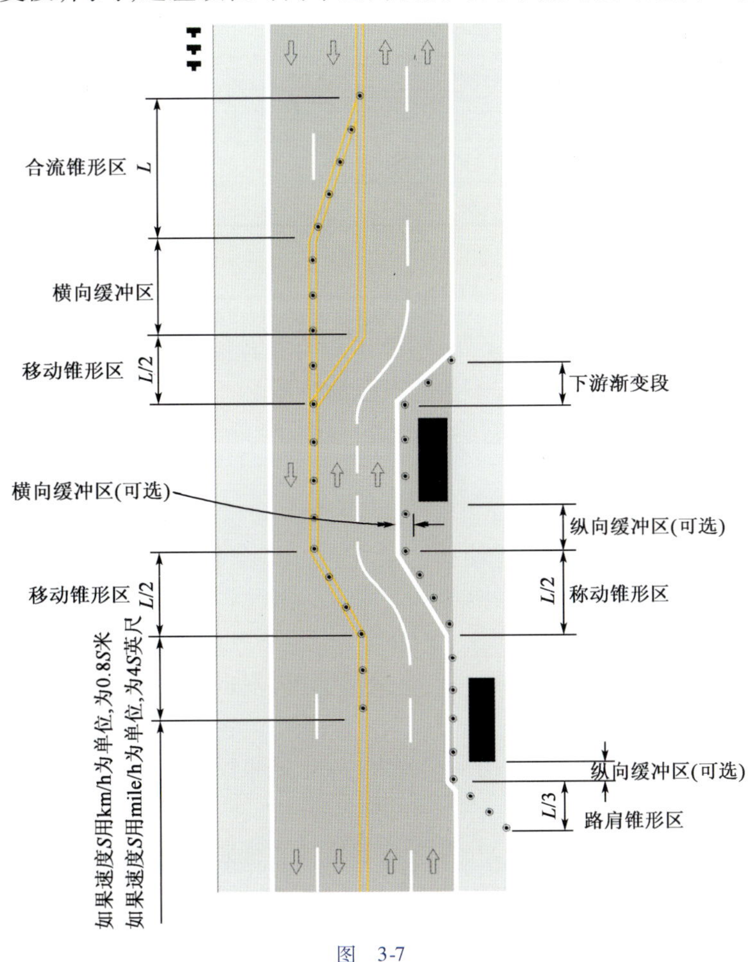

图 3-7

1)下游缓冲区 H_x

下游的纵向缓冲区 H_x 是工作区结束点到下游渐变段起点间的区域。

2)下游过渡区 L_x

下游过渡区渐变段 L_x 是工作区结束后或下游缓冲区开始到恢复正常车道的一段渐变过渡区,是用于引导车辆从施工区返回其原来路径的过渡段。其设置长度大约每车道 30m。

一般采取锥形交通标,或其他渠化设施,或交通标线,设置成渐变角度将车流再引入正常车道。

当渐变段用于靠近互通匝道、十字路口、曲线段或有其他影响因素时，应该调整渐变段长度，达到较好的过渡。

应该注意长的渐变段并不一定比短的渐变段好，特别是在城市道路上。下游过渡区的长度一般只要保证车辆有足够的距离来调整行车状态即可。因为过长的渐变段会使车辆运行缓慢，从而导致驾驶者在变换车道时的不必要延误。

3.10 渐变段（Taper）长度 L 确定

渐变段主要分“合流”（上游过渡区）、“分流”（下游过渡区）和“侧向偏移”三种形式，其渐变过渡长度选取是在这三种情况下根据车道偏移宽度和行驶速度而确定的。

1）上游渐变段长度 L

合适的渐变段长度（L）在车道宽度和车辆行驶速度值确定下，养护施工区渐变段的长度标准一般以表 3-13 为准，渐变段长度的计算公式参照表 3-3。

养护施工区渐变段长度标准（美国 MUTCD）　　表 3-13

编　号	渐变段的类型	渐变段的长度（L）
1	车道合流渐变段	至少 L
2	车道侧向偏移渐变段	至少 0.5L
3	路肩渐变段	至少 $L/3$
4	单车道行驶双向交通的渐变段	最大 30m
5	下游过渡区渐变段	每个车道 30m

2）下游渐变段 L_x

下游渐变段 L_x 是用于引导车辆从施工区返回其原来路径的过渡段。其设置长度大约每车道 30m。

下游渐变段是设置在施工区域的结束处，用于告知驾驶者他们可以返回原来封闭的车道。当施工车辆从下游终点进入或离开施工区域时，不建议设置渐变段。

终止区使用下游渐变段非常有效。它给驾驶者一种视觉暗示，前方可以回到原来行驶的车道或封闭的通道。

3）车道侧向偏移的渐变段

当过渡区需要侧向偏移时，使用车道偏移的渐变段。其设置长度一般取 0.5L。但是若空间允许，采取较长的渐变段相对更为有效。

4）单车道双向交替交通的渐变段

当施工占用了道路双向两个车道中的一个车道情况下，双向交通流必须分别交替使用单个车道的路段时，交通控制措施有如下两种方法：

（1）正常情况下，应该设置车道控制信号灯或者安排交通控制人员指挥来引导两个方向的交通流通过此施工区。

（2）如果施工区长度很短，小于 20m，并且两端的驾驶者视距都在 100m 以上，那么可以采取施工区两端都设置“停”标志来解决“双向”交通流的冲突。

单车道的双向交替交通两端渐变段的长度不应该太长，不能够超过 30m，渐变段应该采用不少于 3 个的锥形交通标明确其边线，锥形交通标之间的间距可以为 5 ~ 10m。

3.10.1 锥形区

锥形区即是渐变段设置锥形交通标志的区域。锥形区的设置长度是根据施工区的各个分区设置规范而定的。

较长的锥形区一般是车辆驾驶驱动性能需要的，例如转弯时或在陡坡上。通过观察作业区内的机动车辆是否可平滑过渡，来判断锥形区长度是否是足够的。

一般锥形区分以下五种：

(1)合并锥形区：同一方向的两车道合并成一条车道。

(2)移动锥形区：车辆从一条道路移动到另一条相同车道数的道路上。

(3)路肩锥形区：当路肩禁止车辆通行时使用。

(4)单车道双向通行旗手锥形区：关闭一个车道，只留下一个车道，双向交替通行。

(5)下游锥形区：引导驾驶者回到原行驶道路的区域。

一般道路施工区设置渐变段的长度是参照表 3-3 的原则设置的。

由于渐变段长度 L 受偏移宽度和行驶速度所约束，因此根据不同行驶速度和道路宽度下的渐变段长度如表 3-14 所示。

锥形交通标设置长度 L 表 3-14

行驶速度(km/h)	车道宽度(m)												路肩锥形区	
	3				3.5				3.65					
	合流锥形区		移动锥形区		合流锥形区		移动锥形区		合流锥形区		移动锥形区		路肩锥形区	
	L	锥形标数	$L/2$	锥形标数	L	锥形标数	$L/2$	锥形标数	L	锥形标数	$L/2$	锥形标数	$L/3$	锥形标数
30	20	5	10	3	20	5	10	3	25	5	15	3	5	3
40	30	6	15	3	35	6	20	4	40	6	20	4	10	3
50	50	6	25	4	50	7	25	4	55	7	25	4	15	3
60	60	7	30	4	70	8	35	5	75	8	40	5	20	4
65	80	8	40	5	90	9	45	5	100	9	50	5	25	4
70	140	11	70	6	150	12	75	7	165	13	80	7	45	6
80	150	11	75	6	170	12	85	7	180	13	90	7	50	6
90	170	11	85	6	185	12	90	7	200	13	100	7	55	6
100	180	11	90	6	200	12	100	7	220	13	110	7	60	6
110	200	11	100	6	220	12	110	7	240	13	120	7	65	7
120	215	11	105	6	235	12	120	7	260	13	130	7	70	7

合流锥形区：最小值 $=L$；移动锥形区长度最小值 $=L/2$；路肩锥形区长度最小值 $=L/3$；一车道双向旗手锥形区长度一般为 15m(最小) ~30m(最大)；下游锥形区长度一般为 30m。

3.10.2 设置间距

锥形交通标志之间的设置间距是根据渐变段的长度和现场速度而定的，速度越高，设置间距越大，但是最大不超过 10m，速度越小，如路肩、人行道等，间距越小，一般可取最小 0.5m。

4 公路短期养护施工区交通控制设施设置

公路养护施工区分短期施工和长期施工两部分。短期施工是指施工时间超过30min但小于24h的施工。长期施工是指施工时间超过24h的施工。

短期施工还分"非常短时间施工"和"短期施工"两部分。非常短时间施工是指施工时间小于30min的情况;短期施工主要是指静态的养护、建设,需要独立工作空间,需要施工人员或设备连续地占用。

非常短时间施工、短期施工和长期施工均为静态施工,移动施工则是动态施工。

4.1 短期施工交通设施表

在公路养护施工作业区,施工时间是决定选取使用哪些标志、设施数目、类型和其他设施设置方式的重要因素。

在短期施工中需要用到的设施以及图例中的简化标注如表4-1所示。

短期施工交通控制设施表 表4-1

设施名称	图例中简化标注	实际图形
警示柱		
锥形隔离墩		
标志放置位置		—
交通控制人员		—
缓冲车		—
黄闪灯		—
施工区		—

续上表

设施名称	图例中简化标注	实际图形
便携式车道信号灯		—
路栏和栅栏		—
闪光箭头指示板		—
高强度的警告标志		—

4.2 短期施工区交通控制设施尺寸及设置位置

表4-2所示的是不同道路限速条件下的控制设施设置位置。

普通公路的控制设施设置位置　表4-2

编号	法规限速(km/h)	50	60	70	80	90~100
1a*	车道封闭的渐变段长度 L(m)	35(1:10)	55(1:15)	75(1:20)	90(1:25)	110(1:30)
1b*	有交通控制人员的路肩施工的渐变段长度(最少三个锥形交通路标)(m)	5	8	10	12	15
2*	1a*渐变段中的锥形交通路标或管状隔离柱之间的最大距离(m)	10	10	10	10	10
3*	两个渐变段之间的过渡间距(m)	30	60	90	120	150
4*	施工标志间的距离(m)	40	60	80	100	150

注:①除2*之外,其他各项均为最小值。
②锥形隔离墩和管状隔离柱通常在白天使用,如在夜间使用必须具有反光性能。
③路障、柔性鼓形隔离墩或临时反光设施通常用于黑暗条件下施工,这些设施也必须具有反光性能。
④1b*的尺寸用于下游渐变段、路肩渐变段,以及在有交通控制人员或便携式车道控制信号灯或临时交通信号灯的双向交通渐变段的行驶车道上。
⑤4*代表第一个警告标志的最小前置距离,以及与后续多个系列标志间的距离。

4.3 非常短时间施工

非常短时间施工是指施工时间(包括施工布局时间和移除时间)不超过30min的施工。

如果施工时,经常短期停留在某些特殊位置上,这应属于短时间施工而不是移动施工。

短时间施工主要是指公共设施施工、次要道路养护、道路坑洞凹槽等的修补、调查和道路边沟清洗等。在短时间施工区布置和移除交通控制设备的时间可能会超过施工本身所用时间。因而,在短时间施工中,使用易移动装置是最为合适的,如闪光灯和闪光箭头的设置和移除。易移动装置的设置可保证必要的交通控制,降低施工人员面临的危险,从而更加有效地提高工作效率。

4.3.1 道路上非常短时间施工

图 4-1 所示为小于 15min 的路肩上非常短时间施工的交通控制设施的设置,其典型工作包括:

(1)道路废弃物处理;

(2)调研道路标志等资料;

(3)公用工程管线标记设置等。

短期道路施工可在交通非高峰期进行,从而使交通流不受阻碍。

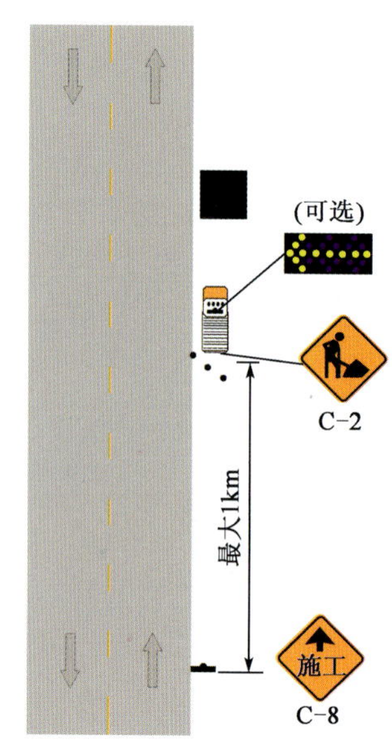

图 4-1 非常短时间施工(小于 15min)

4.3.2 路肩上的非常短时间施工

如图 4-2 所示,施工时间小于 30min 的路肩上“非常短时间”施工,分为具有施工车辆保护和没有施工车辆保护两种情况。

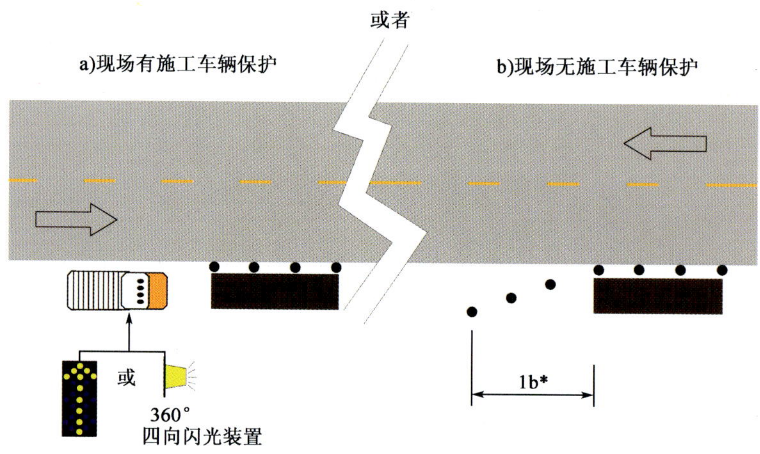

图 4-2 非常短时间路肩施工

4.4 短期路肩施工

如图 4-3 所示,施工时间大于 30min 的“短期”路肩施工,可以分为具有施工车辆保护和没有施工车辆保护两种情况。

4.4.1 有施工车辆保护的施工

有施工车辆作施工区保护的施工,由于施工车辆提供的“闪光箭头”灯或“360 度旋转闪光”灯的警告作用,可以很好地起到警告驾驶者和保护施工人员的效果,因此,整个施工区不再需要设置施工警告标志,只需要设置过渡区渐变段的锥形交通标,如图 4-3 所示。

设施设置的距离尺寸参照表 4-2 的规定。

有施工车辆保护的施工,一般情况下应用于行车速度大于 70km/h 的较高等级(2 级以上)公路,或者交通流量大的环境。

4.4.2 无施工车辆保护的施工

在没有施工车辆作保护情况下,对于非常短时间施工,如图 4-3b)所示,只需要设置过渡区渐变段的锥形交通标;对于短期施工,如图 4-3 所示,则需要对短期施工环境增加一个施工区警告标志。

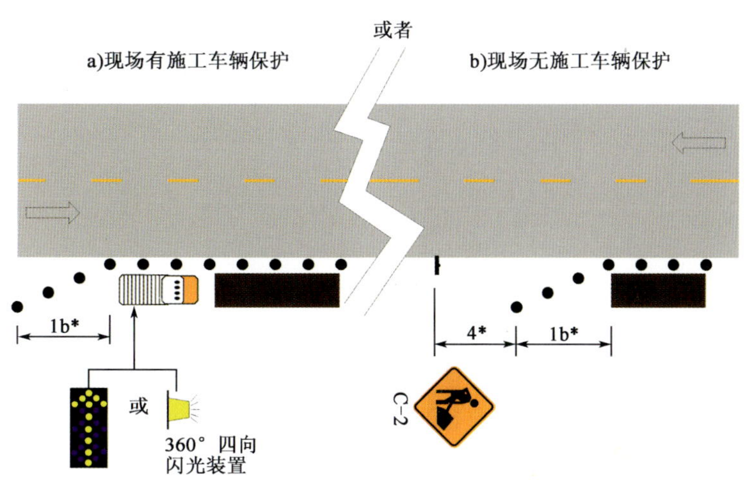

图 4-3　短期路肩施工

设施设置的距离尺寸参照表 4-2 的规定。

没有施工车辆保护的施工，一般情况下应用于较低行车速度，如 3～4 级公路和城市普通街道，以及交通流量小的施工环境。

4.4.3　侵占部分道路的路肩施工

当路肩施工需要侵占部分行车道的时候，需要判别是否需要封闭车道进行施工。在施工一侧的行车道宽度可以保持在不少于 3m 情况下，这种路肩施工可以不封闭车道，如图 4-4 所示。

反之，如果行车道宽度小于 3m，或者，因为道路本身交通流量大、行车速度高，则将以“封闭车道”的原则来设置交通控制“警告”设施。其中需要说明的是，并不是在这种情况下一定要“全部封闭”车道。目的是用“封闭车道”的警告设施来提醒驾驶者施工区需要特别注意安全。

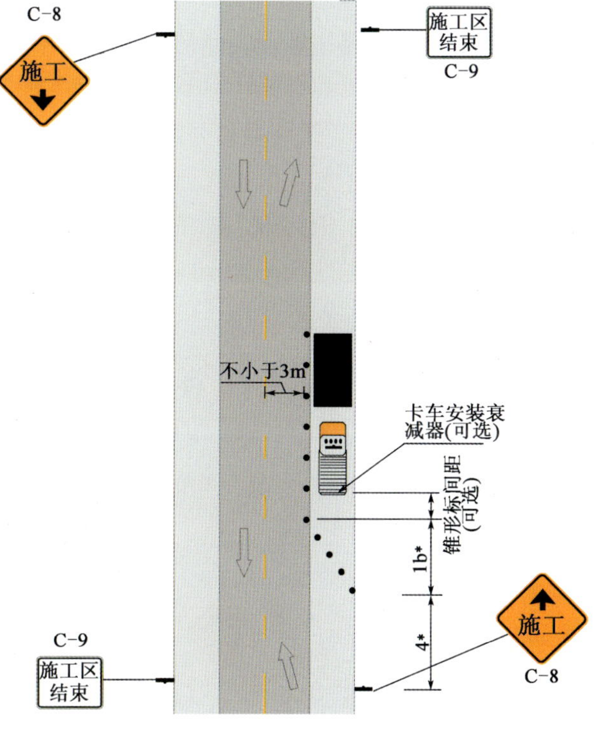

图 4-4　侵占部分道路的路肩施工

4.4.4　人行道与路边施工（路侧施工）

图 4-5 所示的是针对人行道和路边施工的情况和相应的交通控制措施。

如果限速值低于 60km/h，上游 TW-11 可以不用，C-2 移到下游相对表 4-2 的 4* 的相应位置。可以替代闪光箭头标志的方法按照表 4-3 来设置。

可以替代闪光箭头标志的方法　　表 4-3

限速（km/h）	现场有工人或施工车辆	现场无工人或施工车辆
≤60	带有 360°四向闪光与 TW-13 结合或 带有高强度警告设施与 TW-13 结合	带有高强度警告设施与 TW-13 结合
≥70	不可替代	带有高强度警告设施与 TW-13 结合

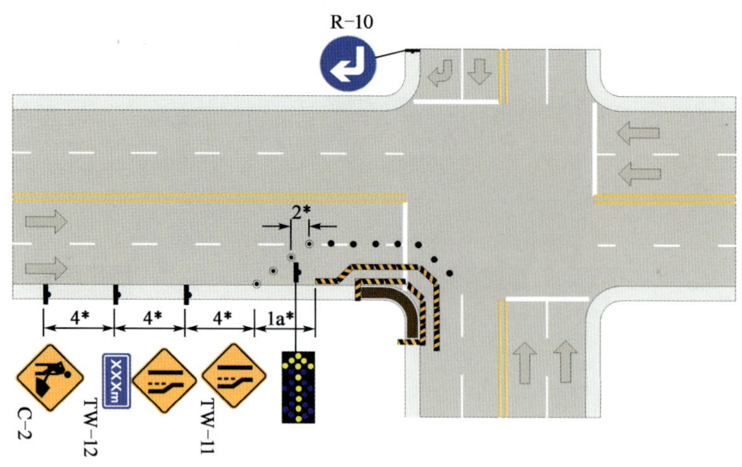

图 4-5　人行道在车道上绕行

4.5　不封闭车道的路边施工

不封闭车道的路边施工与路肩施工有所不同，一般情况下，施工会占用路侧车道的一部分。以下分乡村公路或道路施工、双向 2 车道占用部分车道施工与城市道路施工三种情况分别进行说明。

4.5.1　没有中心线的乡村公路路侧施工

图 4-6 表示为在没有中心线的乡村公路或道路进行路边施工的交通控制设施的设置要求。其中必须注意这种不封闭车道的施工必备条件是“可行驶的道路宽度不小于 5.5m”。

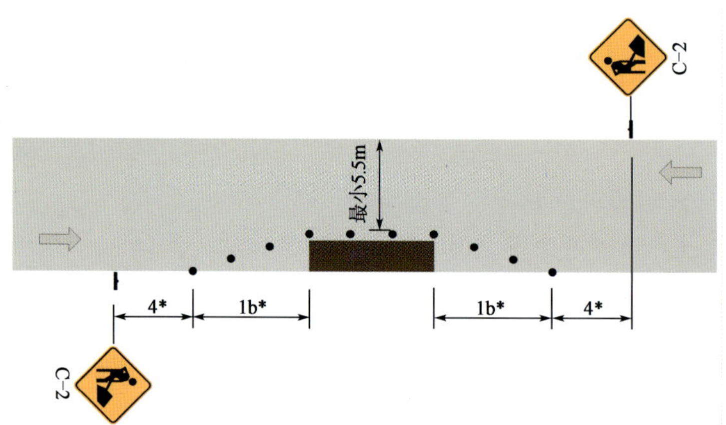

图 4-6　低流量车道施工——无中心线

另外需要注意的事项是：

(1)在小交通流量情况下不封闭车道施工可以采用警告标志的方法。

(2)在流量较大条件下不封闭车道进行路边施工时，应该考虑选择使用闪光箭头指示板标志(条状)或 360°四向闪光装置。

(3)如果在设计速度超过 70km/h、视距受限(能见度差、道路线形较差等)、剩余道路宽度小于 5.5m 等条件下施工，就需要封闭车道。

4.5.2　部分占用车道的双车道公路施工

图 4-7 所示为在占用部分车道情况下的双车道公路或道路进行路边施工的交通控制设施的设置要求。其中必须注意这种不封闭车道的施工必备条件是“可行驶的单侧道路宽度不小于 3m”。

另外需要注意的事项是：

(1)在小交通流量情况下不封闭车道施工可以采用警告标志的方法。

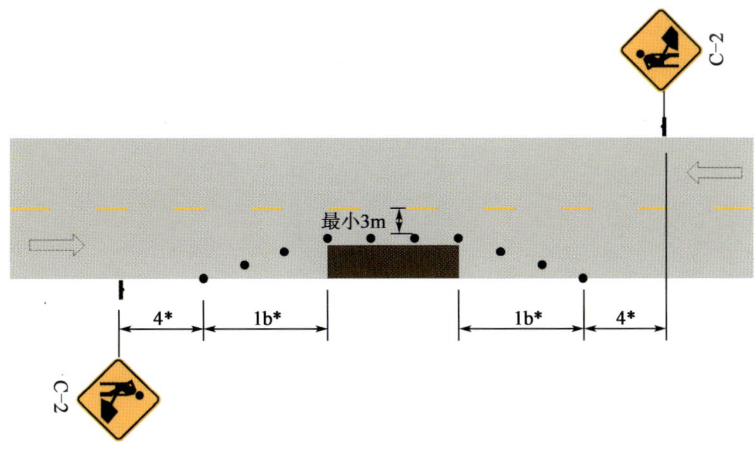

图 4-7　占用部分车道的双车道道路施工

(2)在流量较大和速度大于 50km/h 条件下不封闭车道进行路边施工时,应该考虑选择使用闪光箭头指示板标志(条状)或 360°四向闪光装置,并且在施工一侧车道设置限速 50km/h 的标志。

(3)如果在设计速度超过 70km/h、视距受限(能见度差、道路线形差等)、剩余道路宽度小于 3m 等条件下施工,就需要封闭车道。

4.5.3　侵入部分对向车道的双车道公路施工

图 4-8 表示为在占用部分车道情况下的双车道公路或道路进行路边施工,同时因为施工需要还需侵入对向车道一部分的情况下的交通控制设施设置的要求。

其中必须注意这种不封闭车道的施工必备条件是"可行驶的道路宽度不小于 3m"。

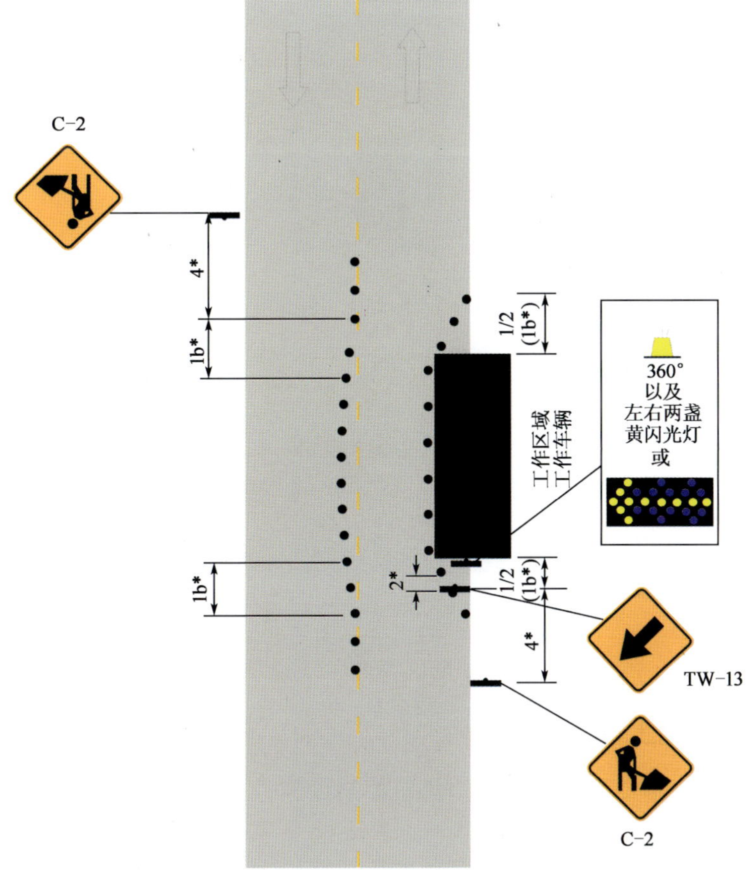

图 4-8　路侧施工——侵入对向车道

4.5.4 城市道路施工

图4-9表示为在占用部分车道情况下的城市道路路边施工的交通控制设施的设置要求。

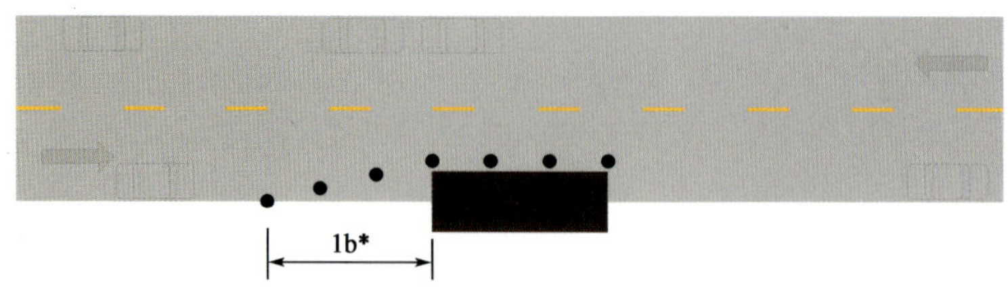

图4-9 城市区域停车带施工

4.6 不封闭车道的道路中部施工

当双向2车道公路或道路中部需要施工时，在确保每一侧车道可行驶宽度不小于3m情况下，可以按照图4-10所示，进行施工区交通控制设施设置。

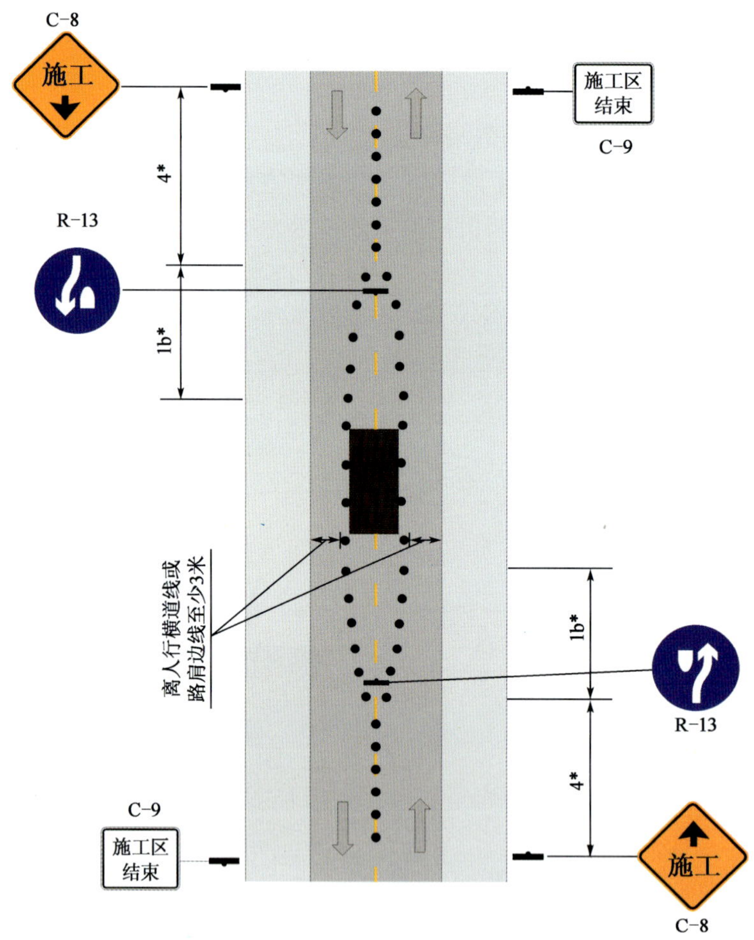

图4-10 不封闭车道的道路中部施工

4.7 道路车道封闭施工

封闭车道情况下施工，需要对道路两侧的交通控制设施进行较完整的布置，做到最大限度上对施工过程的安全保障。

一般情况下，封闭车道施工分以下三种形式进行交通控制：

(1)由施工指挥人员进行的交通控制；

(2)应用临时交通信号灯进行交通控制;

(3)无人员无信号灯情况的交通控制。

4.7.1 有人员指挥的双车道单边封闭施工

图4-11所示为在封闭车道情况下的双车道公路或道路有指挥人员控制下进行施工的交通控制设施的设置要求。其中必须注意这种封闭车道的施工,除了人员控制外(注意其路权分配概念),必须按照图例要求设置相应的警告和法规标志。

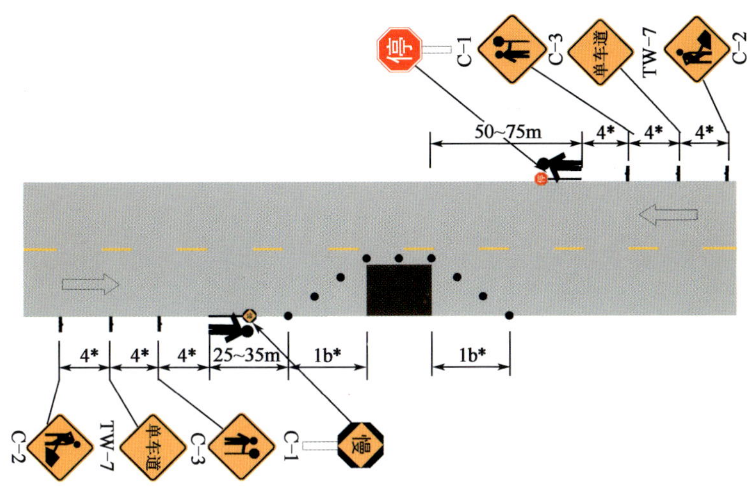

图4-11 人员控制下封闭车道施工-1

人员指挥下对双向交通的控制是指施工区两端的两个控制人员"同时"指挥道路两端的交通进行分别放行控制。

指挥人员手中的指挥标志杆是由设置在标志杆正反面两面板的"停"和"慢"标志组成。

人工指挥方法是由道路"两端"的控制人员首先对迎面交通发出"停"的指令,在与另一端控制人员在无线通信条件下统一指令后(即同意放行那一边的交通情况下),由一端"停"状况下的控制人员将控制杆翻转到"慢"状况面对交通,而这时另一端的交通控制人员必须"同时"给出"停"标志指令,使"停"方向交通停顿等待对方交通放行结束后再次放行,即由"停"指令改换为"慢"状况。由此反复交替对道路两端交通进行控制。

1)无限速环境

人员指挥单车道双向交通是采用指挥标志对两端交通分别指挥通行,如图4-12所示。

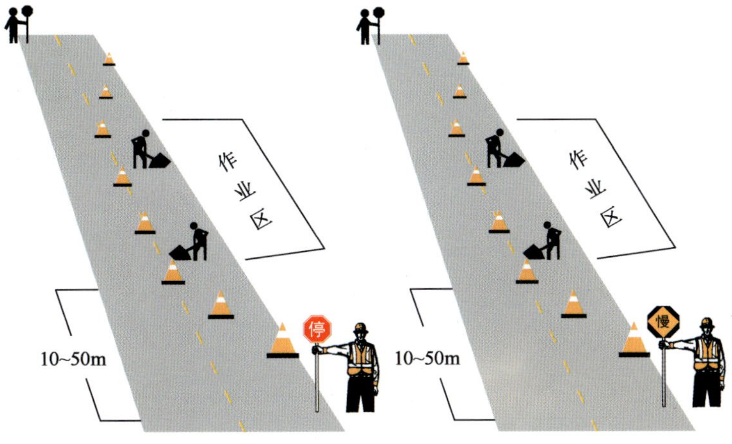

图4-12 人员控制下封闭车道施工-2

2）有限速环境

如果施工区采取临时速度限制，交通控制设施设置如图 4-13 所示。

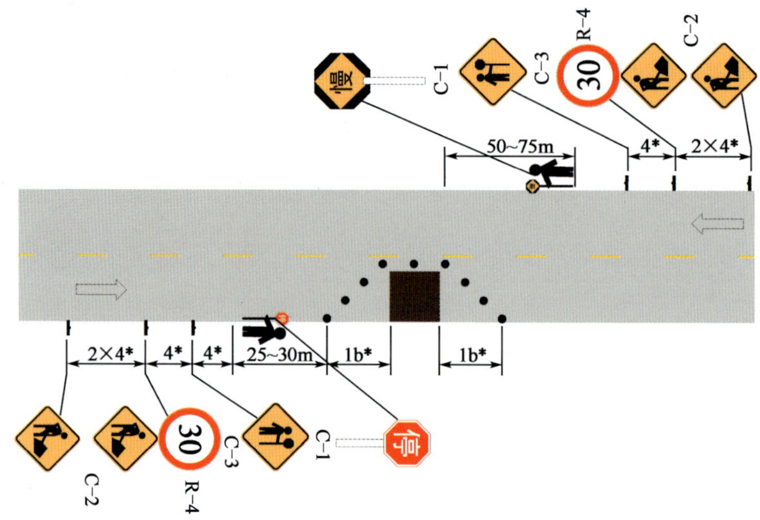

图 4-13　人员控制下封闭车道施工－3

3）弯道环境

弯道环境时的渐变段设置应该确保渐变段起始位置在弯道起始前，见图 4-14。

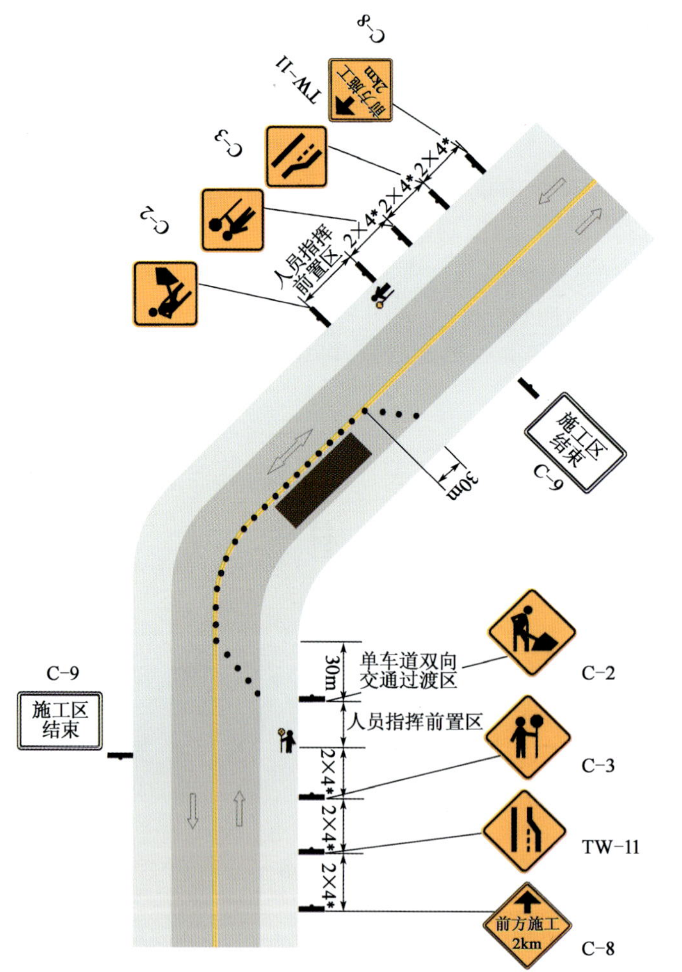

图 4-14　弯道环境下人员控制封闭车道施工

4)纵坡环境

在公路的纵坡环境下的施工区交通控制设施设置见图4-15。

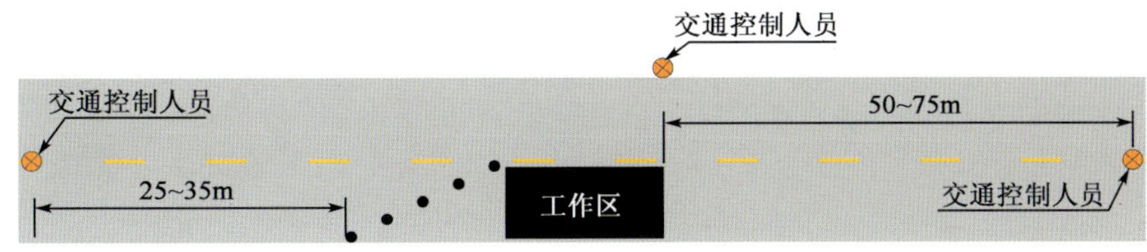

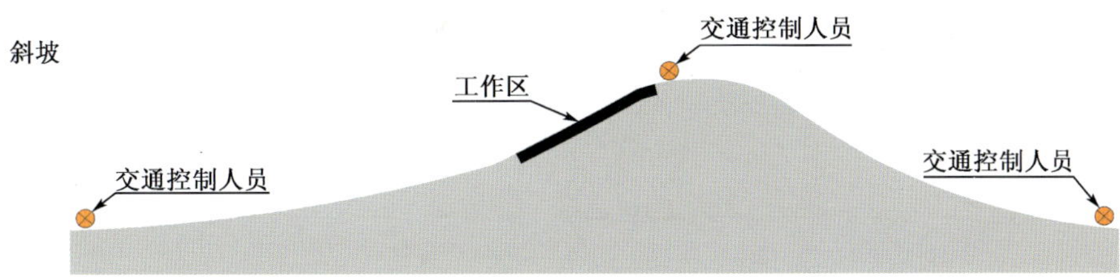

图4-15　纵坡环境下人员控制封闭车道施工

4.7.2　无(或缺少)人员指挥的双车道单边封闭施工

如果施工区长度非常短,比如不大于5～10m,交通流量也很小,同时视距清晰,最小视距超出100m,这种情况下,可以考虑不设置或少设置人员指挥控制。其中分如下两种情况。

1)仅封闭车道单侧有一人指挥控制

当施工区长度很短,一般不大于10m,同时道路两端视距清晰,最小视距超出100m,可以考虑在非封闭车道面向交通流方向不设置人员控制,而仅仅保留封闭车道面向交通流方向的人员指挥控制。这种情况下,交通控制设施设置如图4-16所示。

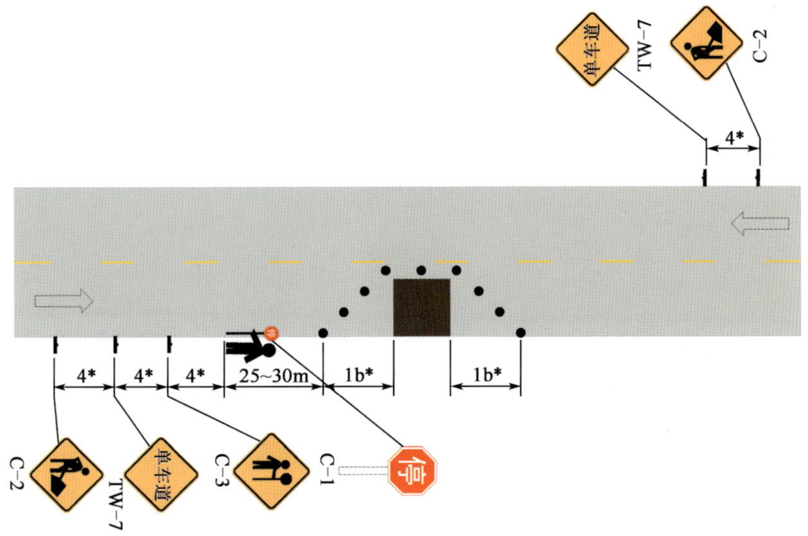

图4-16　仅封闭车道单侧有一人指挥控制

2)施工区两端都没有人员指挥控制

当施工区长度很短,一般不大于5m,同时道路两端视距清晰,最小视距超出80m,可以考虑道路两端都不设置人员控制,交通控制方法如下:

(1)道路两端必须设置“停”和“让”的控制标志。

(2)其中,道路两端交通都在“停”的先决条件下,观察清楚对向交通流的状况,在安全间隙情况下可以通过施工区的单车道区域。

(3)在封闭车道一端,同时设置"让对向交通"的标志,因此在双向都有车辆等待通过时,非封闭车道方向的交通流可以先通过。

交通控制设施设置如图 4-17 所示。

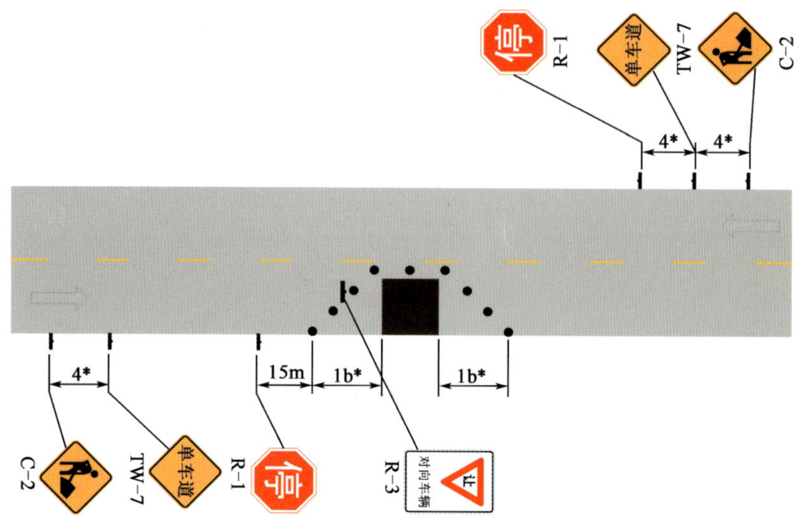

图 4-17　施工区两端都没有人员指挥控制

4.7.3　借用非机动车道的双车道单边封闭施工

图 4-18 所示是双向两车道加非机动车道的环境下单侧封闭车道借用非机动车道的交通控制方法。

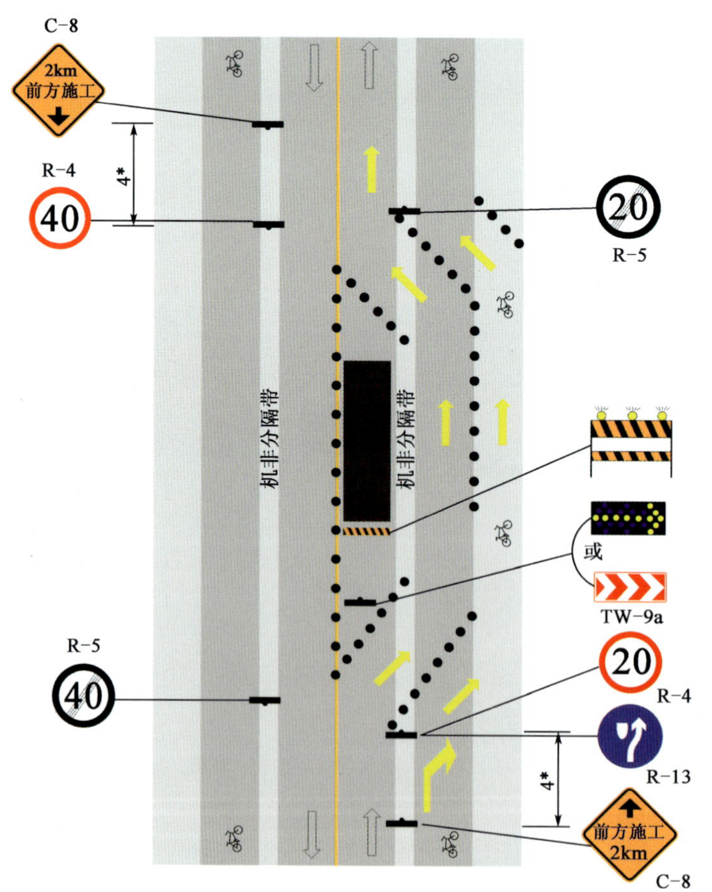

图 4-18　借用非机动车道的双车道单边封闭施工

4.7.4　用临时信号灯控制的双车道单边封闭施工

当施工区道路两端的交通流量较大时，应用临时信号灯控制道路两端交通流是十分有效的方法。图 4-19 所示为在封闭车道情况下的双车道公路或道路应用临时信号灯控制进行施工的交通控制设施设置要求。

其中必须注意这种封闭车道的施工，必须按照图例要求设置相应的信号灯、警告和法规标志（注意其路权分配概念）。其中，信号灯的绿信比时间表按照临时信号灯设置章节的介绍设置。

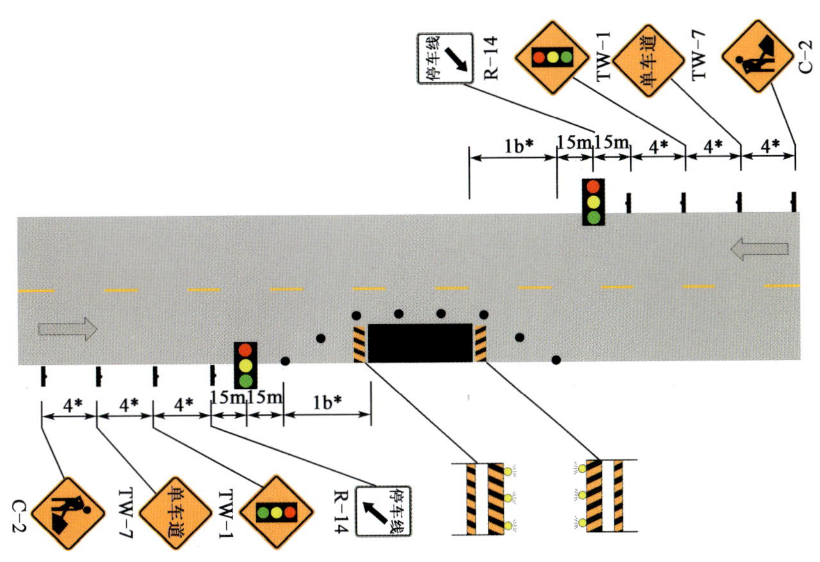

图 4-19　有临时车道信号灯控制的车道封闭施工

4.7.5　双向 4 车道以上公路右侧车道封闭施工

对于多车道的右侧车道封闭施工，交通控制设施设置方法可参考图 4-20。

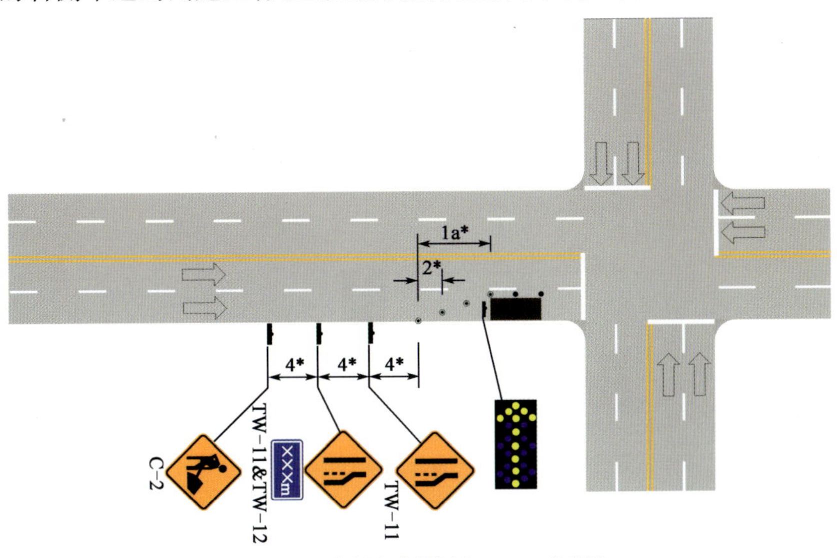

图 4-20　右侧车道封闭施工——多车道

（1）如果道路限速为 60km/h 或更少，上游的第一块 TW-11 可以不用，C-2 向下游移动 4* 相应的位置。

（2）如果不使用闪光箭头指示板标志，则须设置 TW-13 标志加 360°的 4 向闪光或 TW-13 加高强度警告标志替代。

图 4-21 所示为我国交通运输部部颁标准的设置也是可行的。

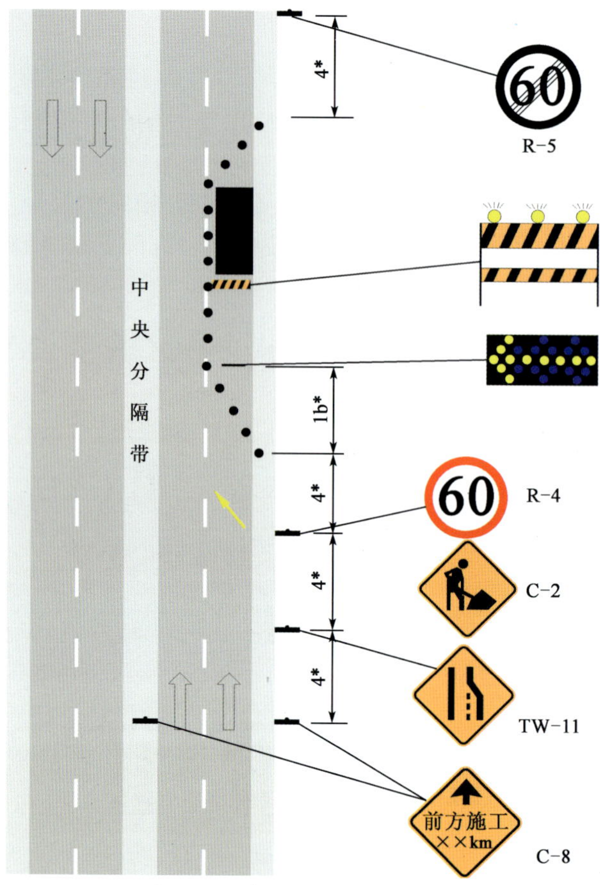

图 4-21　右侧车道封闭施工——多车道

4.7.6　双向 4 车道以上公路左侧车道封闭施工

对于多车道的左侧车道封闭施工,交通控制设施设置方法可参考图 4-22。

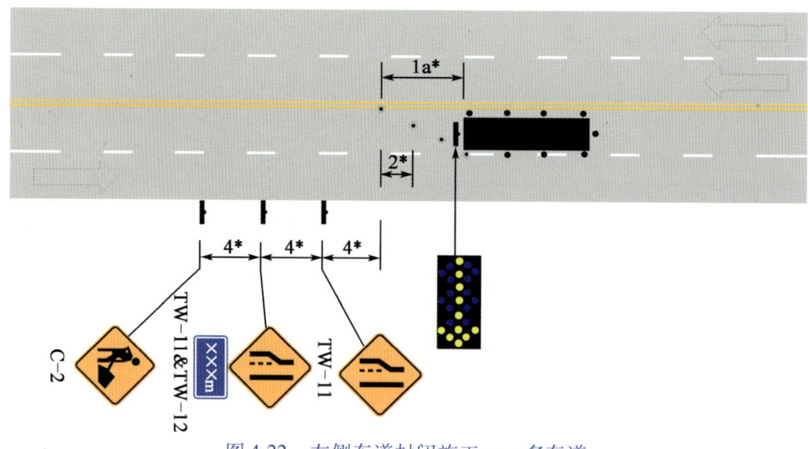

图 4-22　左侧车道封闭施工——多车道

4.7.7　双向 4 车道以上公路单向车道封闭施工

如图 4-23 所示,双向 4 车道以上单向车道封闭的施工可以参照以下打开中央分隔带借用对向一个车道的交通控制方法。

4.7.8　双向 6 车道以上公路单向中间车道封闭施工

对于多车道的中间车道封闭施工,交通控制设施设置方法可参考图 4-24。其中应该注意在右侧车道设置了渐变段封闭区让右侧两个车道交通流提前合并成一个车道交通流,缓解施工区的交通压力,达到提高交通安全性目的。

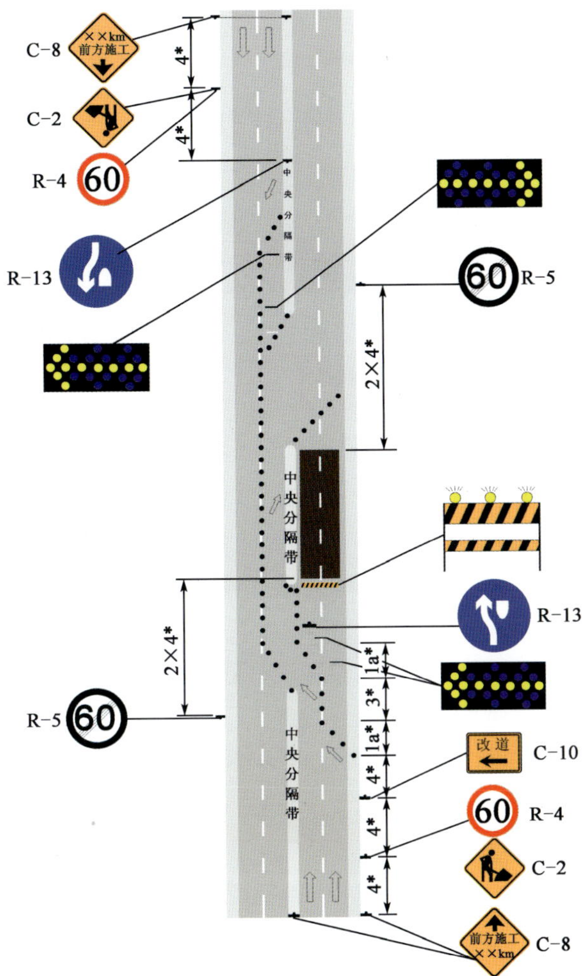

图 4-23　单向车道封闭施工——多车道

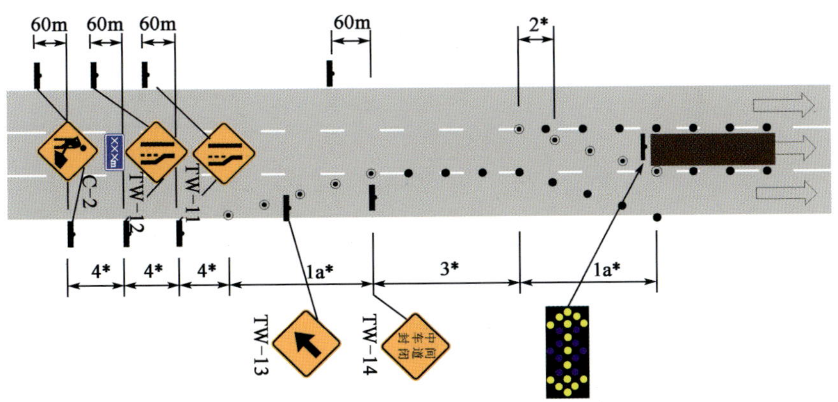

图 4-24　单向中心车道封闭施工——多车道

4.7.9　道路中间双向可左转车道封闭施工

对于道路中间的双向可左转车道的封闭施工，交通控制设施设置方法可参考图 4-25。

其中，根据情况需要时，标志 C-2 可以由带有旗帜的道路施工标志代替，具体形式参见表 7-3。

4.7.10　隧道内车道封闭施工

隧道单洞双向交通的控制区布置，应只封闭一条车道进行养护维修作业。由于双向交通共用一个车道，因此隧道口应设置临时交通信号灯并配备交通指挥人员，并应从隧道口开始封闭需养护维修作业的车道，当作业区处于弯道范围时，应将警告区的起始位置前移至道路的直线段。

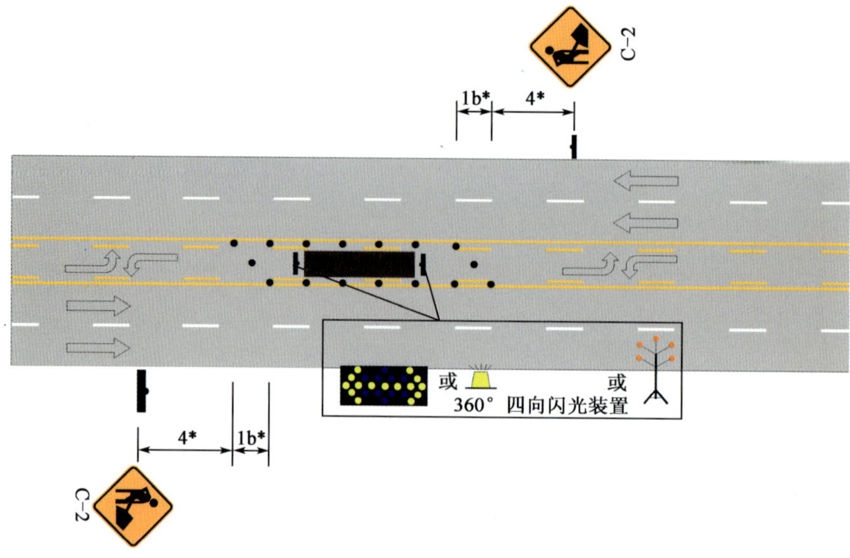

图 4-25　道路中间双向可转弯车道封闭施工

(1)隧道双洞单向交通的控制区布置应将警告区和上游过渡区设于洞口外。

(2)移动维修作业时,宜设置移动式标志车,并应在隧道两端配备交通指挥人员。

(3)作业周期大于半小时时须设置锥形交通标。

隧道内车道封闭施工的交通控制设施的设置见图 4-26 ~ 图 4-29。

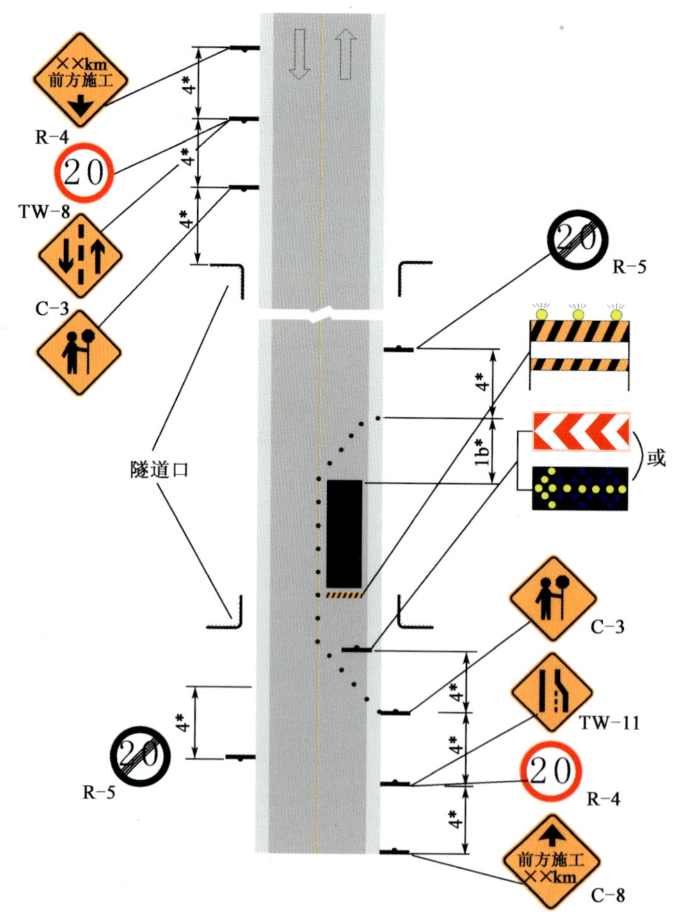

图 4-26　单洞双向交通在隧道口附近的短期施工

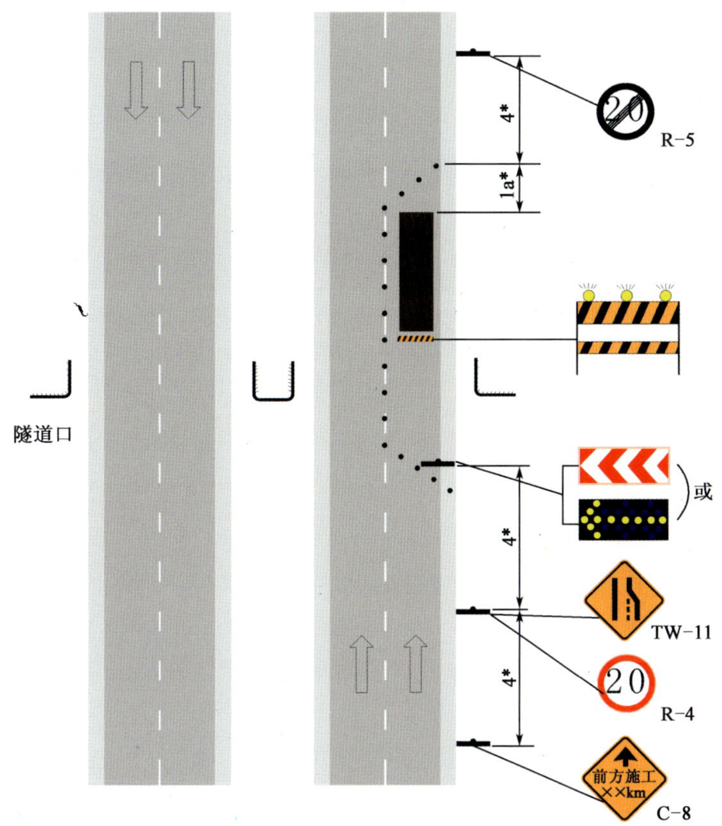

图 4-27　双洞双向交通在隧道口附近的短期施工

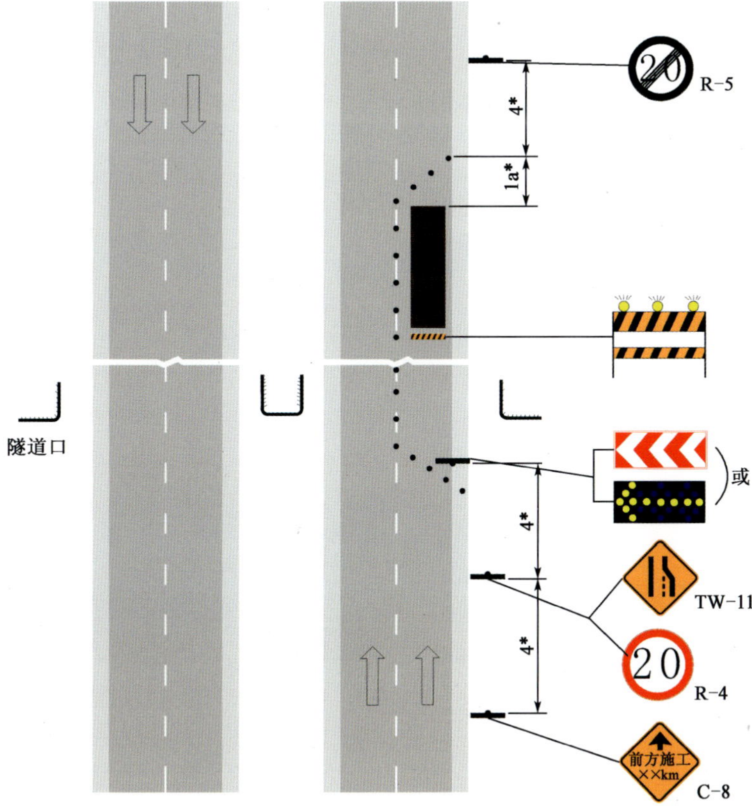

图 4-28　双洞双向交通不在隧道口附近的短期施工

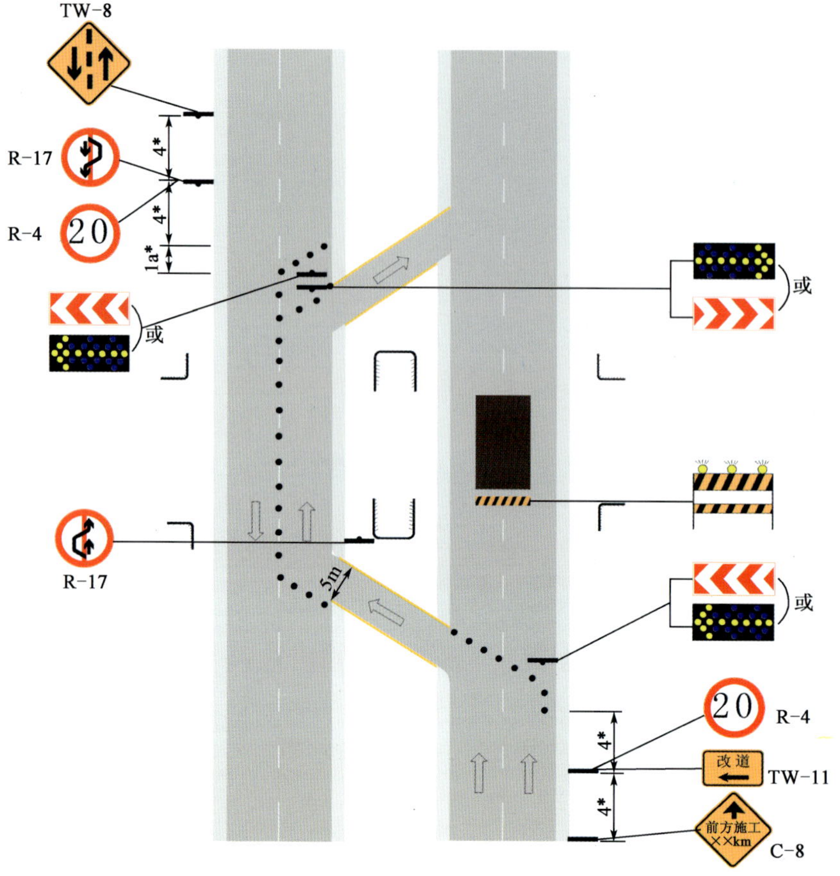

图 4-29　双洞单向交通全车道封闭施工

4.8　交叉口附近车道施工

4.8.1　交叉口入口端车道封闭施工

对于道路交叉口入口位置的施工，相关交通控制设施的设置可以参见图 4-30 和图 4-31 所示方法。其中，分为有人工指挥与无人工指挥两种情况。

1）双向 2 车道有人工指挥

由于道路仅仅是双向 2 车道，封闭一个车道后，只有一个车道通行，加上一般交叉口交通较繁忙，在单车道行驶双向交通情况下必需设置人工指挥或临时信号灯进行交通控制（注意其路权分配概念），见图 4-30。

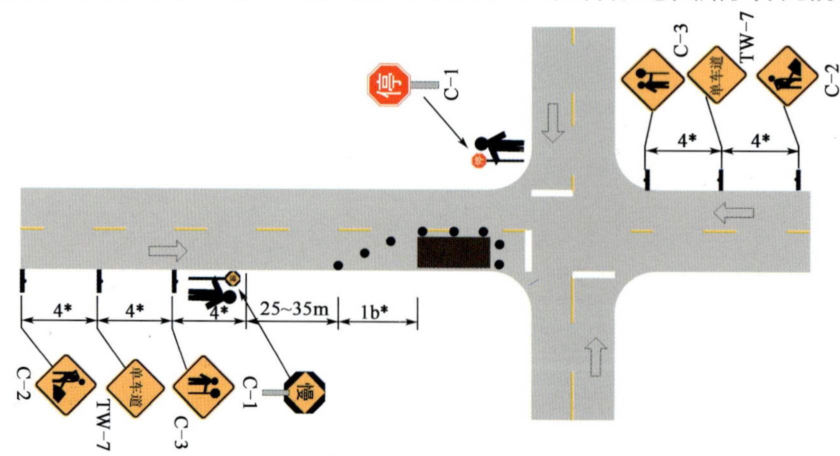

图 4-30　交叉口入口车道封闭施工——有人工指挥

(1)当交叉口为信号控制的交叉口或交通流量较大时,需要与道路管理部门商议是否需要交通警察的协助。

(2)所设置的交通信号灯需设置成为闪光状态。

2)双向多车道无人工指挥

图4-31是多车道道路仅封闭一个车道情况,不存在双向交通占用同一个车道情况,因此不需要人工指挥。

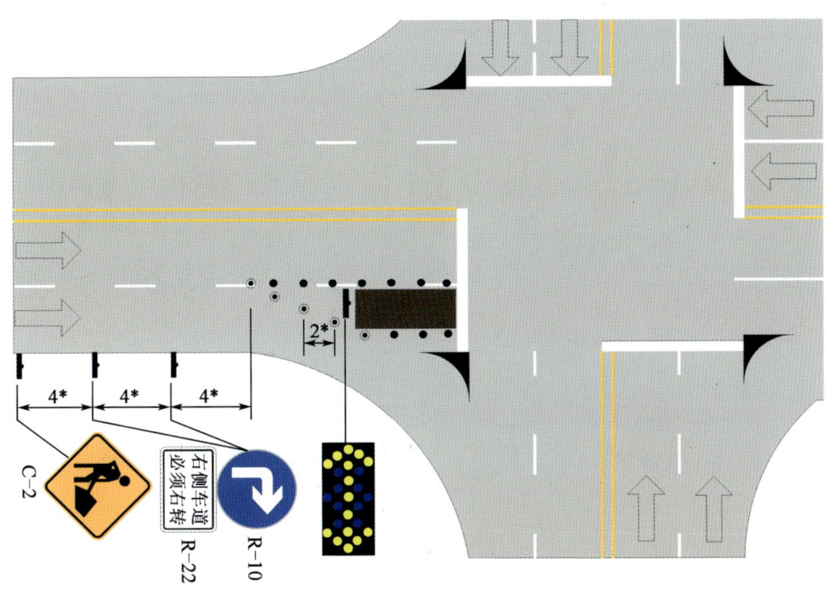

图4-31 交叉口入口车道封闭施工——无人工指挥

(1)如果限速在60km/h以下时,闪光箭头指示板标志可以用360°四向闪光装置代替。

(2)在人行道边缘可以加设管状物。

4.8.2 交叉口出口端车道封闭施工

对于道路交叉口出口位置的施工,相关交通控制设施的设置可以参照如下图4-32~图4-35所示方法。其中,分为有人工指挥与无人工指挥两种情况。

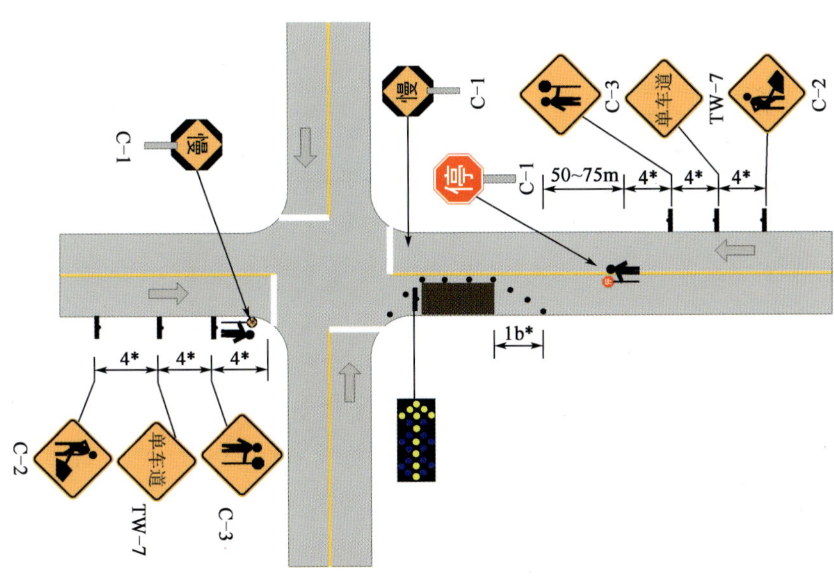

图4-32 交叉口出口车道封闭施工——有人工指挥

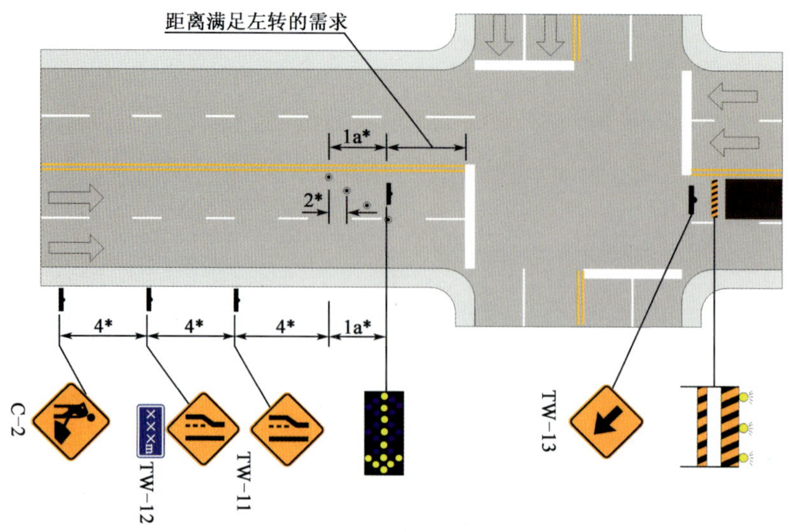

图 4-33　交叉口出口一个车道封闭施工——无人工指挥

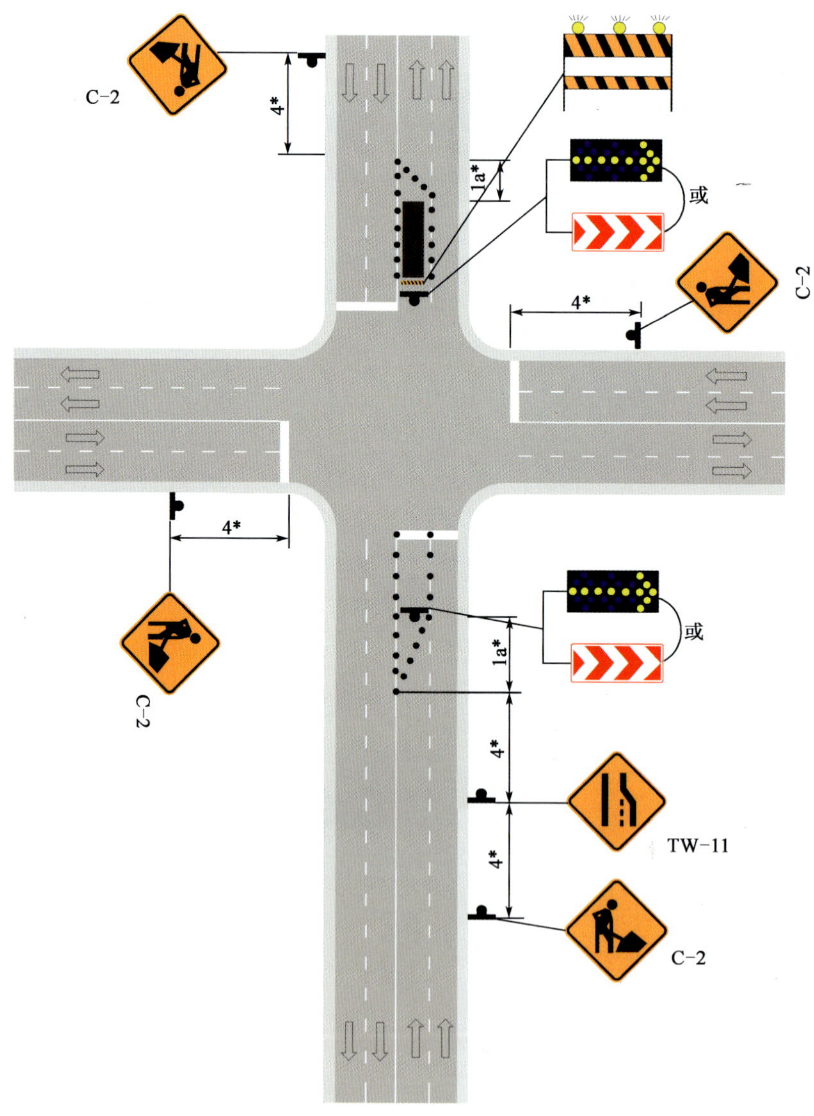

图 4-34　交叉口出口道左车道封闭施工——无人工指挥

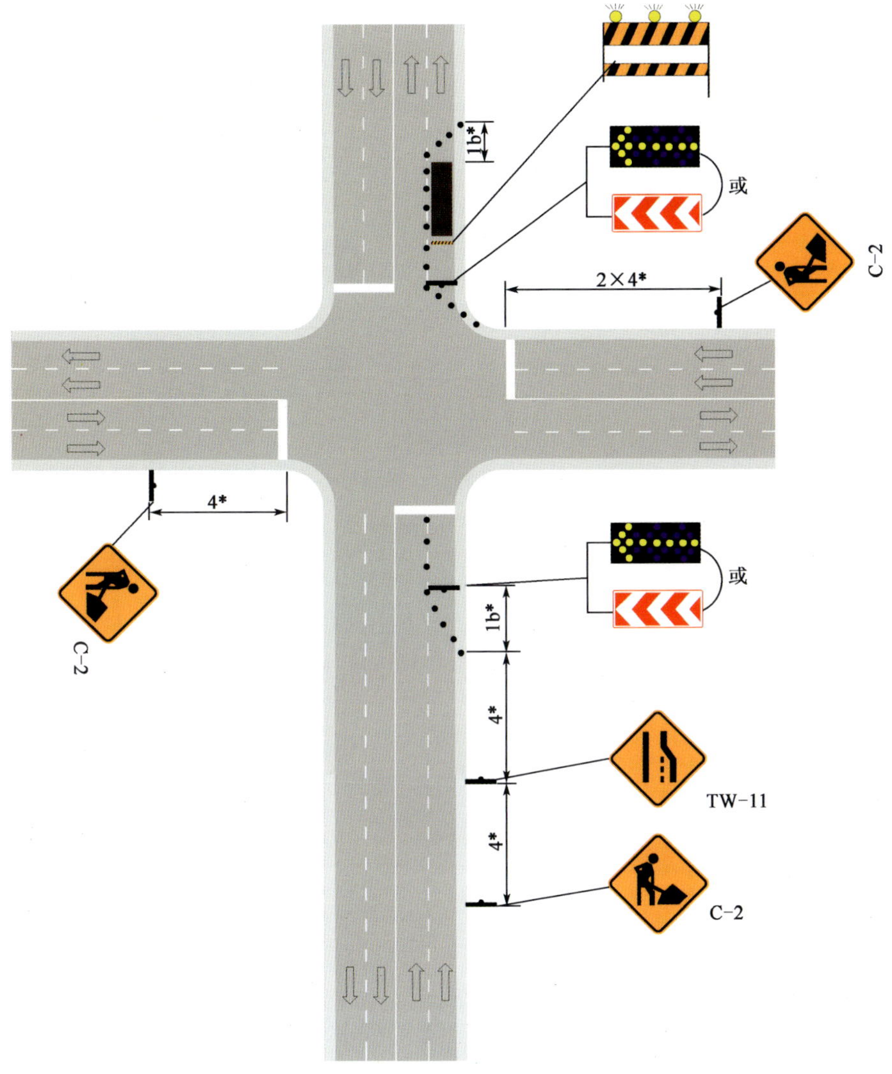

图 4-35　交叉口出口右车道封闭施工——无人工指挥

1)双向 2 车道有人工指挥

由于道路仅仅是双向 2 车道,封闭一个车道后,只有一个车道承担双向交通,加上一般交叉口交通均较为繁忙,因此必需进行有人工指挥的交通控制(注意其路权分配概念),见图 4-42。

(1)当交叉口为信号控制的交叉口或交通流量较大时,需要与道路管理部门商议是否需要交通警察的协助。

(2)所设置的交通信号灯需设置成为闪光状态。

2)双向多车道无人工指挥

图 4-33 所示是多车道道路仅封闭一个车道情况,不存在双向交通占用同一个车道情况,因此不需要人工指挥。

图 4-34 和图 4-35 所示分别为无人工指挥情况下交叉口出口道左右车道封闭施工交通控制设施的设置。

4.8.3　交叉口中部封闭施工

交叉口中部封闭施工交通控制设施的设置见图 4-36。

4.8.4　环岛交叉口车道封闭施工

环岛交叉口车道封闭施工交通控制设施的设置见图 4-37 ~ 图 4-42。

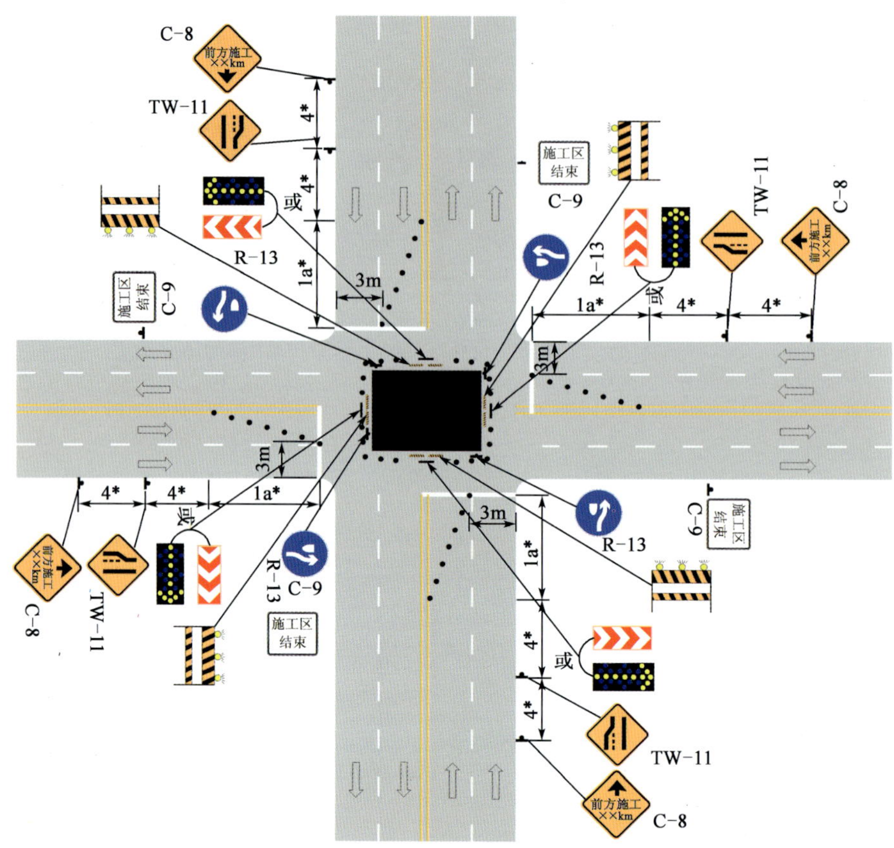

图 4-36 交叉口中部封闭施工

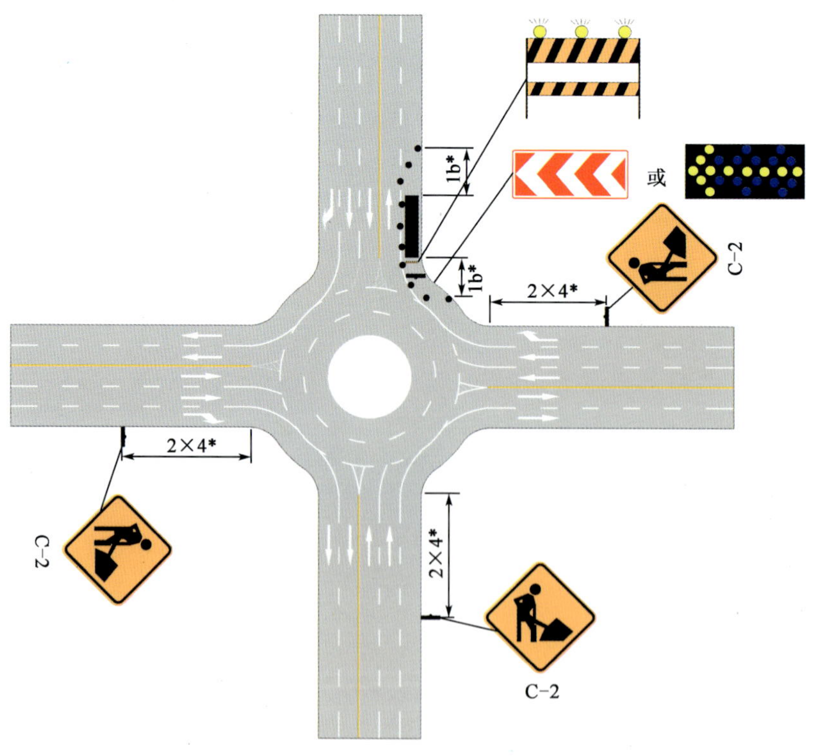

图 4-37 环岛交叉口出口车道封闭施工(1)

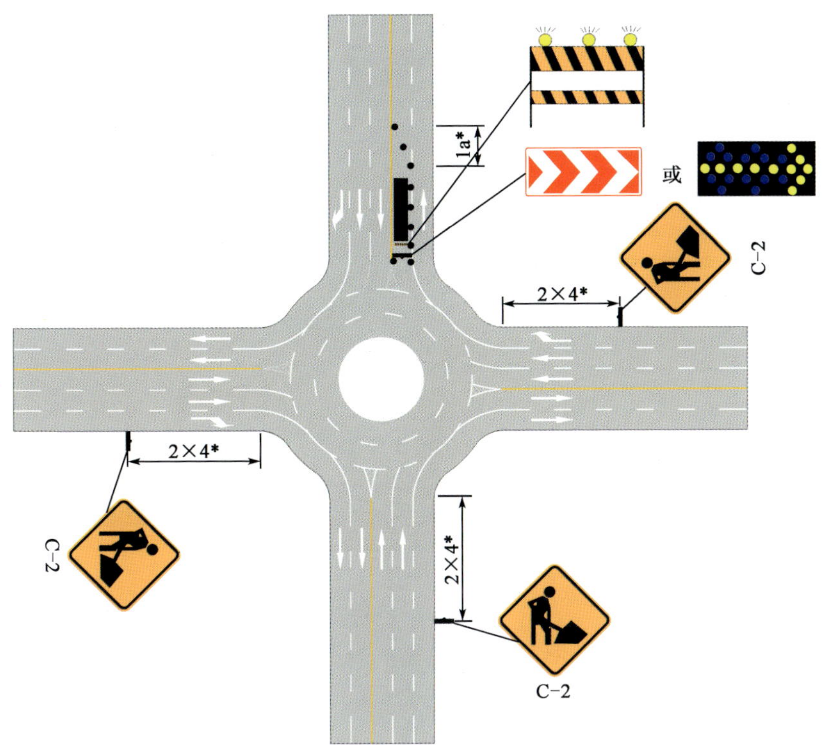

图 4-38　环岛交叉口出口车道封闭施工(2)

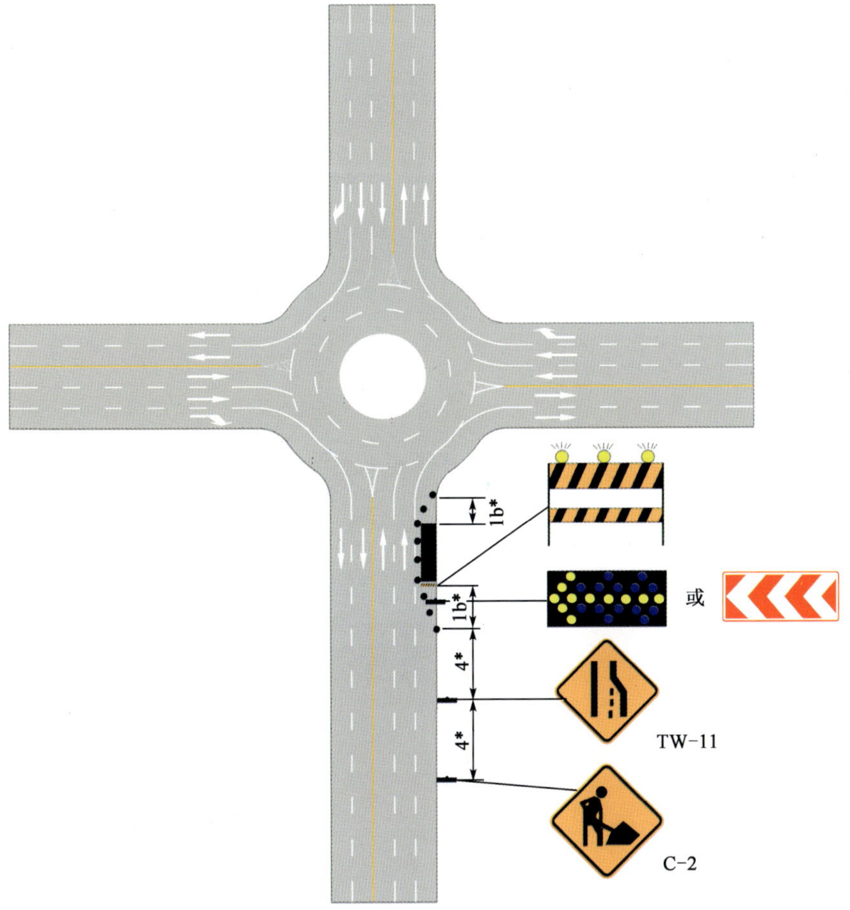

图 4-39　环岛交叉口进口车道封闭施工(1)

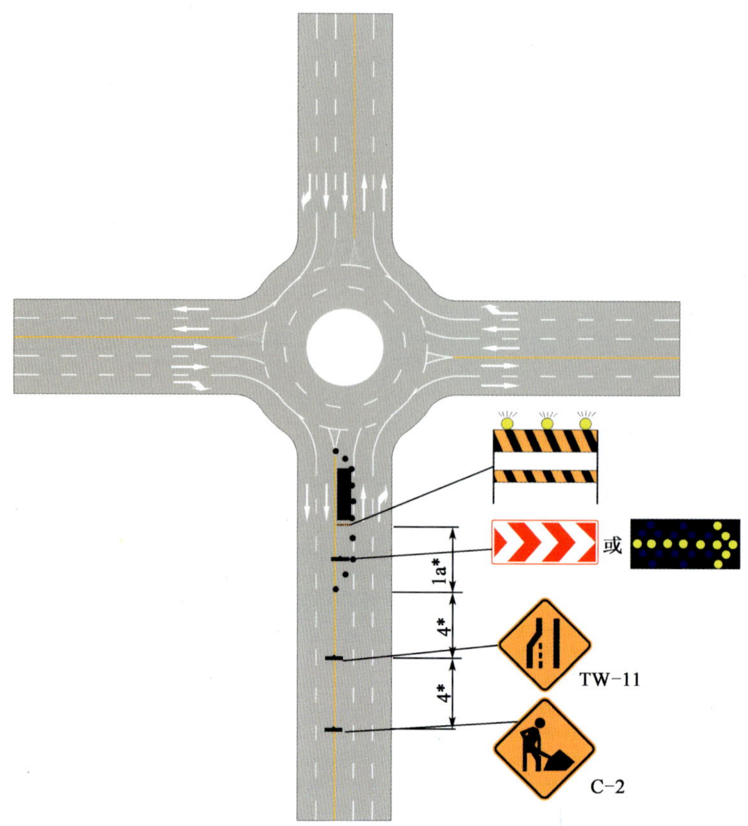

图 4-40　环岛交叉口进口车道封闭施工(2)

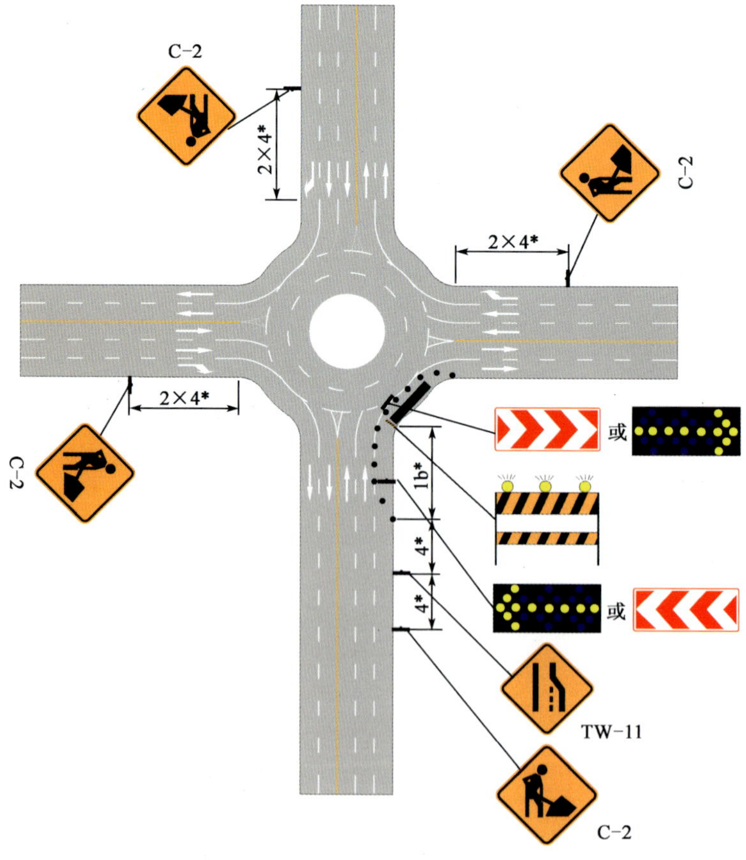

图 4-41　环岛交叉口内部封闭施工(1)

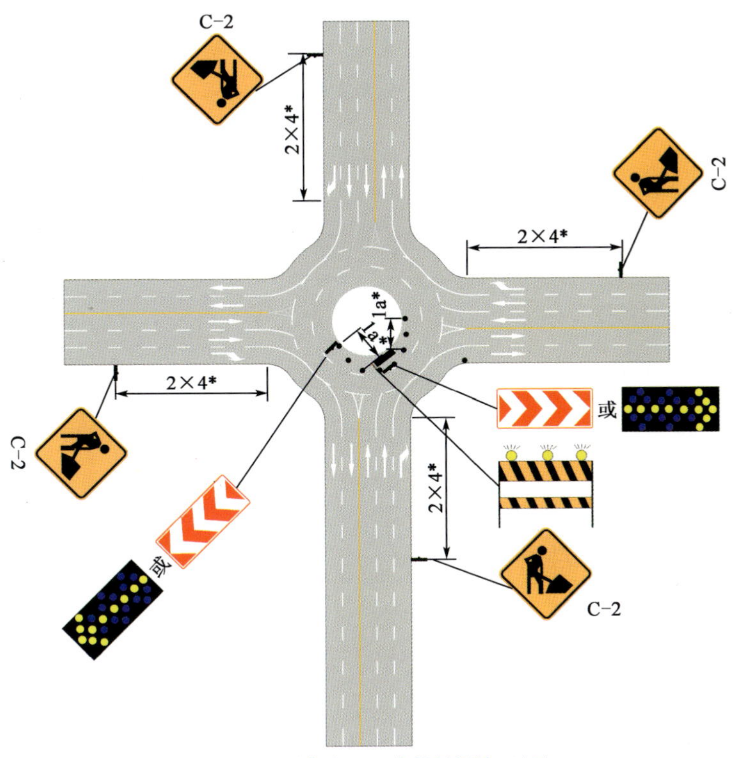

图 4-42　环岛交叉口内部封闭施工(2)

4.8.5　收费站车道封闭施工

在收费广场进行养护维修作业时,应关闭受维修作业影响的收费车道,并对作业控制区的交通进行管理。

若作业区在收费亭的上游,则应关闭所对应的收费车道;若作业区在收费亭的下游,则可不设警告区和上游过渡区,但应关闭所对应的收费车道,收费广场养护维修作业控制区交通控制设施布置示例如图 4-43 ~ 图 4-48 所示。

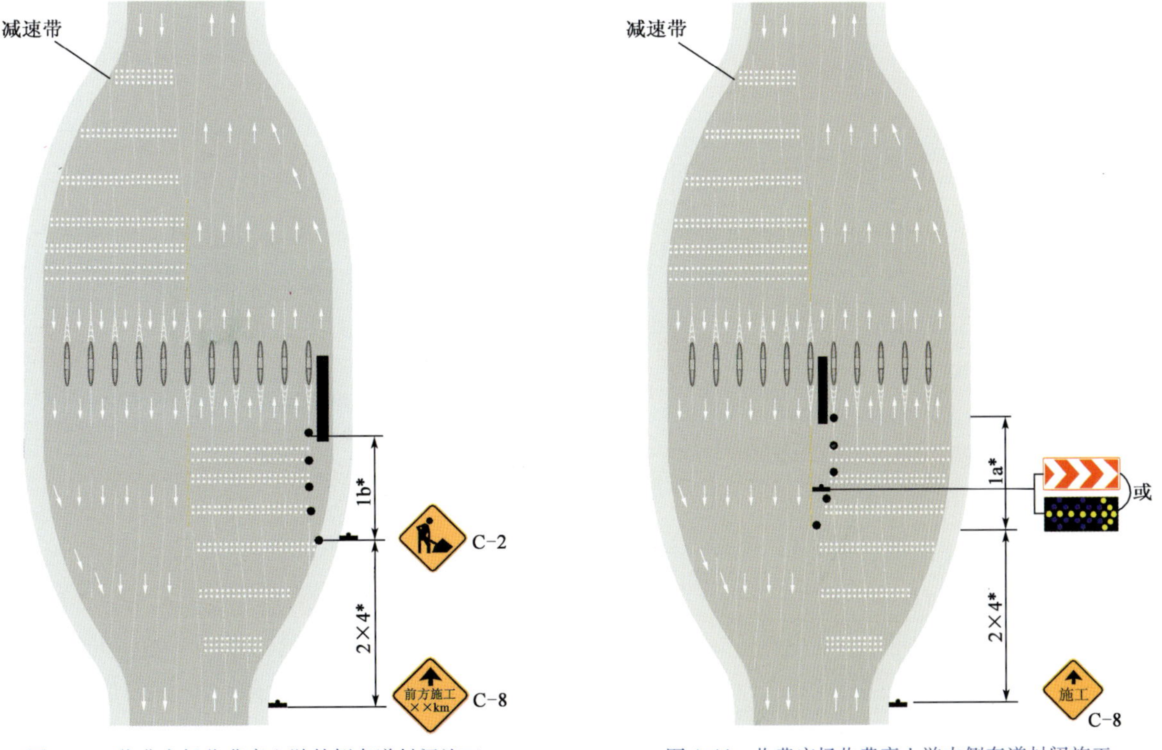

图 4-43　收费广场收费亭上游外侧车道封闭施工　　图 4-44　收费广场收费亭上游内侧车道封闭施工

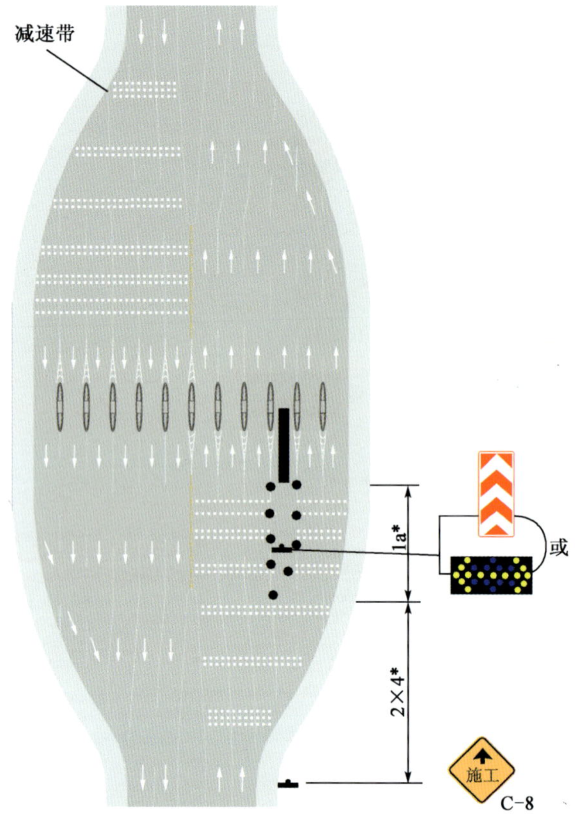

图 4-45　收费广场收费亭上游中间车道封闭施工

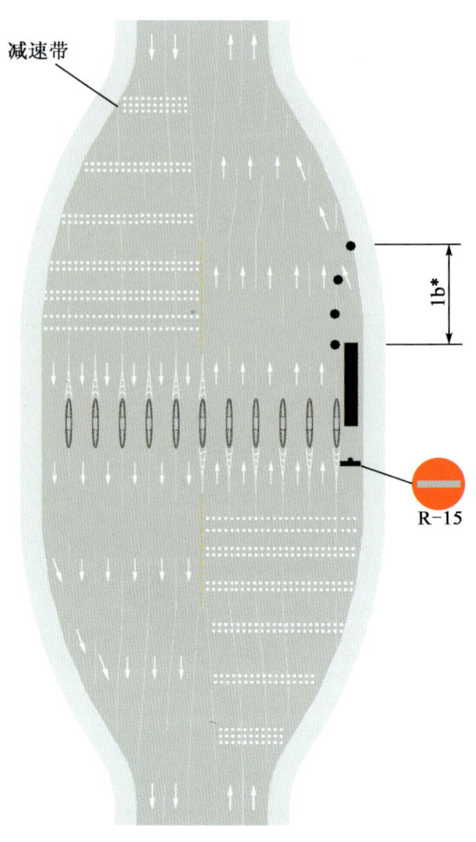

图 4-46　收费广场收费亭下游外侧车道封闭施工

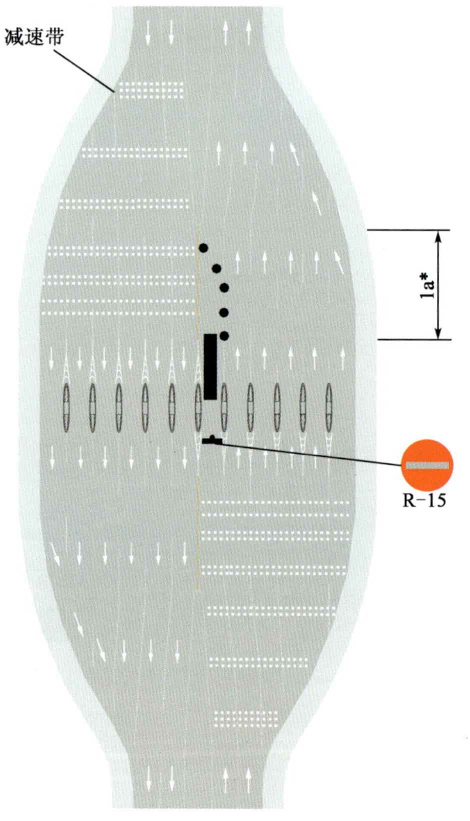

图 4-47　收费广场收费亭下游内侧车道封闭施工

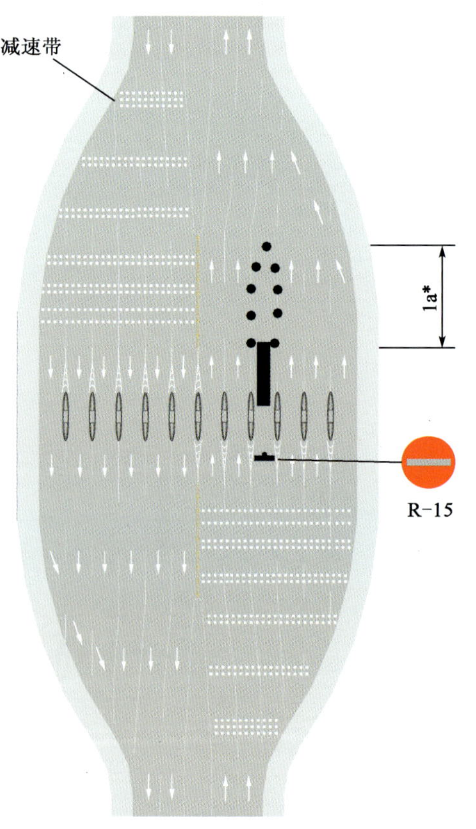

图 4-48　收费广场收费亭下游中间车道封闭施工

4.9　道路标线设置施工

4.9.1　车道标线设置施工

公路和道路路面标线的设置一般情况下是由前后缓冲车和施工车辆两辆车实施的,其施工过程的交通控制可以按照图 4-49 和图 4-50 所示进行。

图 4-49 所示是双向 2 车道中间标线铺设的施工,其中缓冲车在前面,施工车在后面。

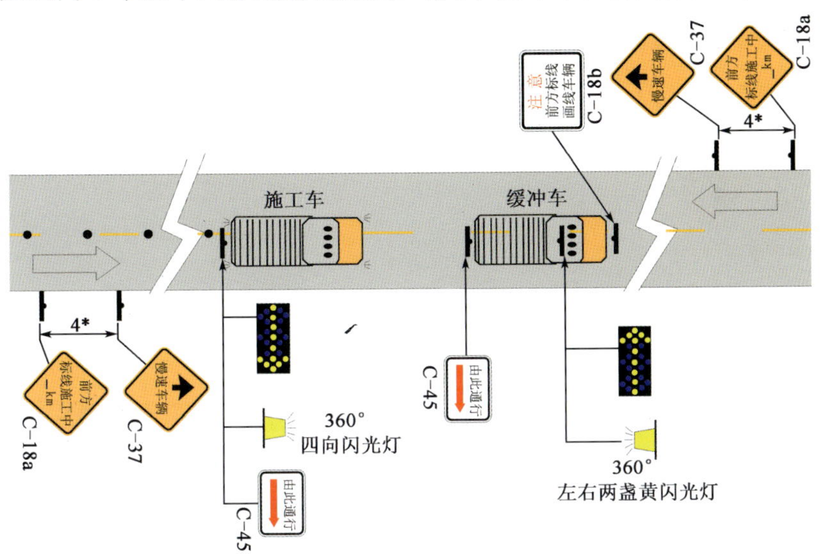

图 4-49　双向 2 车道的车道标线设置施工

图 4-50 所示是双向 4 车道进行标线铺设的施工,其中缓冲车在后,施工车在前。

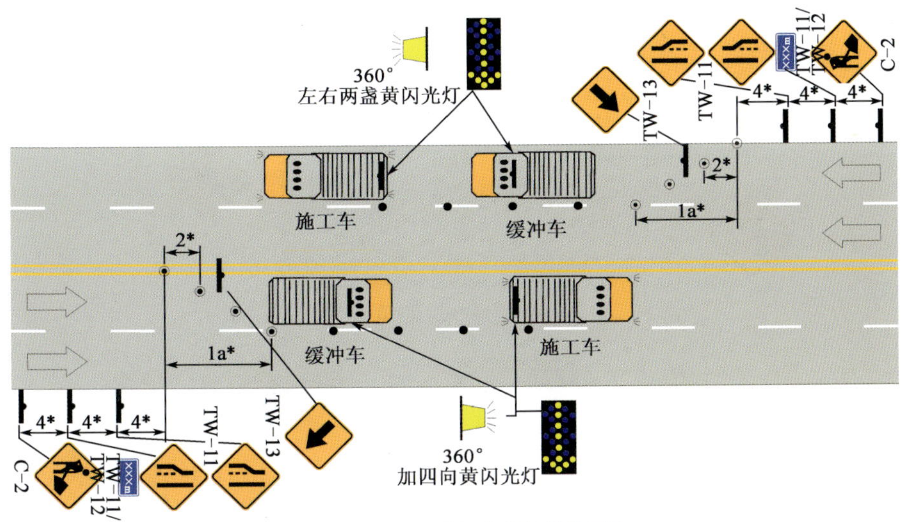

图 4-50　双向 4 车道的车道标线设置施工

4.9.2　左转鱼肚皮和左转箭头标线设置施工

图 4-51 所示为左转鱼肚皮和左转箭头标线施工时交通控制设施的设置。

(1)当漆画工作结束而且现场没有施工人员时,可以移走 C-2 标志。但 A 类型的锥形交通标应保持到油漆干之后方可移走。

(2)如果道路限速在 70km/h 以上和现场有施工人员时,应该在上游鱼肚皮导流岛处,设置带闪光箭头指示板标志或 360°四向闪光装置施工车辆。

4.9.3　多车道的人行横道和停车线标线施工

施工时不论道路上车流速度为多少,只要路面上有工人作业,都应该使用缓冲车辆,见图 4-51 ~ 图 4-53。

渐变段长度参见表3-13。

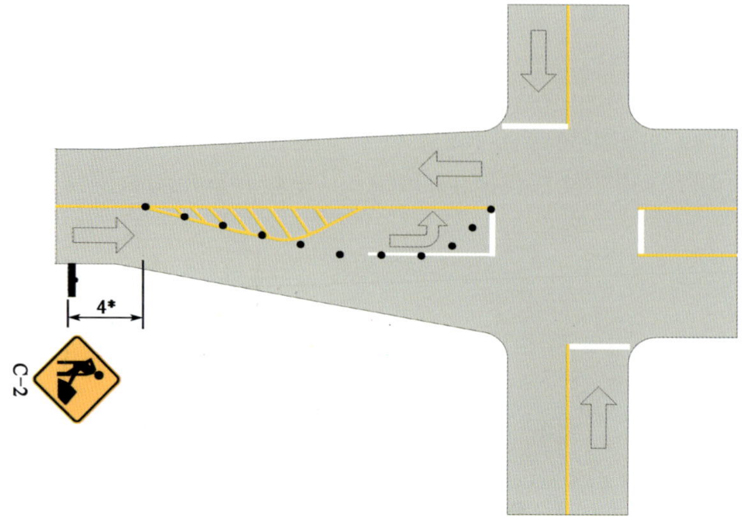

图4-51　标线——左转箭头

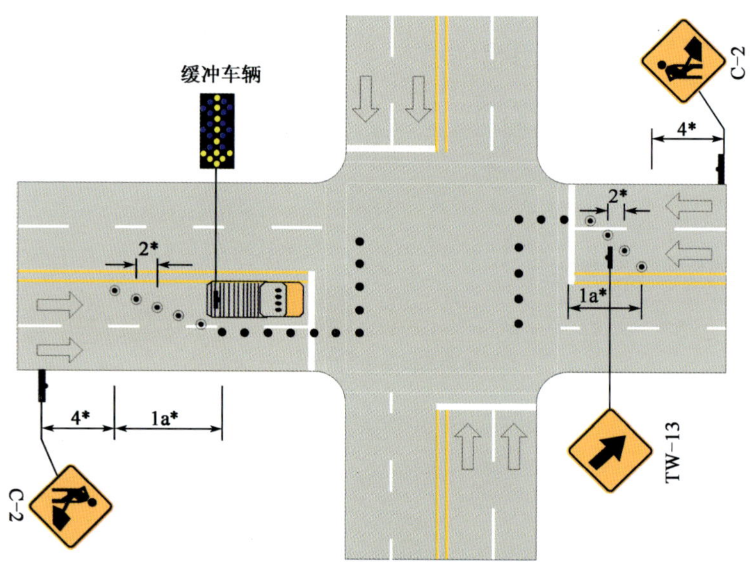

图4-52　多车道停车线和人行横道线(左车道)的施工

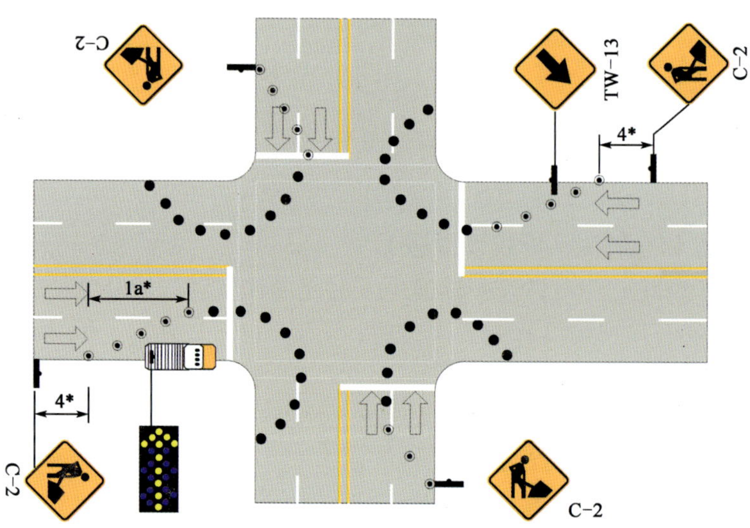

图4-53　多车道停车线和人行横道线(右车道)的施工

不论道路设计速度为多少，只要路面上有工人工作，都应该使用缓冲车辆。

4.10　道路勘测时的交通控制设施设置

测量工作区域如果设置在建设和养护施工场地里，不易引起通行车辆的注意，因此需要测量员特别小心安全作业。测量员也可以作为交通控制人员。

当没有工作人员在公路上时，必须移除或覆盖所有的临时交通控制标志。图 4-54 ~ 图 4-57 所示为不同情况下进行测量施工时的交通控制方法。

1）路肩测量施工（图 4-54）

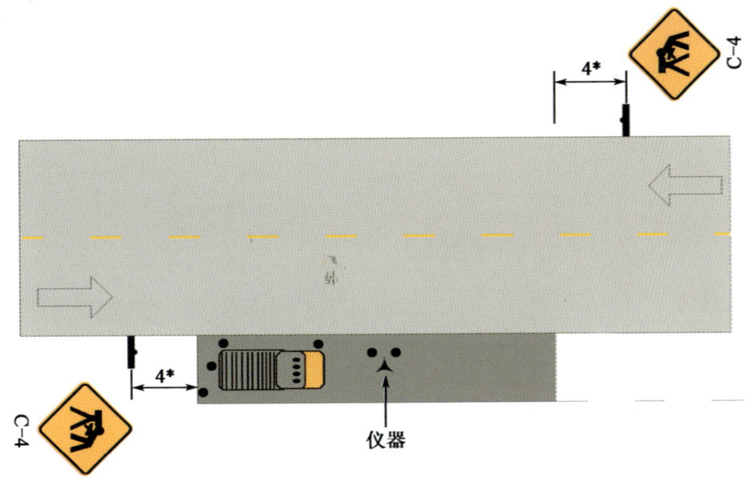

图 4-54　路肩测量施工

路肩测量施工时，对于限速在 70km/h 以上或交通流量较大的道路，必须设置带有 360°四向闪光灯的缓冲车辆。

2）中心线测量施工（直线段）（图 4-55）

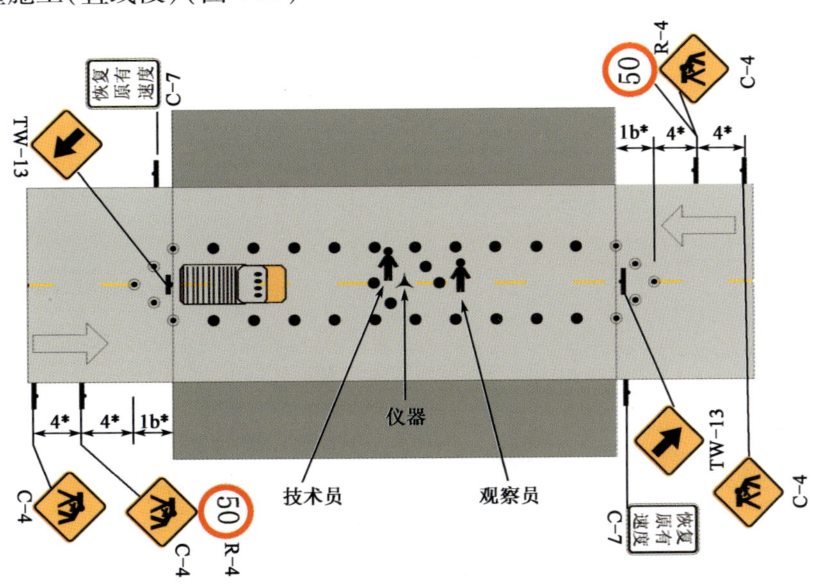

图 4-55　中心线测量施工（直线段）

中心线测量施工（直线段）时，交通控制设施的设置需注意以下几点：

（1）如需要，可增加一个观察员辅助观察交通状况。

（2）对于限速在 70km/h 以上或交通流量较大的道路，必须设置带有 360°四向闪光灯的缓冲车辆。

(3)仅当需要警告的地方,需要使用 C-5 和 C-7 标志(临时限速区)。如果不需要,C-5 标志需要移动到下游 4* 距离处。

3)中心线测量施工(曲线段或视距受限段)(图 4-56)

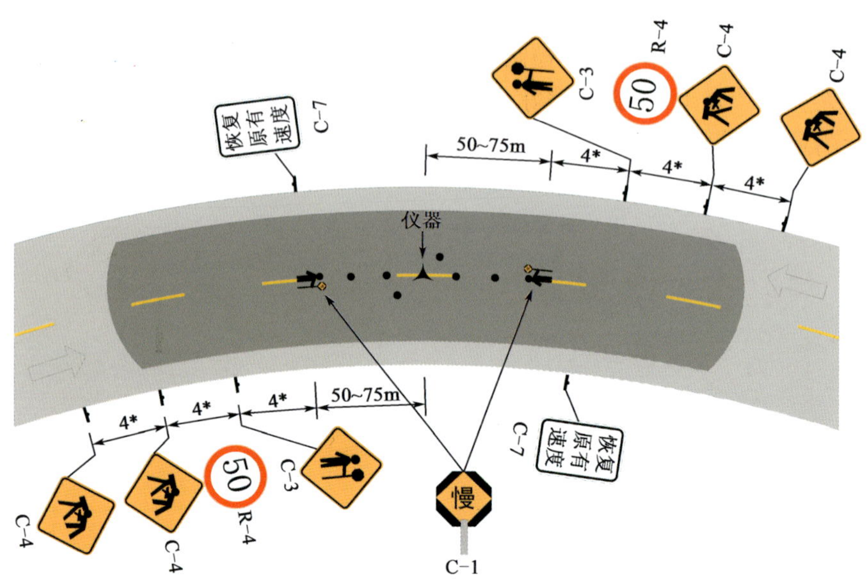

图 4-56　中心线测量施工(曲线段或视距受限段)

中心线测量施工(曲线段或视距受限段)时,交通控制设施的设置需注意以下两点:

(1)对于限速在 70km/h 以上或交通流量较大的道路,必须设置带有 360°四向闪光的缓冲车辆。

(2)仅当需要警告的地方,需要使用 C-5 和 C-7 标志(临时限速区)。如果不需要,C-5 标志需要移动到下游 4* 距离处。

4)交叉口测量施工(图 4-57)

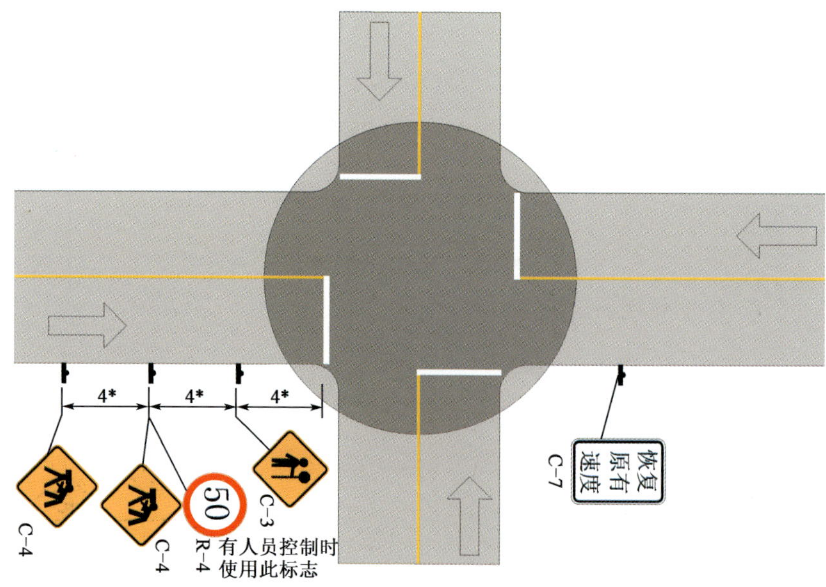

图 4-57　交叉口测量施工

交叉口测量施工时,交通控制设施的设置需注意以下两点:

(1)在交叉口的各个方向都需要相同的标志。

(2)根据道路情况,合理选择 C-3 标志和一个或更多临时控制设施。

4.11 水电设施等施工时的交通控制设施设置

在大多数情形下，公用设施施工所需的交通控制与道路建设或维修养护所需的交通控制基本上没有太多差异。

图 4-58 和图 4-59 所示为公用设施施工特殊情形下的交通控制。

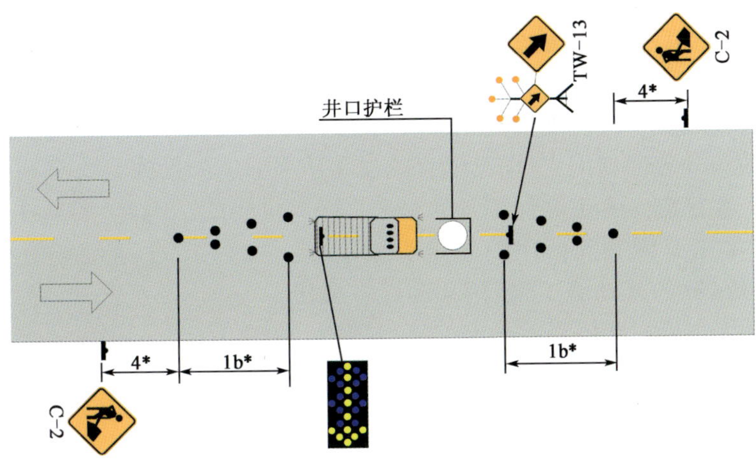

图 4-58 城市道路中心线上的公用设施施工

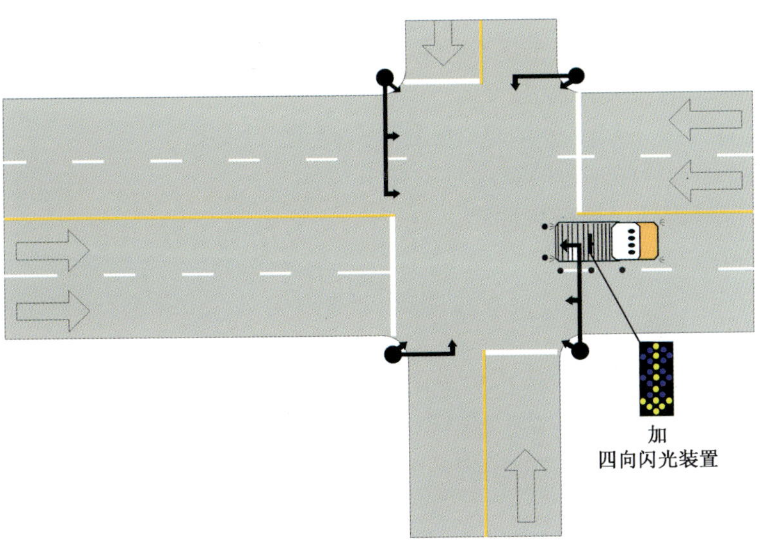

图 4-59 交通信号灯的重新安装或高空的公共设施施工

按图 4-58 进行交通控制设施设置时，如果需要，可以使用额外的提前警告标志。当需要警告时，可以使用 C-6 和 C-7 标志（临时限速区）。

按图 4-59 进行交通控制设施设置，当取消信号灯的设置时，带有闪光箭头指示板标志和四向闪光装置的工作车在右侧车道停止行驶。当车辆行驶速度超过 70km/h，信号灯可以放置在闪光装置上。

4.12 移动施工

移动施工是指连续或短暂停留（不超过 15min）的慢速移动施工。通常是在低速状态下（一般为 5～25km/h）施工车辆间断性地短暂停留，停留时间不超过 15min。如果需要在特殊地点作短暂停留的，交通控制设施最好按短时间施工设置方法设置。

移动施工区仅提供交通控制和安全的最低水平，并且只有作业时间在15min以内时才设置此施工区。

但是当在某些特定情况下需要使用较长时间的移动施工区来尽量减少车辆对施工人员的威胁时，相关责任人需要考虑施工区的有关因素：如速度、视距、分期作业、交通堵塞程度、交通量以及施工人员和交通的暴露时间等。

提前警告区域应随工作区域而移动。交通控制注意如下情况：

(1)一些连续移动施工，在交通量小、可见性好时，一辆标记明确、配有相应标志的车辆即可满足要求。

(2)如流量或速度较高时，应有配置闪光箭头的缓冲跟踪车辆紧随施工车辆之后。

(3)另外，车辆应该安装诸如闪光灯、车辆衰减器和适当标志的设施。

(4)移动施工中，保证施工和道路使用者的安全是极为重要的。因此，如果在分离式道路多车道的高速车道上作业时，施工车辆必须使用闪光箭头指示板。对于移动速度低于5km/h的移动施工，使用移动标志或定期移动的提前警告区固定标志。

4.12.1 在路肩上的移动施工

图4-60所示的是一个典型的在路肩上进行连续移动施工的例子。连续移动施工一般是以5km/h或更小速度在道路上移动施工。移动施工需注意如下几方面：

(1)需要使用车载式高强度频闪警告灯，所有工作区都应该确保有360°可见度。此外施工区前可以使用警示的闪光箭头面板或便携式可变信息标志。

(2)如果工作设备需要占用部分车道，或在侵占临近的车道线时，需要保持临近行驶车道的宽度至少有3m。

(3)遇到如下情况时需使用尾随缓冲车。

①视距小于250m；

②施工引起的灰尘或雾气笼罩使能见度降低，视距小于150m。

(4)尾随车应随时调整与工作车的位置来阻止道路使用者在二者中间行驶，以及注意在弯道上视距受限之前及时减速。

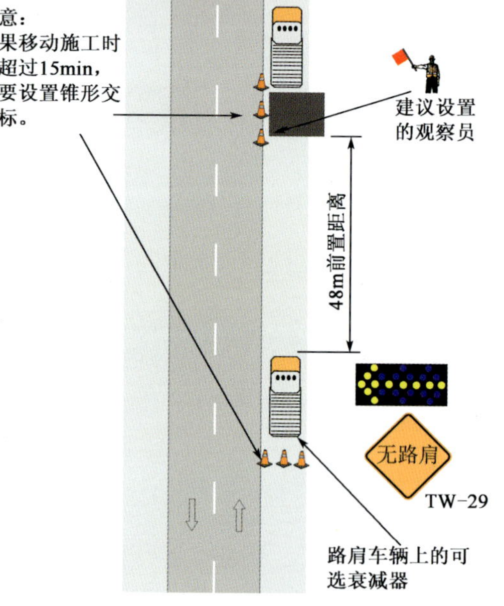

图4-60 在路肩上进行的移动施工

(5)如果没有使用尾随车，则应该使用提前警告标志或闪光警告标志，并且标志上需要提示前方施工距离。

4.12.2 双向2车道间断性的移动施工(图4-61)

(1)双向2车道间断性的移动施工较为典型的应用是道路反光标志的修补与更换、路面小面积或裂缝修补等。

(2)在设立C-34标志的距离不应超过2km。

(3)B型闪烁黄灯或黄色旗帜标志应与C-34一起使用，高强度的警告设施是可选的。

(4)如果限速为60km/h，那么C-34和其附带标志是可以省略的。

(5)根据需要，可以在批准情况下在跟踪车辆后面安装C-35标志以及其他警示标志。

(6)当施工车辆在规定行驶速度内，车辆上的C-35和TW-28标志应被移除或遮盖，而车辆上的C-32标志应该下降到醒目位置。

4.12.3 双向2车道连续慢速的移动施工(图4-62)

(1)对于路面标线除线施工请参照地面标线设置图例。

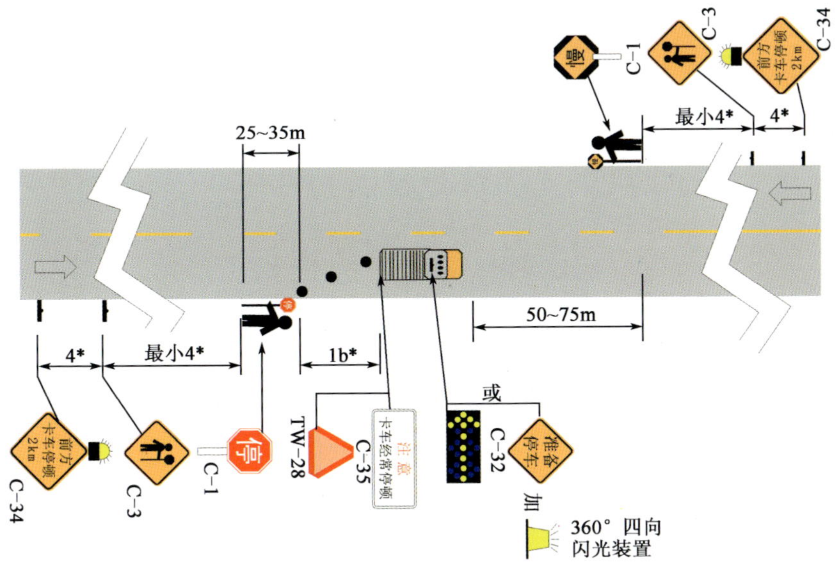

图 4-61　间断性的双向 2 车道移动施工

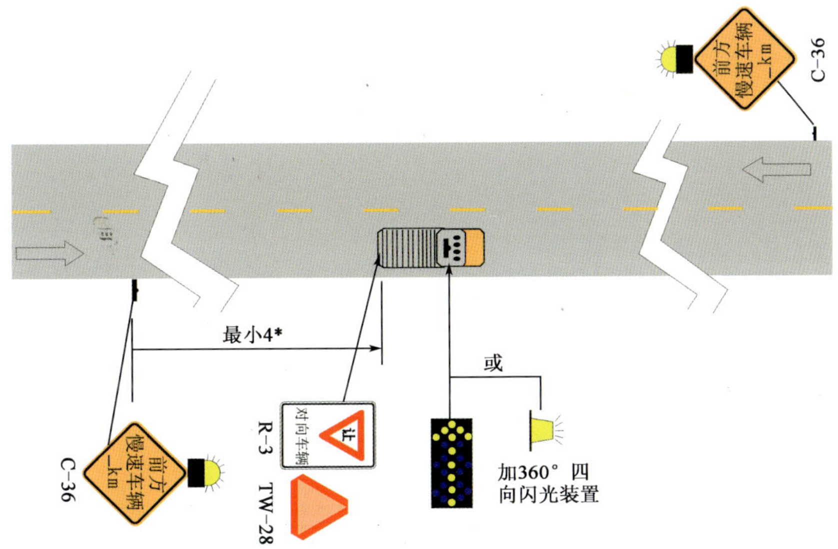

图 4-62　双向 2 车道连续慢速的移动施工

(2)连续的慢速施工常常应用于道路地面标线设置、路面清扫、清洗、平整和冲洗等。

(3)C-36 标志距施工区的最大的距离不要超过 8km。

(4)B 型闪烁黄灯或黄色旗帜标志应与 C-34 一起使用,另外高强度警告设施是可选的。

(5)如果限速为 60km/h,那么 C-36 和其附带标志是可以省略的。

(6)当工作车辆未进行施工时,应该移除或覆盖车辆上的各种临时标志,并且工作车辆可以正常行驶速度行驶。

(7)根据需要,可以在批准情况下在跟踪车辆后面安装 C-37 或其他标志。

4.12.4　双向 4 车道连续慢速的移动施工(图 4-63)

(1)路面标线除线施工请参照地面标线设置图例。

(2)连续的慢速施工常常应用于道路地面标线设置、路面清扫、清洗、平整和冲洗。

(3)C-36 标志距施工区的最大的距离不要超过 8km。

(4)B 型闪烁黄灯或黄色旗帜标志应与 C-34 一起使用,另外高强度警告设施是可选的。

(5)如果限速为 60km/h,那么 C-36 和其附带标志是可以省略的。

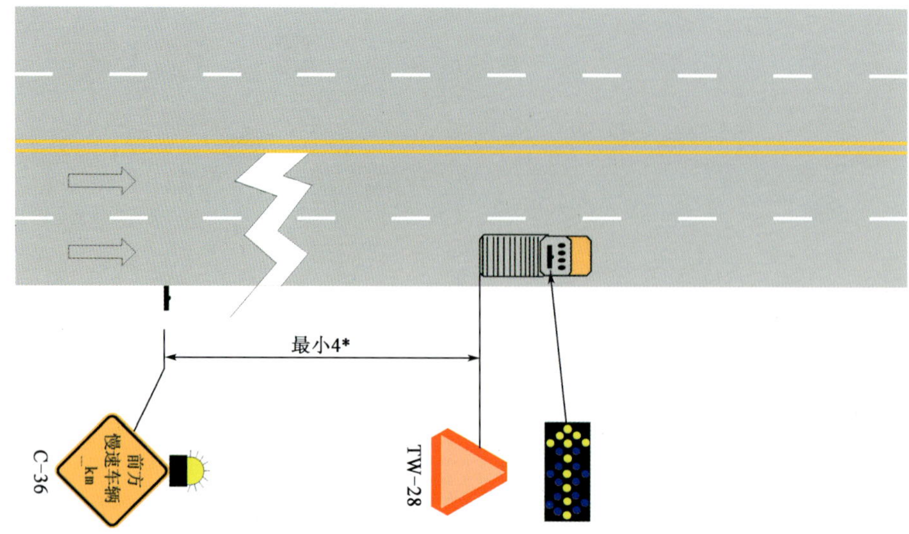

图 4-63　连续慢速的双向 4 车道移动施工

(6)如果时速限制为 60km/h 或更少,闪光箭头标志可以替换为 360 °四向闪光灯。

(7)当工作车辆未进行施工时,应该移除或覆盖车辆上的各种临时标志,并且工作车辆可以正常行驶速度行驶。

(8)根据需要,可以在批准情况下在跟踪车辆后面安装 C-37 或其他标志。

4.12.5　在多车道上的移动施工

图 4-64 所示是多车道上一个车道施工情况下的移动施工。施工应该避开道路高峰时间。

(1)所有施工车辆都应该有车载的高强度闪烁、旋转或 360°可视的频闪警示灯,以及闪光箭头指示板。

(2)移动施工的尾随车需求见表 4-4。

(3)所有尾随车必须满足以下要求。

①安装闪光箭头指示板。车载式衰减器(TMA)是可选的,但应该在高速或高流量的道路考虑使用。

②合理设置行车道封闭标志,以免遮盖箭头的显示。

③调整施工车辆与尾随车之间的距离,以阻止道路正常通行车辆的插入。

④施工车与尾随车采用不同距离,为后面车辆提供足够的视距。

⑤尾随车辆的突出不能超过施工车辆。

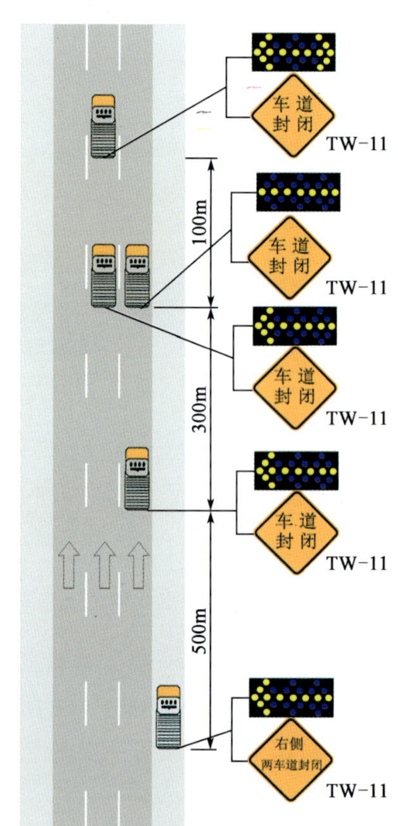

图 4-64　在多车道上的移动施工

(4)当施工车辆占用单向的中间车道时(不是最右边或最左边),尾随车应行驶到右路肩,通过标志提醒正常行驶的驾驶员中间的车道正在施工。

多车道道路上的尾随车需求　　表 4-4

速　　度	尾　随　车	速　　度	尾　随　车
0 ~ 65km/h	可选	≥70km/h	需要一辆

(5)必要时可以增加尾随车。确保施工车后面右侧的尾随车辆封闭右侧所有车道。如果没有足够的路肩可用,尾随车辆可以占用部分车道行驶。

4.12.6　双向 2 车道的路面标线施工

图 4-65 所示是双向 2 车道的路面标线施工。右侧图说明的是一个使用涂料设备时的典型的布局，如果对路面中间的标线进行施工时，应该采用先进的移动施工设备。右侧图表示的是每次跨越单行线时的典型布局。

(1)在所有工作车辆和尾随车上需安装车载式高强度旋转闪光警告灯或 360°可视的频闪警告灯。

(2)使用闪光箭头指示标志，也可以用车载式便携可变信息标志(PCMS)。

(3)要建立有效的控制区域，车辆数目和工作车间距是很重要的。保持适当车间距，以便有足够的时间铺设标线，并且保证不受交通干扰。但是，工作车辆之间间距不能太长，以防止普通车辆在施工车辆之间行驶。

(4)车载式便携可变信息标志(PCMS)可以放在道路施工开始的前一段以警告普通车辆前方施工。工作区和 PCMS 标志之间的距离不应该超过 8km。

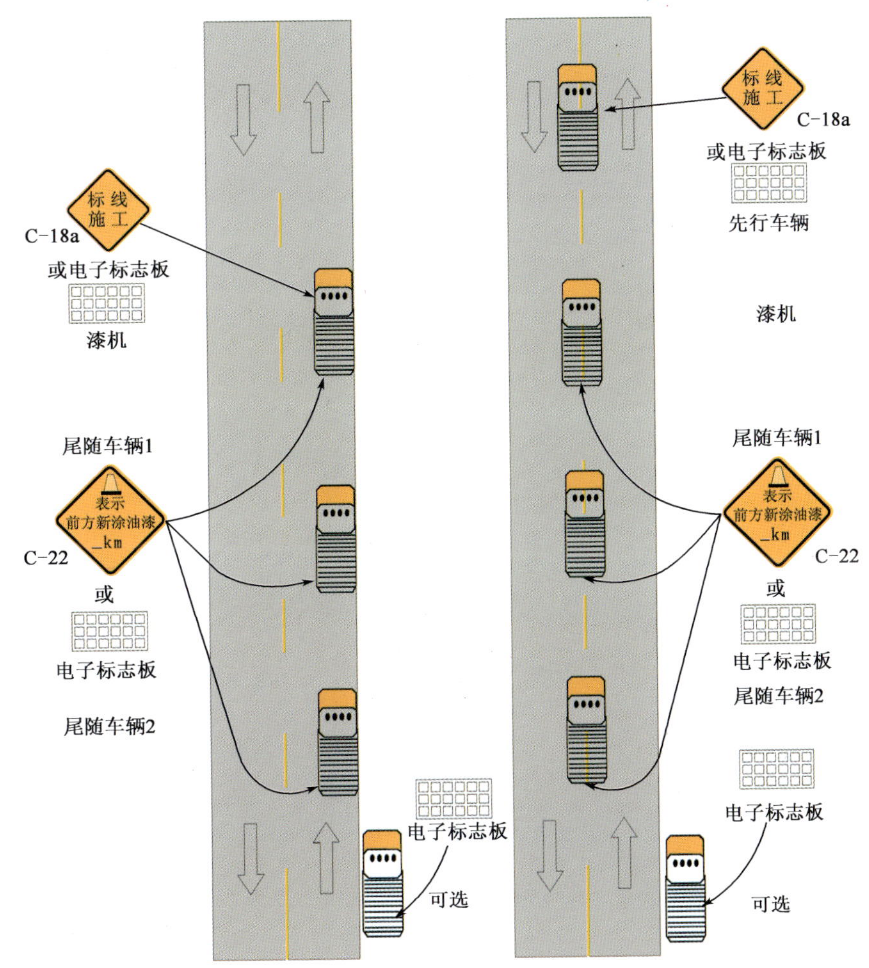

图 4-65　双向两车道的路面标线施工

4.12.7　多车道的路面标线施工

图 4-66 所示的是在单向多车道道路上的路面标线施工。

(1)在所有工作车上都安装车载式高强度旋转闪烁灯或带有 360°可视和合适标志的频闪警告灯。

(2)至少在靠近车行道 3m 附近进行维修养护。

(3)多个尾随车跟随工作车在左侧(或右侧，根据具体施工情况)路肩的 800m 范围进行提前警告。这些车辆可以作为涂漆施工车的服务车。在这种情况下采用装有车载便携式可变信息标志(PCMS)是最合适的。如果不能使用便携式可变信息标志，那么就需要设置道路施工警告标志。

(4)车队和车辆之间的间距确定是重要因素。车辆之间需要保持一定的施工养护空间,以便有足够空间设立标线材料的放置区,但是建立的养护区不能允许交通流在工作车之间行驶。

(5)在高速公路上需要使用车载式衰减器(TMA)。在设计速度高于 70km/h 的其他道路上建议至少设置一个 TMA。一旦设置 TMA,应该将其安装在车行道上行驶的第一辆车上。

(6)车载式可变信息标志(PCMS)可以设置在起始路段,以此警告前方可能会出现交通堵塞。PCMS标志应该在一块板面上表明工作类型,在第二块板面中标明下一个前方××km,而作业区与 PCMS 间的距离应该不超过 8km。

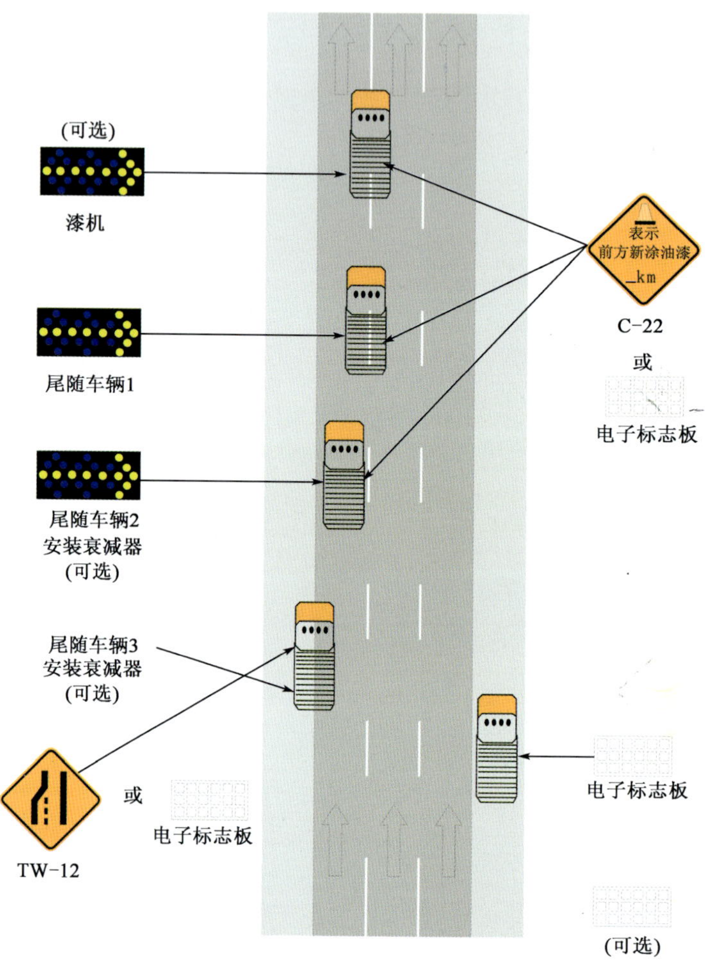

图 4-66　多车道的路面标线施工

5 公路长期养护施工区交通控制设施设置

长期施工是指静态的、需要独立的工作空间且超过24h的养护施工。在长期施工时,需要有充足的时间设置相应设施和全方位地认识交通控制需求,并决定出可行的设置规划。长期施工情况下,对于某些路障或不恰当的地面标线可能会引起驾驶者疑惑的,应该移除并更换为临时标线。

5.1 长期施工交通设施表

在长期施工中需要用到的设施以及图上的简化标示如表5-1所示。

长期施工交通控制设施表

表5-1

设施名称	图例中简化标注	实际图形
警示柱		
锥形隔离墩		
标志放置位置		—
交通控制人员		—
缓冲车	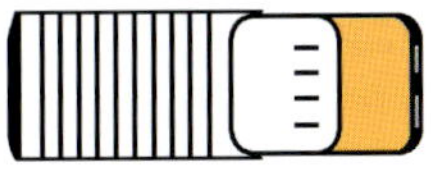	—
黄闪灯		—
施工区		—
便携式车道信号灯		—
路栏和栅栏		—

续上表

设施名称	图例中简化标注	实际图形
闪光箭头指示板		—
高等级的警告设施		—

长期施工涉及静态维护、建设或公用设施施工，这些施工活动都需要单独的施工区域，施工人员和设备将会持续地停留在施工区内，停留时间超过24h。在长期临时施工区内，有充裕的时间安装交通控制设施，实行有效的设置程序，选择最佳的安全方案。在长期施工区提供临时的车道和路栏后，与之不相称的标线会误导驾驶者，应将其清除，并用临时标线代替。

5.2 长期施工区交通控制设施设置的位置和尺寸

普通公路长期施工区的设置规范各个分段的尺寸参照表5-2。

养护施工区分区的设置尺寸：长期施工（普通公路）（加拿大 Ontario） 表5-2

		一般的限速值				
编号	尺寸（m）	≤50km/h	60km/h	70km/h	80km/h	90km/h
1a*	车道封闭时的渐变段长度（m）	低流量：15～25 高流量：30～50	40～60	60～80	100～120	140～160
1b*	路侧施工时渐变段长度（m）	低流量：5～8 高流量：9～15	10～14	14～20	20～24	30～40
2*	渠化警示柱间最大距离（m）	6～8（至少4个）	8～10（至少4个）	8～10（至少4个）	10～12（至少4个）	12～14（至少4个）
3*	两个渐变段间最小切矩（m）	55	100	120	140	160
4*	施工标志间距离（m）	40～50	90～100	110～120	130～140	150
5*	纵向缓冲区（m）	（30）	（40）	50	60	75

注：①已知85%位车速时，用其代替表中的一般的法规限速值。本表中的距离基于良好的可见度，在可见度差的条件下，表中各项尺寸应适当增大。

②表中各项尺寸均以m为单位。除2*为最大值，其他各项均为最小值。

③锥形交通标和管状隔离柱通常白天使用，但如果夜间使用必须要带反光设施。路障、柔性鼓形隔离墩或临时闪光设施通常用于夜间，这些设施同样也必须是具有反光功能。

④1b*的尺寸用于下游渐变段、路肩渐变段和有交通控制人员、便携式车道控制信号灯或临时交通信号灯的双向2车道交通的渐变段上。

⑤4*中提出的第一个标志的前置距离与之后多个一系列标志间的距离相同。

⑥路侧施工包括路肩施工和车道边缘施工。

i. 缓冲车在普通公路上不是必需的设施。普通公路上的纵向缓冲区的应用，可以参见典型设计的说明，在保证安全的情况下，车速≤60km/h的施工区域一般不需要设置纵向缓冲区。

ii. 警示柱为渠化设施。普通公路上，白天和夜间都可以使用锥形交通标。

⑦低流量是指日平均交通量小于3 000辆/d（双向交通量的总和），日平均交通量的数据可以从当地道路管理部门获得，或者由测量3min内通过施工场地的车辆的数乘以300计算得的结果来估计。在施工活动进行时测量，考虑非高峰期和高峰期的交通量。例如：3min内交通量为20辆，则日平均交通量为20×300=6 000辆/d。

5.3 施工区限速设置

双向两车道的施工,对交通比较混杂、线形比较弯曲、桥梁或隧道处施工应设置限速标志。

限速的数值根据具体情况而定。一般一二级公路上的限速为50～60km/h;二级公路以下的限速在30～40km/h。图5-1所示为典型的施工区限速标志。

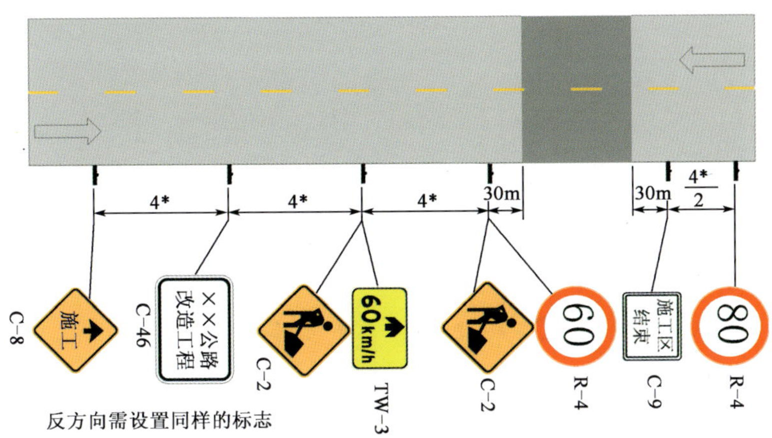

图5-1 典型的施工区限速标志

(1)施工区一般可采取逐级限速的方法给驾驶者逐级提示。

(2)图5-1中在施工区另一方向也需要设置相同的标志。

5.4 路肩和路侧施工

5.4.1 路肩和路边施工

(1)在路肩上长期施工时,需要设置"路肩施工"标志。当施工活动超过3km范围,该标志应该每隔1.5km重复设置一次。

(2)在侵占车道的路段需设置临时交通路栏,防止行驶车辆误入施工区,保护施工人员。

(3)当铺砌路肩宽度达到2.4m或更大时,需要封闭路肩时,至少设置一块提前警告标志。另外,使用渠化设施封闭路肩,标记出施工区域的起始点,指示机动车辆保持在各自车道上行驶。

(4)当施工活动不再进行,但施工区域还没有清除相关设施和标志,注意采用隔离设施和A型闪光灯将施工区域和行车道分离。

图5-2所示为路肩施工交通控制设施的设置。

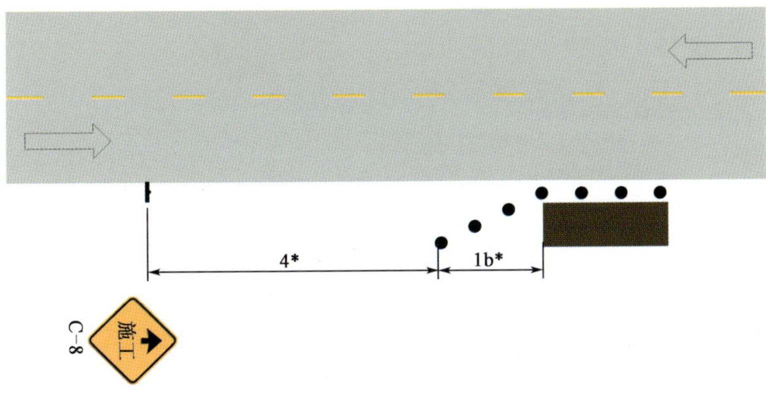

图5-2 路肩施工

5.4.2 无中心线的道路施工

对于无中心线的道路的长期施工，交通控制设施设置按照图5-3进行。

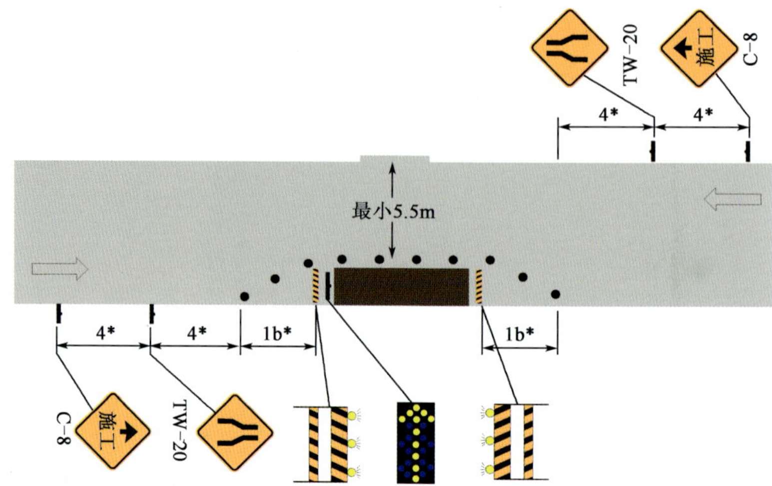

图5-3　无中心线低流量的道路施工

(1)现场有工人时，必须设置闪光箭头指示板标志(Flashing Arrow Board)。

(2)在以下情况需要将车道封闭进行施工：

①设计速度超过70km/h；

②视距受限(能见度低、道路线形差等因素)；

③剩余道路宽度小于5.5m。

(3)如果行车道宽度小于5.5m时，则不能双向行车，必须使用交通控制设施，如人工指挥或设置临时信号灯，以进行交替性单向行车，且要保证行车道宽度不小于3m。

5.4.3 路肩外施工

如果施工活动远离车道(远离路肩，并且里面可机动车通行)，那么就不需要进行临时交通控制。如果作业区距离车道边缘大于4.5m，一般也不需要临时交通控制。然而在某些情况下临时交通控制则是必需的，比如车辆停放在路肩上，车辆由施工区通过公路等，如图5-4所示。

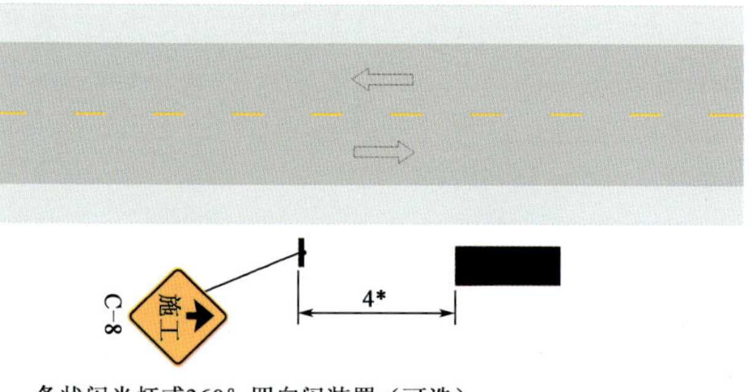

图5-4　远离路肩的施工

在有上述情况出现的路段，应该使用单独的警告标志，如"前方道路施工"标志。如果施工设备在车道上运行，设备上应装备适当的旗帜和高亮度、可旋转闪烁灯或"慢速移动车辆"标志。

闪光箭头指示板标志的替代物可以参考表5-3。

取代闪光箭头指示板标志的方法　　表5-3

施工时间	现场有工人或施工车辆	现场无工人或施工车辆
白天	360°四向闪光或高强度警告设施	高强度警告设施
夜间	360°四向闪光	类型A闪光装置

5.5　道路车道封闭施工

5.5.1　有人员指挥控制的 2 车道单边封闭施工(图 5-5)

人工指挥交通的方法请参照 4.7.1 节相关说明。

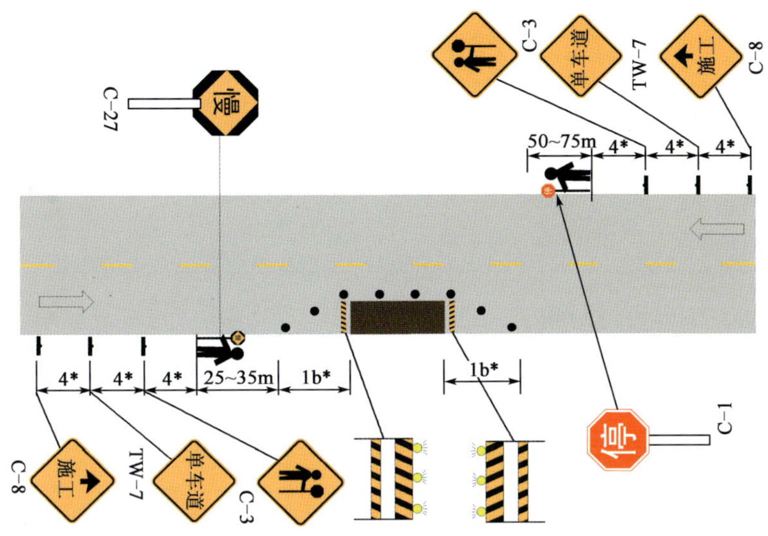

图 5-5　有人员指挥控制的 2 车道单边封闭施工

可以不设置人工指挥的情况：

(1)如果施工区在一条车道上非常短(比如仅仅某一点阻塞)、两端视距充分、交通量也小的情况下,可以在施工区"开放"车道处不设置交通控制人员(TCP),使交通流自由调节,同时也不需设置相应的 C-3 标志。

(2)如果施工区车道封闭处的 TCP 也不设置,那么必须在道路路段两端设置"停"标志的情况下,在封闭段在 C-3 标志位置用 R-3(让对方交通先行)标志代替。

5.5.2　多车道的右侧车道封闭施工

多车道右侧车道封闭施工的交通控制方法如图 5-6 所示。

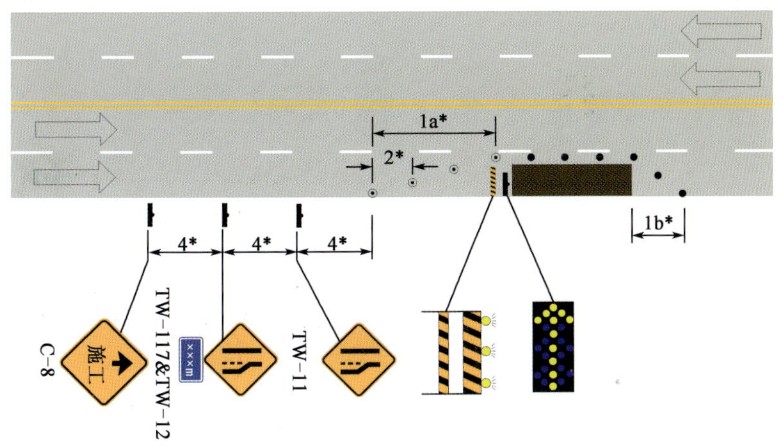

图 5-6　右侧道路封闭——多车道

如果限速值低于 60km/h,那么可以不需要上游的右侧车道封闭标志 TW-11,而将 C-8 标志移动到下游相应的 4* 距离处。

如果缺乏闪光箭头标志,可以替代闪光箭头标志的方法按照表 5-4 来设置。

可替代"闪光箭头"标志的设置选择　　表 5-4

限速(km/h)	状　况	现场有工人或施工车辆	现场无工人或施工车辆
≤60	白天	带有 360°四向闪光与 TW-13 标志结合或带有高强度警告设施与标志 TW-13 标志结合	带有高强度警告设施与 TW-13 标志结合
	夜间	带有 360°四向闪光与 TW-13 标志结合	带有类型 A 闪光与 TW-13 标志结合
≥70	白天	不可替代	带有高强度警告设施与 C-53 标志结合
	夜间	不可替代	带有类型 A 闪光与 C-53 标志结合

5.5.3　多车道的左侧车道封闭施工

多车道左侧车道封闭施工的交通控制方法如图 5-7 所示。相应的说明与上小节多车道右侧封闭施工相同。

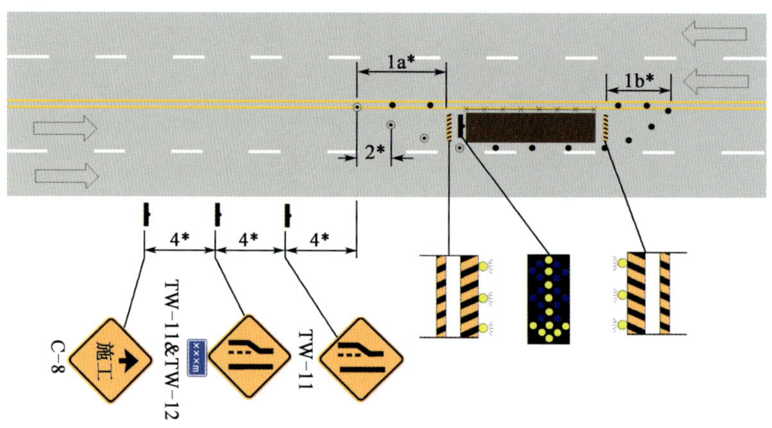

图 5-7　左侧道路封闭——多车道

5.5.4　多车道超出中央分隔带的施工

多车道施工超出中央分隔带情况下的交通控制方法如图 5-8 所示。

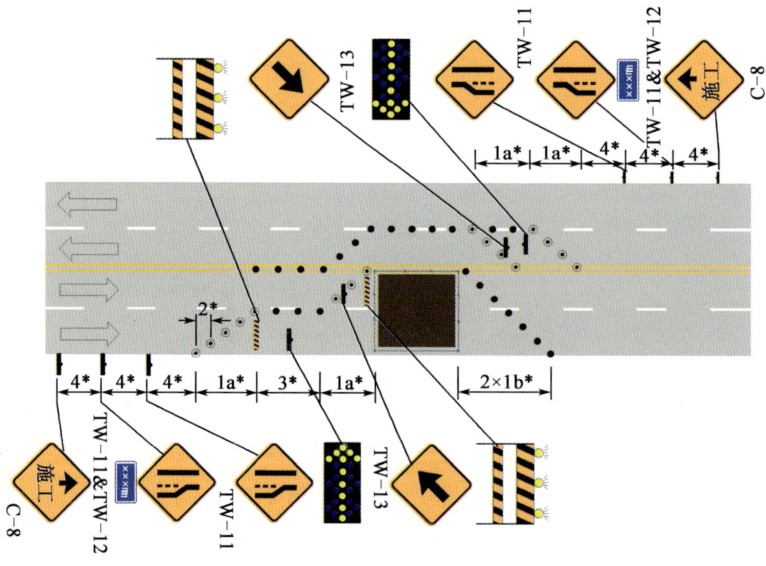

图 5-8　多车道超出中央分隔带的施工

(1)在高流量道路上应该考虑用混凝土路栏来分隔对向交通流。

(2)其他说明与多车道右侧封闭施工相同。

5.5.5　公路中间双向可左转车道封闭施工

多车道中间双向可左转车道的封闭施工的交通控制方法如图 5-9 所示。

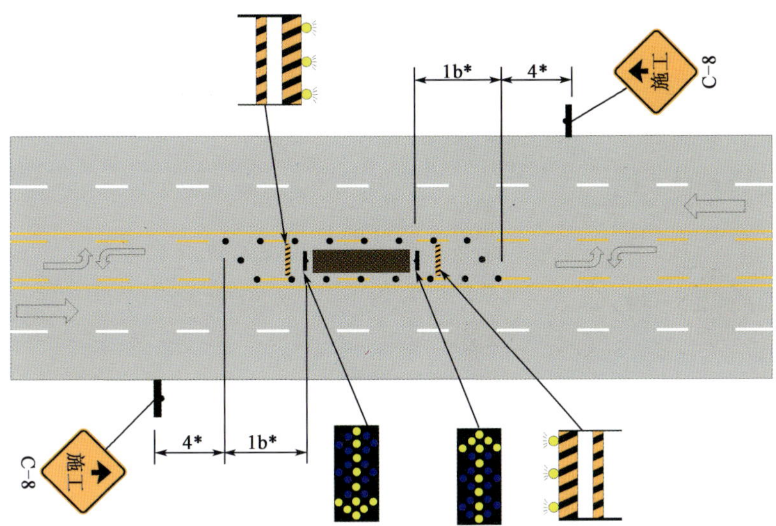

图 5-9　双向的左转车道封闭

双向可左转车道一般情况下是应用于限速值在 60km/h 以下环境。在这种情况下,可以代替闪光箭头指示板的情况同多车道右侧车道封闭相应条件。

5.5.6　窄路或窄桥的交通控制

对于单车道通行的窄桥或道路的交通控制如图 5-10 所示。

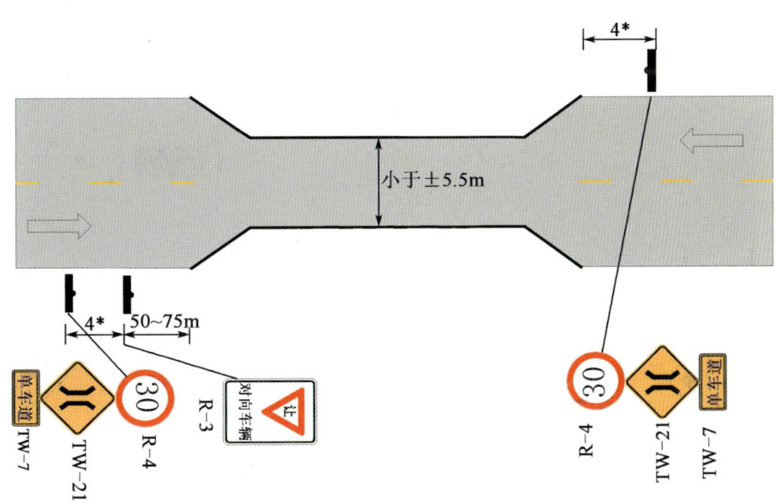

图 5-10　单车道的桥或路

(1)以上情况,对于具有较好视距的一端应该设置“让对向交通先行”的标志。

(2)在需要时,可以设置警告限速标志。

5.6　交叉口处车道封闭施工

5.6.1　路右侧单车道封闭施工

交叉口右侧车道封闭施工的交通控制如图 5-11 所示。

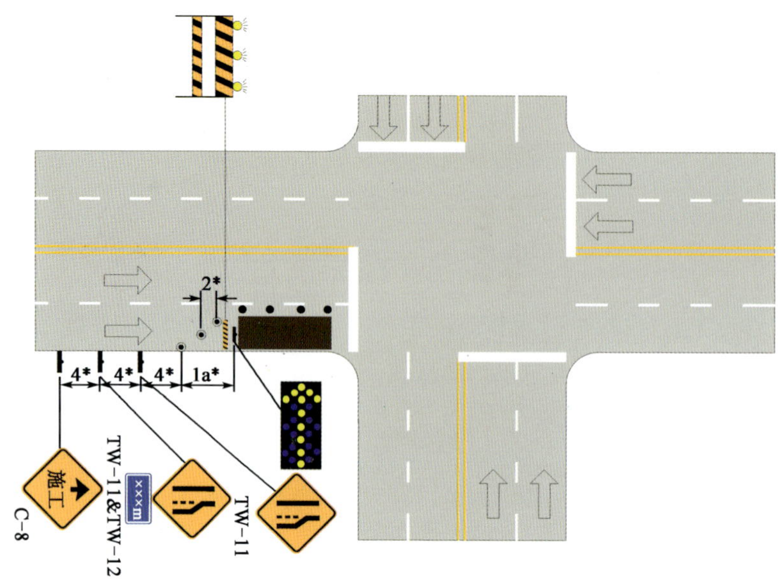

图 5-11 单车道封闭(靠近路侧)——多车道交叉口

相应的说明与多车道右侧封闭施工相同。

5.6.2 路左侧单车道封闭施工

交叉口左侧车道封闭施工的交通控制如图 5-12 所示。

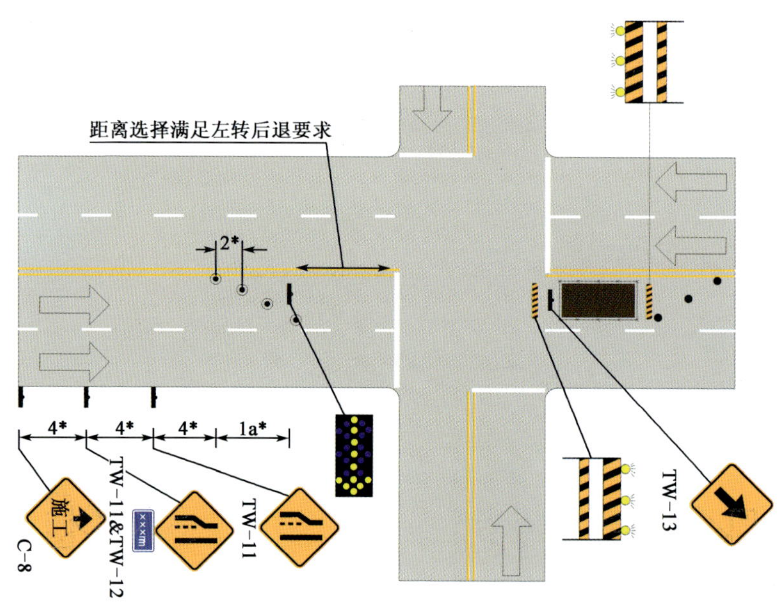

图 5-12 单车道封闭(远离路侧)——多车道交叉口

在接近施工区和渐变段处应禁止车辆路边停车。相应的其他说明与多车道右侧封闭施工相同。

5.6.3 交叉口中间单车道封闭施工

交叉口中间单车道封闭施工的交通控制如图 5-13 所示。

在封闭车道交叉口对向侧同样需要设置绕行标志,提示驾驶者提前选取其他路线绕行。其他说明参照多车道右侧封闭施工。

5.6.4 交叉口两个直行车道封闭施工

交叉口两个直行车道封闭施工的交通控制如图 5-14 所示。

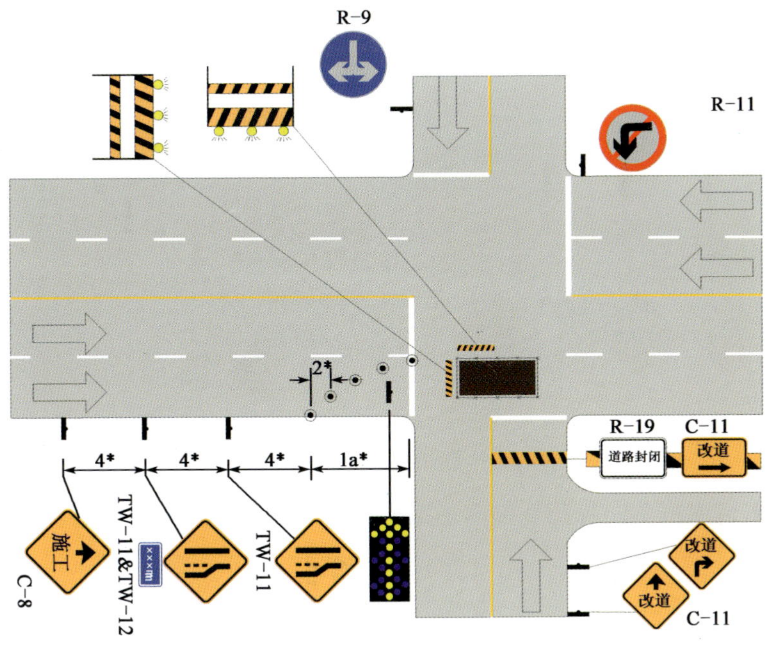

图 5-13　交叉口中部单车道封闭—多车道交叉口

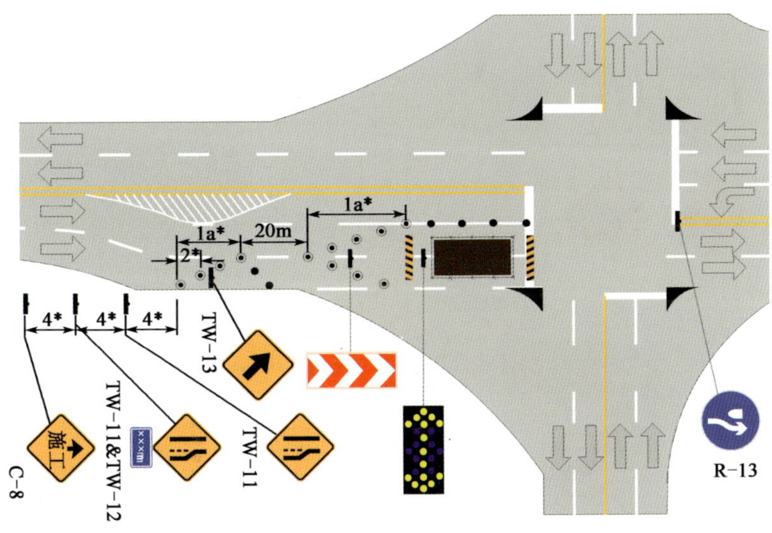

图 5-14　两车道封闭（靠近路侧的）—多车道交叉口

在施工区前方右侧车道上设置的渐变段先将两个车道交通流向左汇合成一个车道后，再在施工区前进行左右分流，达到对施工区交通流减压和平衡施工区两侧车流的作用。

设置交通控制设施时可根据具体需要，考虑设置禁止转弯标志。其他说明参照多车道右侧封闭施工，其中替代闪光箭头指示板标志方法参照表中相应说明。

5.7　施工区道路绕道

5.7.1　路侧新建绕道（图 5-15）

（1）如果在施工区旁铺设了临时绕行车道并且是铺设了沥青混凝土的，则必须设置临时车道白色标线。

（2）图 5-15 反方向交通同样需要设置相同的标志。

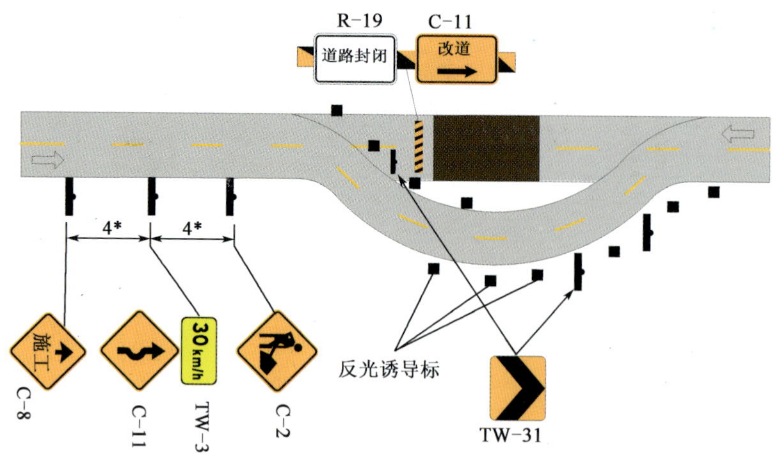

图 5-15　双向两车道路侧绕道分离

5.7.2　双向两车道道路单向封闭从横向道路绕道(图 5-16、图 5-17)

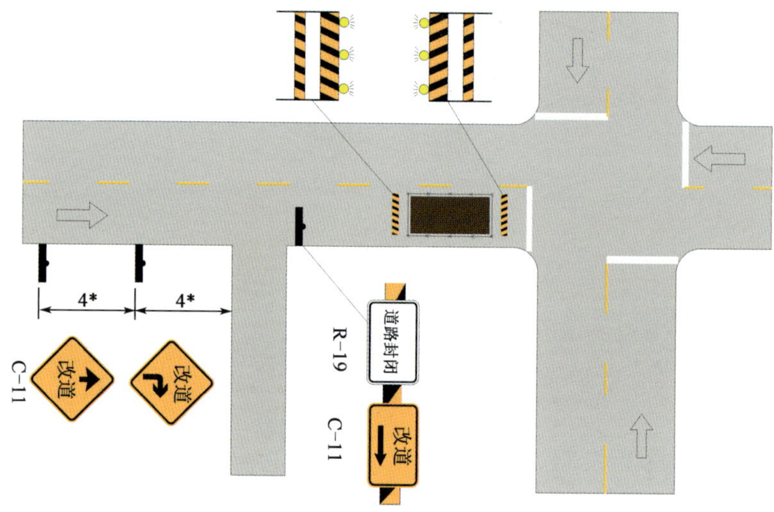

图 5-16　双向两车道交叉口单车道封闭(靠近路侧)

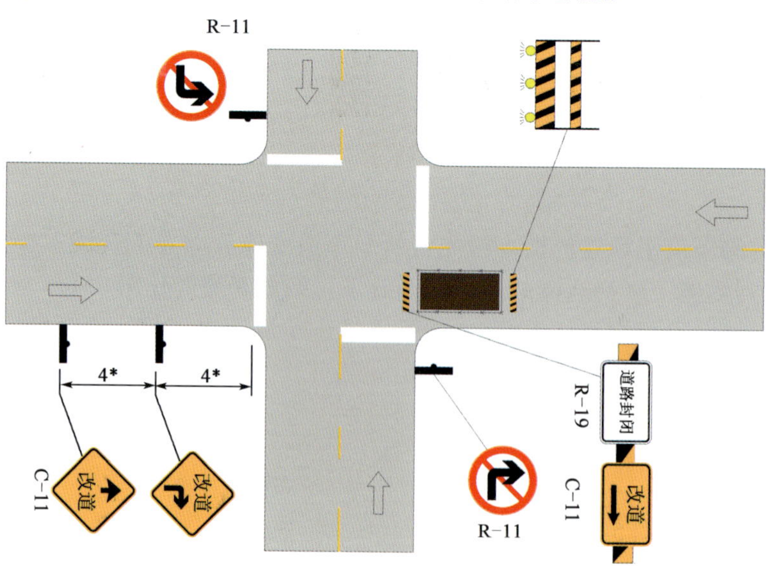

图 5-17　双向两车道交叉口单车道封闭绕行(远离路侧)

在有可替代绕行路线的横向道路情况下，可以采用图 5-16 和图 5-17 的设计方案，如果没有，就需要配备交通控制人员，并按照图 5-5 的方案设置。

5.7.3　施工区人行道绕行

道路路侧人行道上的施工区阻碍了行人的正常通行，因此一般情况下，将采取占用一个机动车道的全部或部分来提供给行人通行。

图 5-18 所示是路边人行道施工区交通控制设施设置方法。

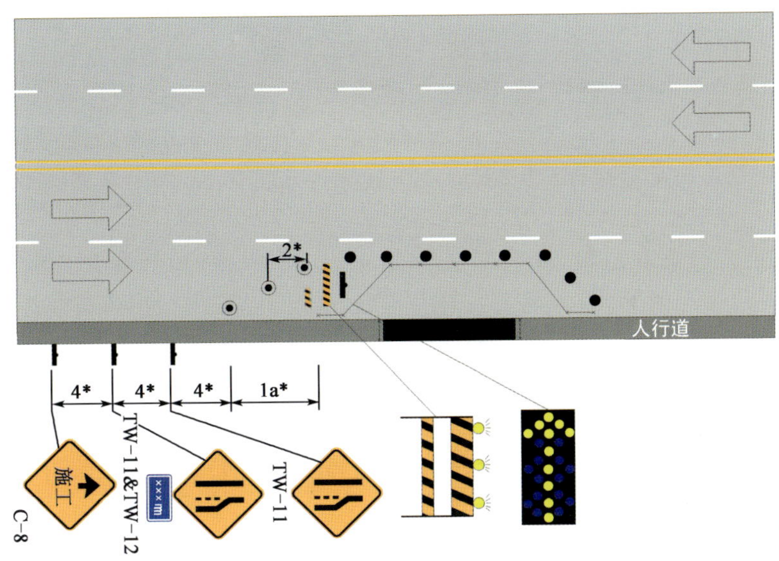

图 5-18　多车道人行道绕行

(1) 当人行道长期封闭时，应在人行道与车行道地面连接部分铺设木板并设置护栏，保证行人安全通行。

(2) 其他说明参照多车道右侧封闭施工，其中替代闪光箭头指示板标志方法参照表 5-4 中相应说明。

图 5-19 所示是路边人行道施工区在交叉口处交通控制设施的设置方法。

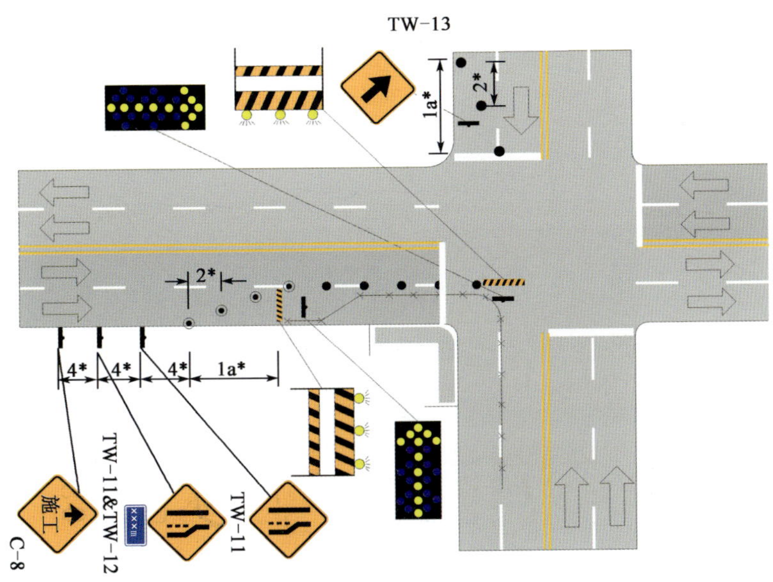

图 5-19　多车道交叉口人行道绕行

(1) 在横向道路上人行道绕行通道的过街通道口处需要设置同样的提前警告标志。

(2) 其他说明参照多车道右侧封闭施工，其中替代闪光箭头指示板标志方法参照表 5-4 中相应说明。

5.8 道路路面铺设施工

道路路面路基铺设和沥青铺面等施工的情况比较复杂，一般对各种情况的交通控制作出完整的设计是不太现实的。

以下仅仅对三种环境下的最基本交通控制做介绍。

5.8.1 道路路面铺面施工——“工作停顿”时的交通控制

如果施工区没有作业，并且可能停顿一段时期的情况下，交通控制的设置需按照如下所述进行：

（1）如果路面和路肩没有遗留下作业机械或障碍物等，并且未完工路面还可以在没有人工指挥或引导车辆情况下开放交通并安全通行，那么施工区所有不合适的标志都应该移除或遮盖，使得交通流能够较正常行驶。

（2）如果道路路面存在潜在危险，如有松散碎石、泥土、下斜路肩、凸台、湿沥青、路面高低不平、有沟槽的路面或路面缺标线等情况，那么施工区的警告或其他标志必需根据各种情况设置完整，同时应该保留设置限速标志。

（3）对于下斜不平路肩、凸台、路面高低不平等需要特别注意，因为这种情况往往在夜间和恶劣天气下会难以识别清楚，给行驶车辆造成危害。因此，必要的警告标志应该适当增加或重复设置。

（4）施工区限速应该根据实际情况保持尽量短的长度，以及适当的降速值，不必要的限速往往达不到效果，反而会给驾驶者造成“人为”不遵守的问题。

（5）对于长距离路段施工，R-4 和 C-24 标志在必要时需要重复设置。在施工区结束位置设置 R-4 标志恢复原来正常道路行驶速度。

图 5-20 所示为道路施工作业区不作业时的交通控制设施的设置。

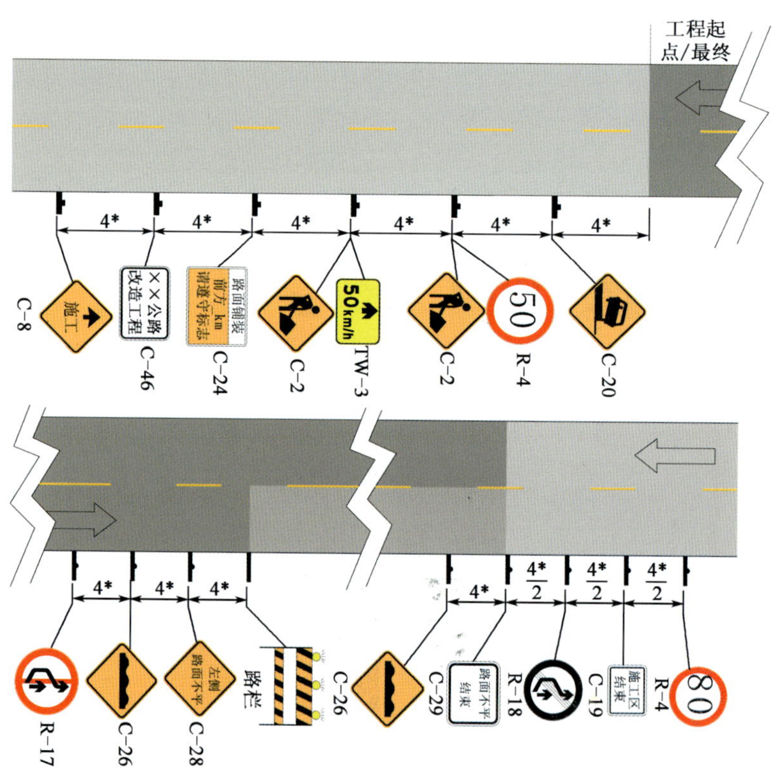

图 5-20 道路铺面施工区不作业时的交通控制

（1）图 5-20 所示情况下，在道路反方向需同时设置相同的标志。

（2）夜间施工需在上游警告区对所有标志设置位置增加有黄色闪光灯的 1A 路障。

（3）需要时，在整个施工区重复设置如下标志：R-4，C-19，C-21，C-17，C-38，C-41，C-33，TW-7，TW-25 等。

5.8.2　道路路面铺面施工——工作进行时的交通控制(图5-21)

(1)在道路反方向应该同时设置相同的标志

(2)夜间施工时:①需在上游警告区对所有标志设置位置增加有黄色闪光灯的1A路障;②在人工指挥位置安装照明灯。

(3)需要时,在整个施工区重复设置如下标志:R-4,C-6,C-21,C-17,C-38,C-41,C-33等

(4)每5km设置C-25标志,按照具体位置递减相应的公里数。

(5)引导车辆驾驶员和人工指挥员之间要保持无线通信联系。

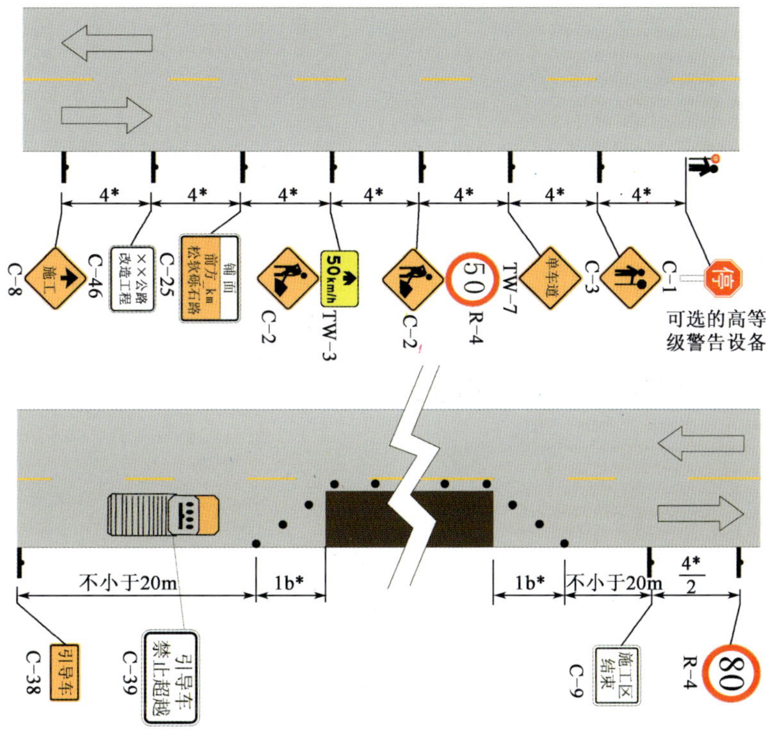

图5-21　道路铺面施工区的交通控制

5.8.3　道路路面铺面施工——移除临时标志时的交通控制(图5-22)

当施工区作业结束后,需要将施工区的所有临时锥形标志移除,其交通控制和操作方法如下。

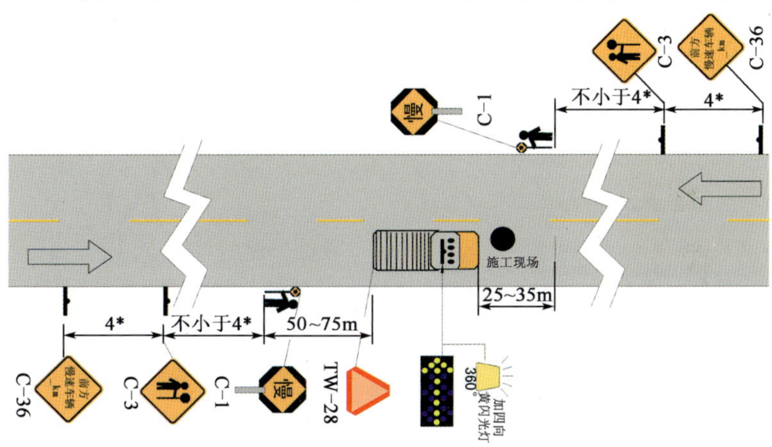

图5-22　道路铺面施工区临时标志移除的交通控制

(1)C-36标志设置距离不应该超过8km。

(2)B型黄色闪光灯或者黄色旗帜必需和C-36标志一起使用,是否增加高强度警告标志可做选择。

(3)根据需要和相关批准,也可以采用尾部安装了C-37标志或其他适当标志的尾随保护车辆跟随

施工车辆。

(4)当工作停止情况下,应该移除或覆盖所有相应标志,施工车辆可以按照正常速度驾驶。

5.9 雪崩道路封闭施工

5.9.1 道路全封闭施工

雪崩情况下,公路需要进行封闭通行的施工时,封闭位置应该选择在没有雪崩发生可能的平坦的位置,同时需选择道路较宽的地点便于大型车辆掉头。

当雪崩道路封闭施工结束时,起落栏杆、以及起落栏杆上的标志必须移走、收起或覆盖,并且拆除旗帜。

起落栏杆上应有黑黄的危险警告标志(TW-32)。

在多车道分离式公路上,如果空间允许,应在中央分隔带上重复设置警告标志。在中央分隔带上设置标志时,要与下游路肩上设置的相同标志大约相差60m的距离。

1)没有人员控制的道路全封闭

没有人员控制下的雪崩道路封闭按图5-23所示方法设置相应的交通控制设施。

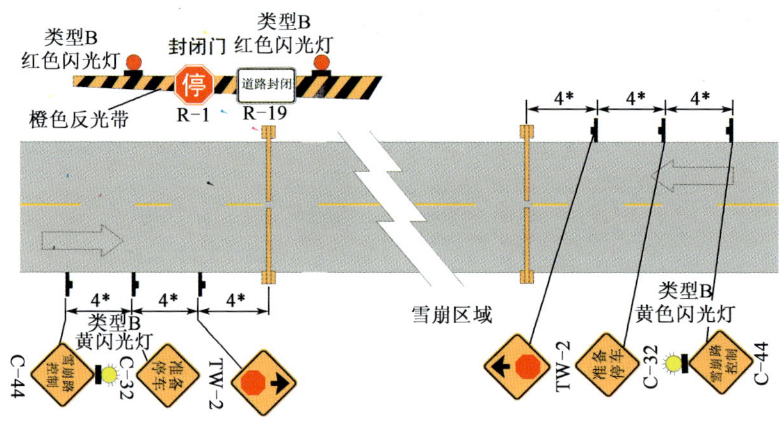

图5-23 没有人员控制的道路封闭

(1)如果在封闭期间无人管理又不允许车辆通过,起落栏杆应该被道路管理人员锁定。

(2)类型B中的黄色闪烁灯可以用小旗取代。

2)有人员控制的道路全封闭

有人员控制下的雪崩道路封闭按图5-24所示方法设置相应的交通控制设施。

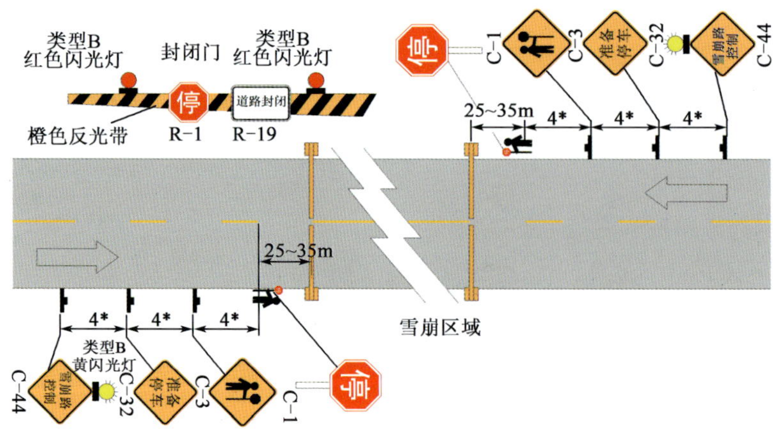

图5-24 有人员控制的道路封闭

图 5-24 中类型 B 黄色闪烁灯可以用小旗代替。

5.9.2　道路半封闭施工

有人员控制下的雪崩道路半封闭，按图 5-25 所示方法设置相应的交通控制设施。

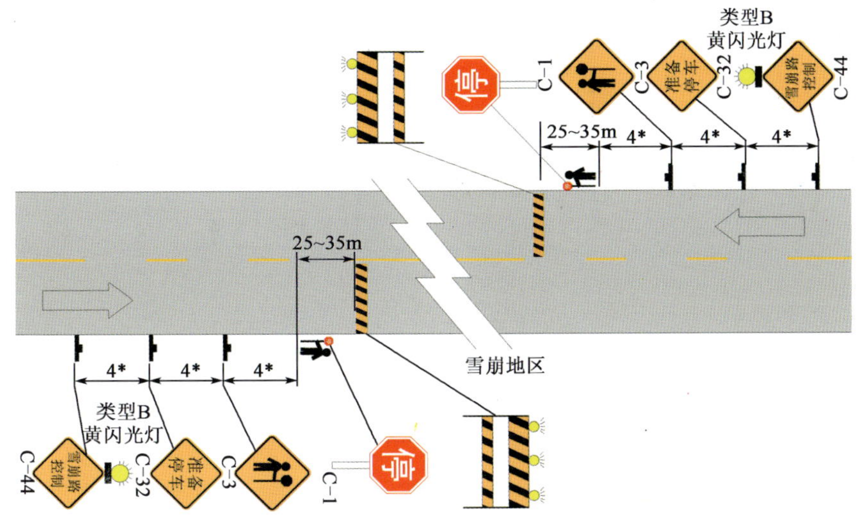

图 5-25　雪崩道路半封闭施工

(1)在没有道路封闭起落栏杆的雪崩道路封闭路段，应该有人员控制和设置路障。

(2)在夜间或黑暗环境下，路障栏杆上方需要配有黄色闪光灯。

(3)类型 B 黄色闪光灯可以用小旗代替。

5.10　塌方道路封闭施工

道路塌方情况下，公路需要进行封闭通行的施工。道路封闭位置应该选择在没有发生塌方可能的平坦的位置，同时需选择道路较宽的地点便于大型车辆掉头。

当道路封闭施工结束时，起落栏杆及起落栏杆上的标志必须移走、收起或覆盖，并且要拆除旗帜。起落栏杆上应有黑黄的危险警告标志(TW-32)。

在多车道分离式公路上，如果空间允许，应在中央分隔带上重复设置警告标志。在中央分隔带上设置标志时，要与下游路肩上设置的相同标志大约相差 60m 的距离。

5.10.1　道路全封闭施工

1)没有人员控制的道路封闭

没有人员控制下的道路封闭按图 5-26 所示方法设置相应的交通控制设施。

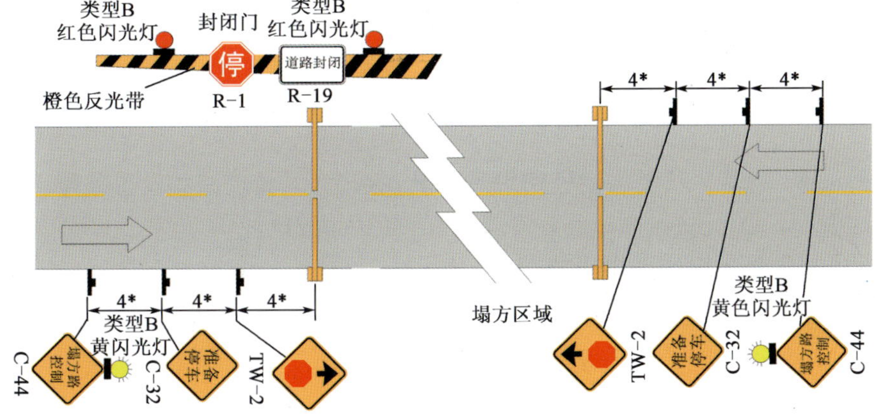

图 5-26　没有人员控制的道路封闭

(1)如果在封闭期间无人管理又不允许车辆通过,起落栏杆应该被道路管理人员锁定。

(2)类型 B 中的黄色闪光灯可以也可以用小旗代替。

2)有人员控制的道路封闭

有人员控制下的塌方道路封闭按图 5-27 所示方法设置相应的交通控制设施。

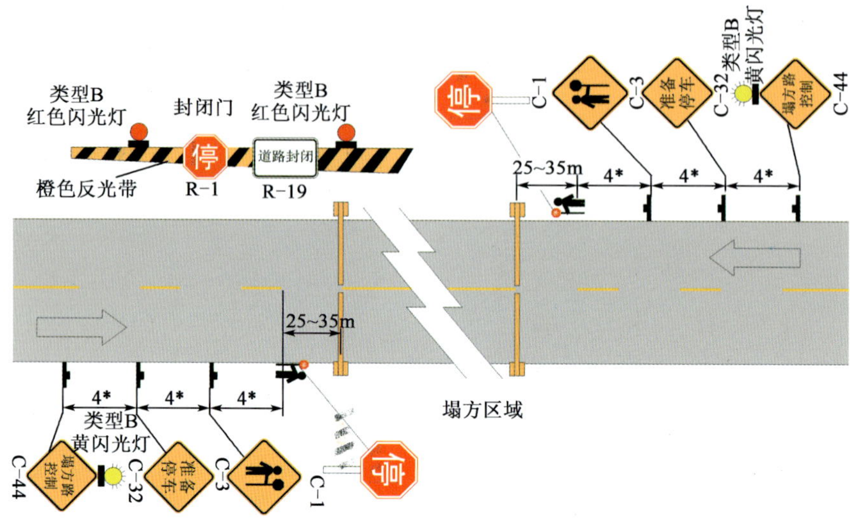

图 5-27　有人员控制的道路封闭

类型 B 中的黄色闪光灯可以用小旗代替。

5.10.2　道路半封闭施工

有人员控制下的塌方道路半封闭,按图 5-28 所示方法设置相应的交通控制设施。

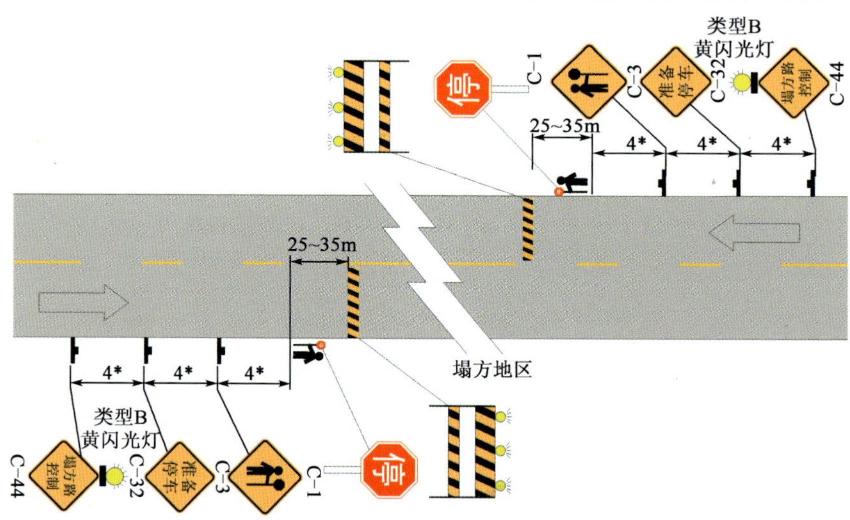

图 5-28　塌方道路半封闭施工

(1)在没有道路封闭起落栏杆的雪崩道路封闭路段,应该有人员控制和设置路障。

(2)在夜间或黑暗环境下,路障栏杆上方需要配有黄色闪光灯。

(3)类型 B 黄色闪烁灯可以用小旗代替。

6 高速公路施工区交通控制设施设置

6.1 高速公路施工区交通控制布置一般原则

6.1.1 基本要求

(1)养护维修作业控制区布置应考虑养护维修作业的内容与要求、时间和周期、交通量、经济效益等因素,控制区内交通标志的设置必须合理、前后协调,起到引导车流平稳变化的作用。

(2)工作区应设置工程车辆专门的进口和出口,出入口应设在顺行车方向的下游过渡区内。

(3)同一方向不同断面的相同车道同时维修作业,下游工作区距上游工作区 1 000m 以上时,应在下游工作区前端设置施工标志。

(4)同一方向不同断面的不同车道不宜同时维修作业;当必须同时维修作业时,其控制区布设间距,高速公路应不小于 1 000m,一级公路应不小于 500m。

(5)当单向三车道及以上公路的中间车道养护维修作业时,应与相邻一侧车道同时封闭。

(6)应利用作业区上游的可变信息板显示"前方 × ×公里封闭车道施工,请谨慎驾驶"的信息。

6.1.2 施工区域布置

(1)在警告区内应设置施工标志、限制速度标志和可变标志牌或线形诱导标等;在上游过渡区起点至下游过渡区终点之间应放置锥形交通路标;在缓冲区与工作区交界处应布设路栏。控制区内其他安全设施可以视具体情况而定。

(2)当需要布置改变交通流方向的作业控制区时,可与中央分隔带开口位置相结合,利用非作业控制区一侧的车道。当警告区范围内有人口匝道时,应在匝道右侧路肩外设置施工标志。

(3)立交区进出口匝道养护维修作业控制区的布置,应根据工作区在匝道上的具体位置和匝道的长度而定,当匝道长度比规定的警告区最小长度短时,作业控制区最前端的交通标志可设置于匝道的起点处。

(4)在同一位置的作业时间在 12h 以内时,可适当减少交通标志,但应设置施工标志以及锥形交通标,并应在上游过渡区内设置移动式标志率或配备交通指挥人员。

(5)当养护维修作业位置移动时,可按实际条件作适当简化。

6.2 高速公路施工区交通控制设施设置的位置及尺寸

高速公路施工区的交通控制方式与普通公路有所不同。由于高速公路上的交通流是流畅、不间断的,驾驶者需要更为平滑、不受干扰的交通环境。因此,高速公路施工区的交通控制布置有更加严密的设置方法和程序。

对于高速公路上持续时间超过 5d 的施工,应该提供临时路障或更多和适当的可选警告设施,以确保施工区的交通安全。

高速公路养护施工区的分区尺寸见表 6-1,高速公路纵向缓冲区和缓冲车辆的应用见表 6-2。

高速公路养护施工区分区的尺寸　　表 6-1

编号	尺　寸	80km/h	90km/h	100km/h
1a *	车道封闭时的渐变段长度(m)	220	250	300
1b *	路侧施工时渐变段长度(m)	20 ~ 25	30 ~ 40	40 ~ 50
2 *	警示柱间最大距离(m) * * *	10 ~ 14	18 ~ 24	18 ~ 24

续上表

编号	尺　寸	80km/h	90km/h	100km/h
3*	两个渐变段间最小切矩(m)	220	250	300
4*	施工标志间距离(m)	160	180	200
5*	纵向缓冲区(m)	60	75	95

注:①已知85%位车速时,用其代替表中的一般的法规限速值。本表中的距离基于良好的可见度,在可见度差的条件下,表中各项尺寸应适当增大。

②表中各项尺寸均以m为单位。除2*为最大值,其他各项均为最小值。

③锥形交通标和管状隔离柱通常白天使用,但如果夜间使用必须是具有反光功能的。路障、柔性鼓形隔离墩或临时闪光设施通常用于黑暗的时间段,这些设施同样也必须是具有反光功能的。

④1b*的尺寸用于下游渐变段、路肩渐变段和有交通控制人员、便携式车道控制信号灯或临时交通信号灯的双向2车道交通的渐变段上。

⑤4*中提出的第一个标志的前置距离与之后多个一系列标志间的距离相同。

⑥下游渐变段的最小长度为15m/车道。

⑦路侧施工包括路肩施工和车道边缘施工。

⑧警示柱为渠化设施。普通公路上,白天和夜间都可以使用锥形交通标。

⑨低流量是指日平均交通量小于3 000辆/d(双向交通量的总和),日平均交通量的数据可以从当地道路管理部门获得,或者由测量3min内通过施工场地的车辆的数乘以300计算的结果来估计。在施工活动进行时测量,考虑非高峰期和高峰期的交通量。例如:3min内交通量为20辆,则日平均交通量为20×300=6 000辆/d。

高速公路纵向缓冲区和缓冲车辆的应用　　表6-2

固定作业区

高速公路必须设置的安全保护:纵向缓冲区+缓冲车辆+LIDG

(1)一般调整的限速(km/h)	(2)纵向缓冲区(LBA)(m)	(3)横向入侵障碍物间隙(LIDG)(m)
50	(30)	(35)
60	(40)	(40)
70	50	50
80	60	60
90	75	65
100	95	70

移动作业区

(1)一般调整的限速(km/h)	(2)横向入侵障碍物间隙(LIDG)(m)
70	35
80	45
90	50
100	55

如果在紧急情况下或短期施工,并且路段的限速值小于等于60km/h,就不需要派遣交通控制人员,也不需要设置提前警告标志。

6.3　提前警告区标志设置

高速公路施工区的提前警告区交通控制设施的设置参照图6-1。

(1)高速公路仅当施工活动影响到对向的交通流时,需要在对向交通设置同样的标志。

(2)高速公路施工区限速作为典型的法定降速只有在工程审核批准条件下才可以实施,实施时必须覆盖或移除施工区内的任何现有限速标志。

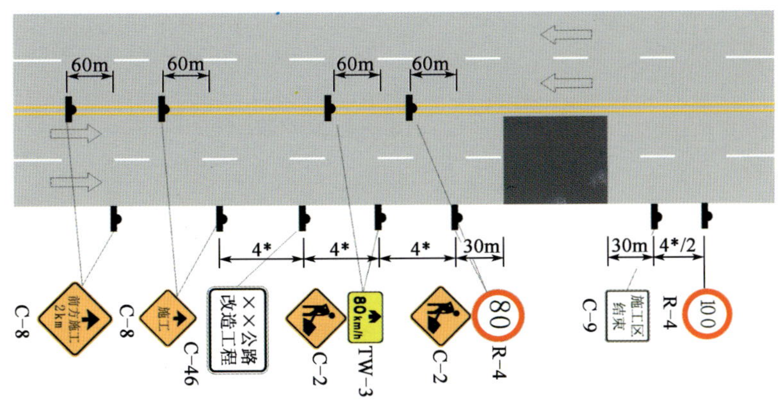

图 6-1 提前警告区标志设置

6.4 高速公路交通控制设施设立与拆除

6.4.1 高速公路封闭车道的设立

高速公路封闭车道的设立和拆除需要作特殊的考虑和研究，本节所讲述的封闭车道的设立和拆除的方法是用于省级高速公路的最好的实践。本章节的讲解结合图例，无论是在有无缓冲车（以下简称BV）的情况下，本部分内容同样适用于普通公路。

政府部门和其他有关的道路管理部门会根据特定的情况批准修改以下所列的规程。

1）封闭高速公路右侧或左侧单车道（有路肩）

下面所讲述的是封闭右侧单车道的过程。封闭有路肩道路左侧单车道的过程与此相类似（适当情况下作必要和适当的修改）。

（1）车道封闭期间，所需的标志应设置在路肩上，提前警告区（C-8、C-2）、可接近区（TW-11 和 TW-13）。在图 6-2a）~6-2c）中没有显示这些标志。如果工期小于 30min 且没有侵占相邻的车道，将标志设置在路肩上，不需要 BV。

（2）BV 安置在右侧路肩上，距锥形区起点上游 1 ~ 2km。

（3）标志车（以下简称 ST）安置在车道封闭起点处的路肩上，车上带有可拆装闪光箭头标志板（左侧通行的模式）见图 6-2a）。

（4）BV（顺着闪光箭头方向）进入右侧车道，随着交通流向下游行进，车上装有左侧通行模式的闪光箭头标志板。当监测到上游交通并确保其遵循闪光箭头向左侧通行时，BV 逐渐减速。

（5）当 BV 距离锥形区起点一个横向入侵防备间隙（见表 6-2，以下简称 LIDG）时，安装人员从路肩开始放置防撞桶，每隔 24m（见表 6-1 尺寸的 2*）放置一个，形成锥形区。

（6）安装人员在 ST 前步行向前放置防撞桶。BV 与 ST 保持一个 LIDG 的距离。当安装人员到达第三个防撞桶的安装位置时，BV 穿过防撞桶，且停靠在已经形成的锥形区的下游，见图 6-2b）。

（7）安装人员继续放置剩余的防撞桶，BV 则跟随着标志车保持一个 LIDG 的距离，平行地向锥形区移动。

（8）当 ST 到达锥形区终点时，BV 停靠在终点上游一个 LIDG 距离的位置处。ST 则拆除闪光箭头标志板，且将其以左侧通行的模式安置在被封闭的车道上。闪光箭头与右侧道路边缘要留有足够的空间确保 BV 能够通过，见图 6-2c）。

（9）接下来安装人员开始在 ST 下游的纵向缓冲区放置防撞桶。BV 向下游移动，仍然与 ST 保持一个 LIDG 的距离。

（10）当 BV 到达锥形区终点的闪光箭头位置时，从闪光箭头的右侧绕过后重新定位在封闭车道上，继续与 ST 保持一个 LIDG 的距离。BV 关闭车上闪光箭头标志板的开关。

（11）纵向缓冲区、工作区和终止区的防撞桶继续向下游方向安装，安装过程中 BV 始终保持一个

LIDG 的距离跟随着 ST。

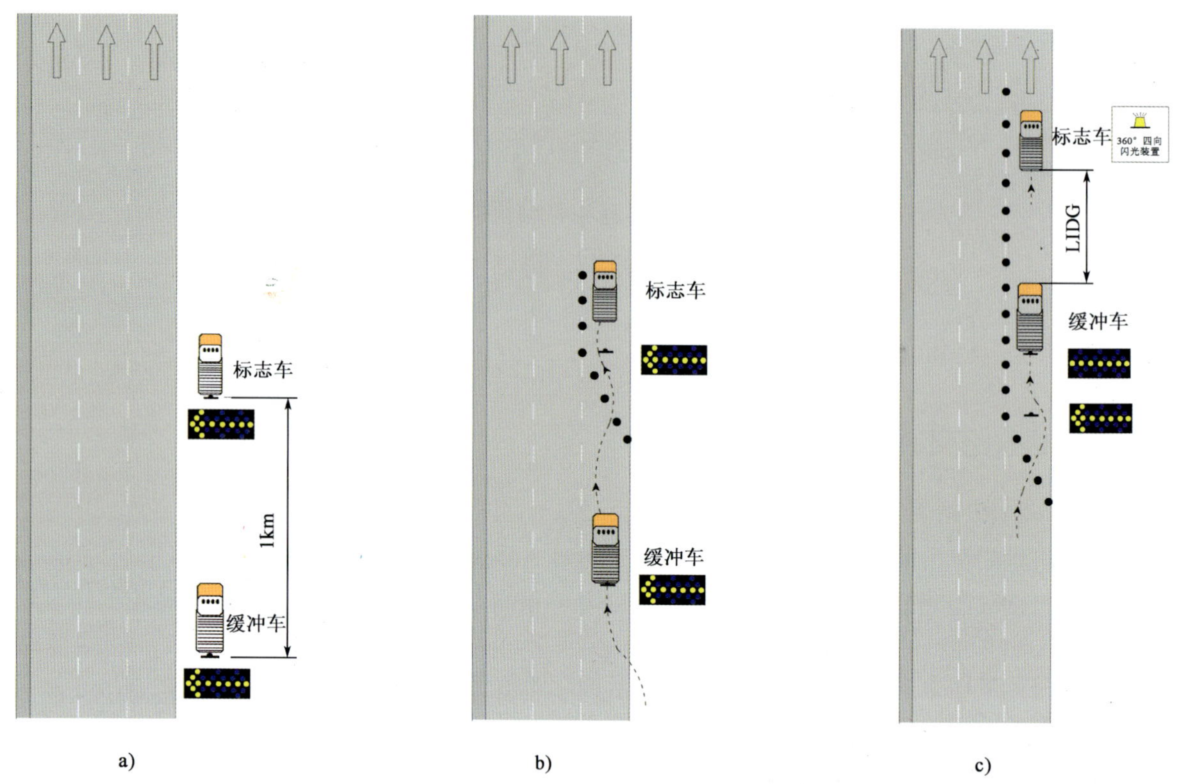

图 6-2　封闭高速公路右侧或左侧单车道(有路肩)

2)封闭高速公路右侧或左侧两车道(有路肩)

以下所讲述的是封闭右侧两车道的施工。封闭有路肩道路左侧两车道的施工与此相类似(适当情况下作必要和适当的修改)。

(1)需要带有闪光箭头标志板的 BV 和 ST(载有安装人员)各一辆,与一个闪光箭头一起预先安置在第一个渐变段下游的右侧路肩上。

(2)外侧右侧车道的第一个锥形区的形成过程与上面所讲的封闭右侧单车道的过程细节相同(图 6-3a)。当到达外侧右车道终点时,移除预先安置在右侧路肩上的闪光箭头,并将其重新安置在锥形区终点的车道中央,此时箭头为左侧通行模式(图 6-3b)。

(3)安装人员开始安置 ST 前面直线部分的防撞桶。BV 在 ST 后面一个 LIDG 的距离。

(4)当 BV 到达第一个锥形区终点处的闪光箭头时,从闪光箭头的右侧绕过后重新定位在封闭车道上,继续与 ST 保持一个 LIDG 的距离(图 6-3b)。

(5)安装人员继续安置下游的直线部分的防撞桶,BV 在 ST 后面一个 LIDG 的距离。在直线部分安装一个 TW-11 标志。在第二个锥形区的起点处安装一个 TW-13 标志。BV 从 TW-11 和 TW-13 标志的右侧绕过通行。

(6)当直线部分的防撞桶安装结束,安装人员就开始第二个锥形区的安装工作。安装工作在 ST 前方开展。BV 距离 ST 一个 LIDG 的距离。当到达第二个锥形区终点时,拆除 ST 上的闪光箭头,并以左侧通行的模式将其安置在封闭车道上(图 6-3c)。

(7)接着安装人员开始在 ST 前方的纵向缓冲区安置防撞桶。BV 跟随在 ST 之后一个 LIDG 的距离。当 BV 到达第二个锥形区终点的闪光箭头时,从闪光箭头的右侧绕过后重新定位在封闭车道上,继续与 ST 保持一个 LIDG 的距离,且关闭车上的闪光标志板。

(8)继续向下游方向放置纵向缓冲区、工作区和终止区的防撞桶,放置过程中 BV 始终保持一个

LIDG 的距离跟随着 ST(图 6-3d)。

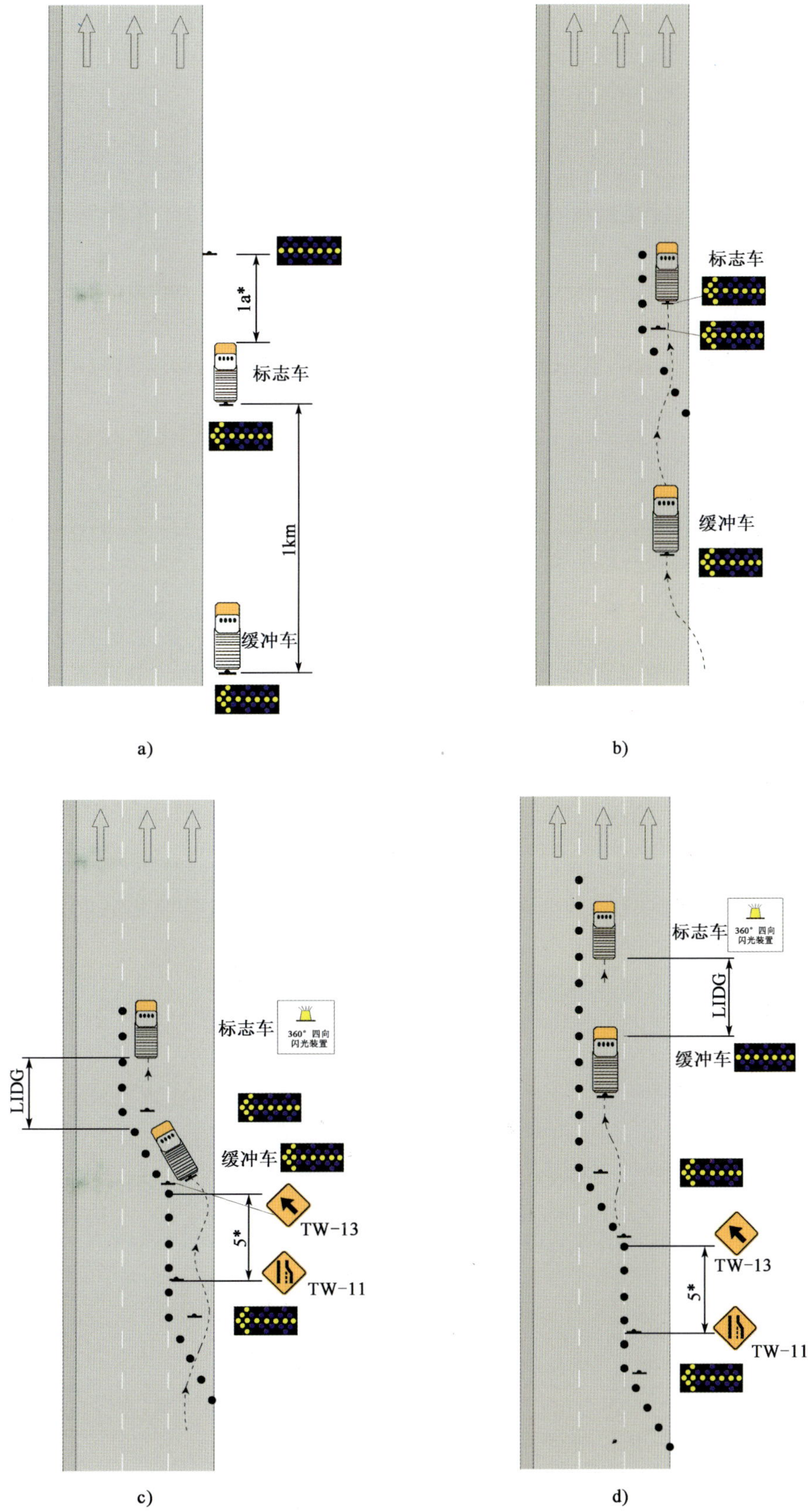

图 6-3 封闭高速公路右侧或左侧两车道(有路肩)

3）封闭高速公路右侧或左侧两车道（车道封闭路段无路肩）

下面所讲述的是由于左侧路肩过于狭窄，使 BV 不能利用该路肩绕过闪光箭头标志板而定位在相邻车道上的情况下，封闭左侧两车道的过程。右侧路肩狭窄而无法利用的情况下，封闭右侧两车道的过程与此相类似（适当情况下作必要和适当的修改）。另外，有狭窄或很小路肩的情况下，仅封闭最左边的车道或最右边的车道的过程是相似的。有关封闭第二个车道的步骤将被省略，仅需要一辆 BV。

（1）在封闭过程中，如果空间允许高速公路两侧都要设置适当的标志，或在右侧设置双面的标志板，提前警告区（C-8、C-2）可通过区 Approach Area（TW-11 和 TW-13）。在图 6-4a）中没有显示这些标志。

（2）如果 ST 的安装作业使得标志必须侵占邻近的车道，此时需要一辆 BV 来保护 ST，BV 安置在标志车上游一个 LIDG 距离的位置处。

（3）用于车道封闭作业的一组车辆安置在右侧路肩上，距离锥形区起点的上游约 1 ~ 2km（图 6-4a）。

（4）从上游开始车队组成依次为 1 号缓冲车（以下简称 BV1）、2 号缓冲车（BV2）、载有闪光箭头标志板和安装人员的标志车（ST）以及载有防撞桶的施工车（WT）。BV1 和 BV2 是易毁车辆（装有衰减器）。

（5）由于路肩空间不足而导致防撞桶无法放置在封闭作业前方的左侧路肩上，以及 ST 无法承载所有需要的防撞桶的情况下，需要 WT 施工车辆。

（6）施工车队从右侧汇入道路交通流，然后逐渐变换车道直至进入最左侧的车道。BV1、BV2 以及 ST 上的闪光箭头是条状的，直至到达最左侧的车道后，BV 的操作人员应用驾驶室内的开关将闪光箭头转变成右侧通行的模式。WT 启用 360°和四向闪光装置。车队缓慢减速（图 6-4b）。

（7）BV1 和 BV2 监测到上游交通并确保上游交通遵循右侧通行模式闪光标志板的指示向右侧行驶。如果上游交通行驶规范，车队缓慢停靠，BV2 停在锥形区起点上游一个 LIDG 的位置处。BV1 在 BV2 上游，距 BV2 一个 LIDG 的距离。

（8）ST 和 WT 停靠在锥形区起点的下游。安装人员从 ST 上搬下防撞桶，并快速地搭建第一个锥形区，防撞桶的间距为 24m（表 6-1 尺寸 2*）。BV1、BV2 跟随着安装人员一起向前方移动。BV2 保持在安装人员的上游一个 LIDG 的距离。

（9）BV2 绕过第三个防撞桶通过锥形区，且保持在安装人员的上游一个 LIDG 的距离。安装人员继续放置防撞桶，封闭车道长度大于 300m（表 6-1）。BV1 跟随着 BV2 绕过第三个防撞桶通过锥形区（图 6-4c）。

（10）整个车队向前移动，向第一个锥形区的终点靠近。当 BV1 到达锥形区的终点时，它带着右侧通行模式的闪光箭头停靠在终点处。BV1 的操作人员从左侧下车并加入安装人员的队伍。

（11）接着放置下游直线部分的防撞桶，BV2 仍然在安装人员下游一个 LIDG 的距离。安装人员在直线部分的最右侧安装一个 TW-11 标志。当 BV2 到达 TW-11 标志时，从其左边通过。

（12）一旦直线部分放置结束，安装人员就开始第二个车道上第二个锥形区的搭建工作。需在第二个锥形区的起点安装一个 TW-13 标志。BV2 从左边绕过 TW-13 标志，平行于锥形区向前移动，且与 ST 保持一个 LIDG 的距离。当 ST 到达第二个锥形区的终点时，拆除车上的闪光箭头标志板并将其以右侧通行的模式安装在第二个车道上（图 6-4d）。

（13）ST 移动到最左侧的车道上，向下游行驶离开安装区域。BV2 从左边绕过第二个锥形区终点的闪光箭头回到第二个车道上，并关闭车上的开关使闪光箭头成条状。

（14）BV2 仍然距离安装人员一个 LIDG 距离。安装人员从 WT 上搬下防撞桶，并将它们安置在纵向缓冲区、工作区和终止区（图 6-4e）。

注：在高速公路上，驾驶人可能不希望高速行驶的左侧车道封闭。为了避免左侧车道长期封闭引起的驾驶冲突，道

路管理部门可能会要求承包人先封闭最右侧的车道，使车辆转换到左侧车道上，然后重新开放右侧车道，再将左侧车道封闭。

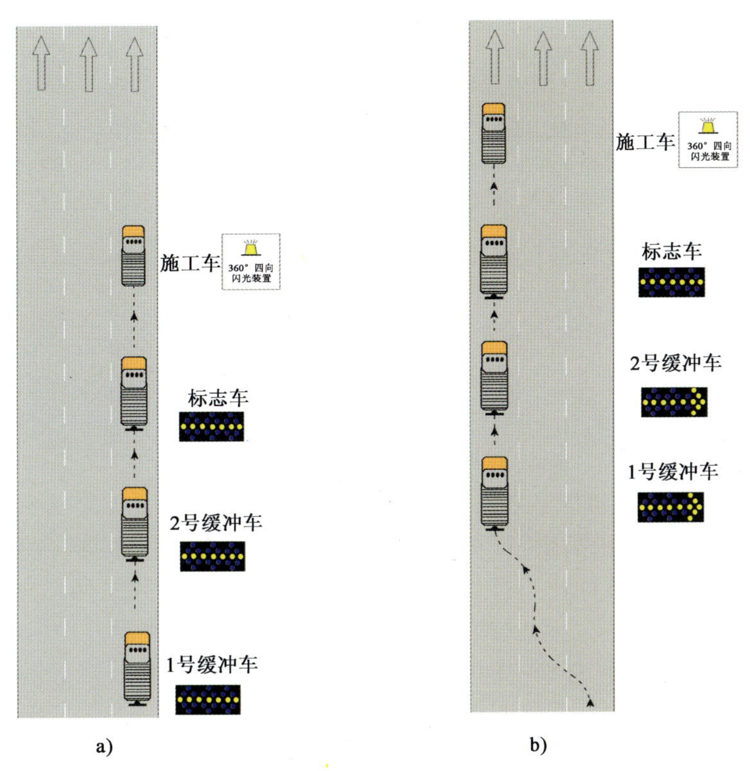

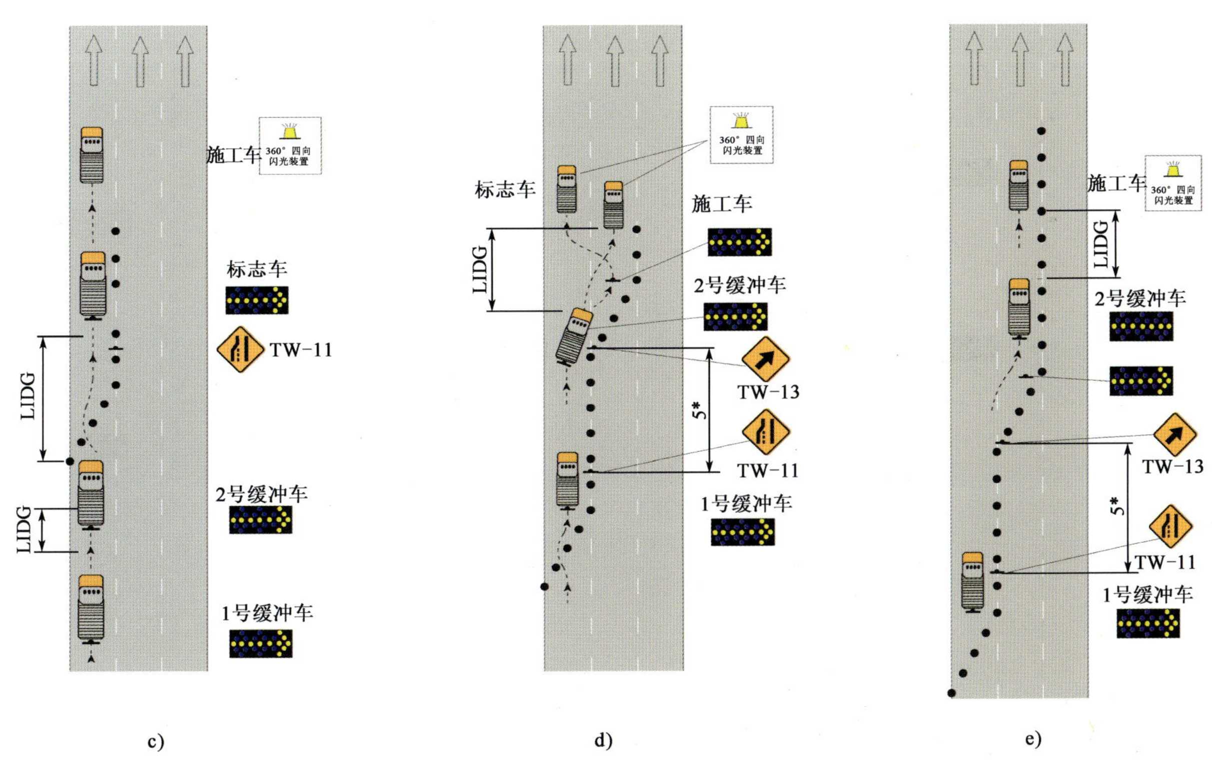

图 6-4　封闭高速公路右侧或左侧两车道（车道封闭路段无路肩）

6.4.2 高速公路车道封闭设施的拆除

1)拆除右侧或左侧单车道封闭设施(有路肩)

下面描述的过程为拆除右侧单车道的封闭设施,拆除左侧单车道封闭设施的过程与此相类似(适当情况下作必要和适当的修改)。

(1)ST(标志车)和安装人员(现为拆卸人员)安置在终止区的下游。BV(缓冲车)设置在 ST 上游相距一个 LIDG(横向入侵防备间隙)的位置处。拆除工作由 ST 的下游开始(图 6-5a)。

(2)拆除方向与放置的方向相反,因此,最后设置的应该最先拆除。拆除后的防撞桶放置在路肩上留着之后再利用或取回。

(3)ST 和 BV 缓慢后退分别通过终止区、工作区和纵向缓冲区。在防撞桶拆除后,仍然保持着同样相对的空间和设置位置。

(4)当 BV 后退到封闭车道锥形区上游末端的闪光箭头位置时,它从右侧绕过闪光箭头且安置在闪光箭头上游一个 LIDG 的位置处。当拆除工作进行到闪光箭头时,就将其移到路肩上,之后取回。

(5)BV 平行于锥形区向后退。BV 与 ST 仍然保持一个 LIDG 的距离,以便于搬运人员快速地将防撞桶移到路肩上(图 6-5b)。

(6)当 BV 到达锥形区的最后一个防撞桶时(它在道路的路肩上),最后一个防撞桶将被迅速地移到路肩上,而此时 BV 在路肩上后退,且与搬运人员保持一个 LIDG 的距离(图 6-5c)。

(7)ST 和 BV 向下游路口行驶。ST 绕回并沿右侧路肩向下游行驶,用最短的时间依次取回安置在提前警告区和可通过区的标志。然后,ST 返回,用相同的方式取回道路左侧所有的预告标志。

(8)根据项目工期的长短,右侧(或左侧)路肩上的防撞桶可能会被移至另一侧重新设置利用。

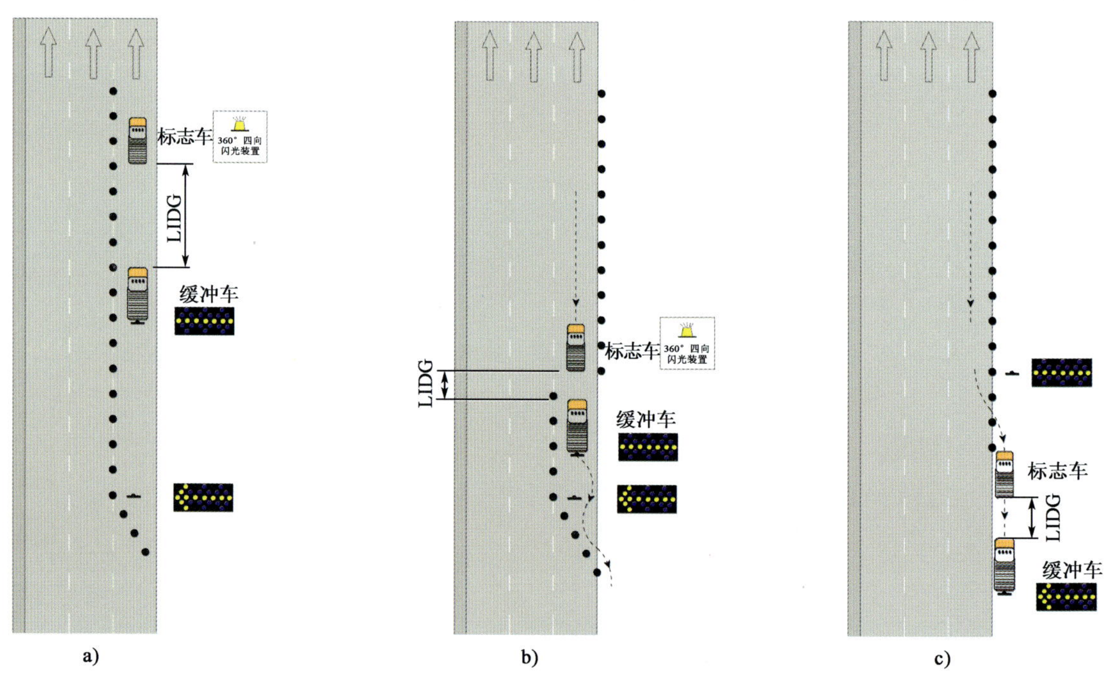

图 6-5 拆除右侧或左侧单车道封闭设施(有路肩)

2)拆除右侧或左侧两车道封闭设施(有路肩)

下述的过程为拆除右侧两车道的封闭设施,拆除左侧两车道的封闭设施过程与此相类似(适当情况下作必要和适当的修改)。

(1)ST 和安装人员(现为拆卸人员)安置在第二个车道终止区下游的终点处,最后一个防撞桶的位置处。BV 在第二个车道 ST 的上游一个 LIDG 距离的位置处(图 6-6a)。

(2)拆除方向与放置的方向相反,因此,最后设置的应该最先拆除。拆除后的防撞桶放置在路肩上留着之后再利用或取回。

(3)在防撞桶拆除后,ST 和 BV 缓慢后退分别通过终止区、工作区和纵向缓冲区。BV 仍然保持在 ST 上游一个 LIDG 距离的位置处。

(4)BV 一直后退到设置在中间封闭车道锥形区的闪光箭头处。BV 从闪光箭头的右侧绕过且安置在闪光箭头上游一个 LIDG 距离的位置处。当拆除工作进行到闪光箭头时,将其放置在路肩上,留作之后取回(图 6-6b)。

(5)BV 平行于锥形区向后移动。BV 与 ST 仍然保持一个 LIDG 的距离。在 ST 之前的防撞桶将被搬运到路肩上。

(6)当 BV 到达中间车道上的最后一个防撞桶时,在缓冲车的下游与 ST 保持一个 LIDG 的距离平行地向后退。拆卸人员继续拆除防撞桶,直至到达标志 TW-13 和 TW-11(图 6-6c)。

(7)剩余的封闭车道的拆除与拆除右侧单个封闭车道的方法相同(如上所述)(图 6-6d)。

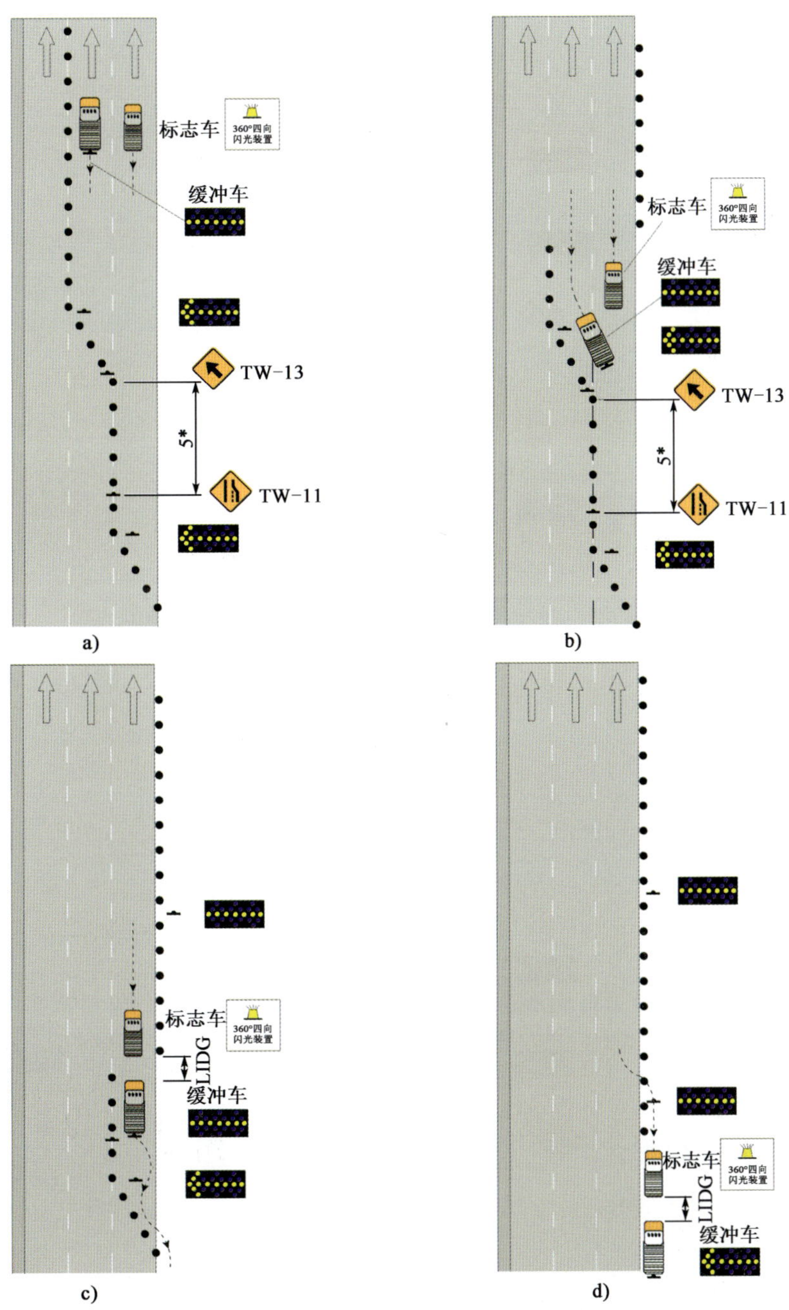

图 6-6　拆除右侧或左侧两车道封闭设施(有路肩)

3）拆除右侧或左侧两车道封闭设施（车道封闭路段路侧无路肩）

下述的过程为在道路左侧无路肩或路肩很小的情况下，拆除左侧两个车道封闭设施。拆除右侧无路肩或路肩很小的道路右侧两个车道封闭设施的过程与此相类似。除非拆除第二个车道的过程被忽略，否则与左侧车道被封闭的过程本质上是相同的。

（1）安装人员（现为拆卸人员）和施工车辆（以下简称 WT）安置在第二个车道终止区下游的终点位置。带有闪光箭头标志板的 BV2 设置在第二个车道上 WT 的上游，且与其保持一个 LIDG 的距离。ST 设置在 BV2 左侧的车道上（图 6-7a）。

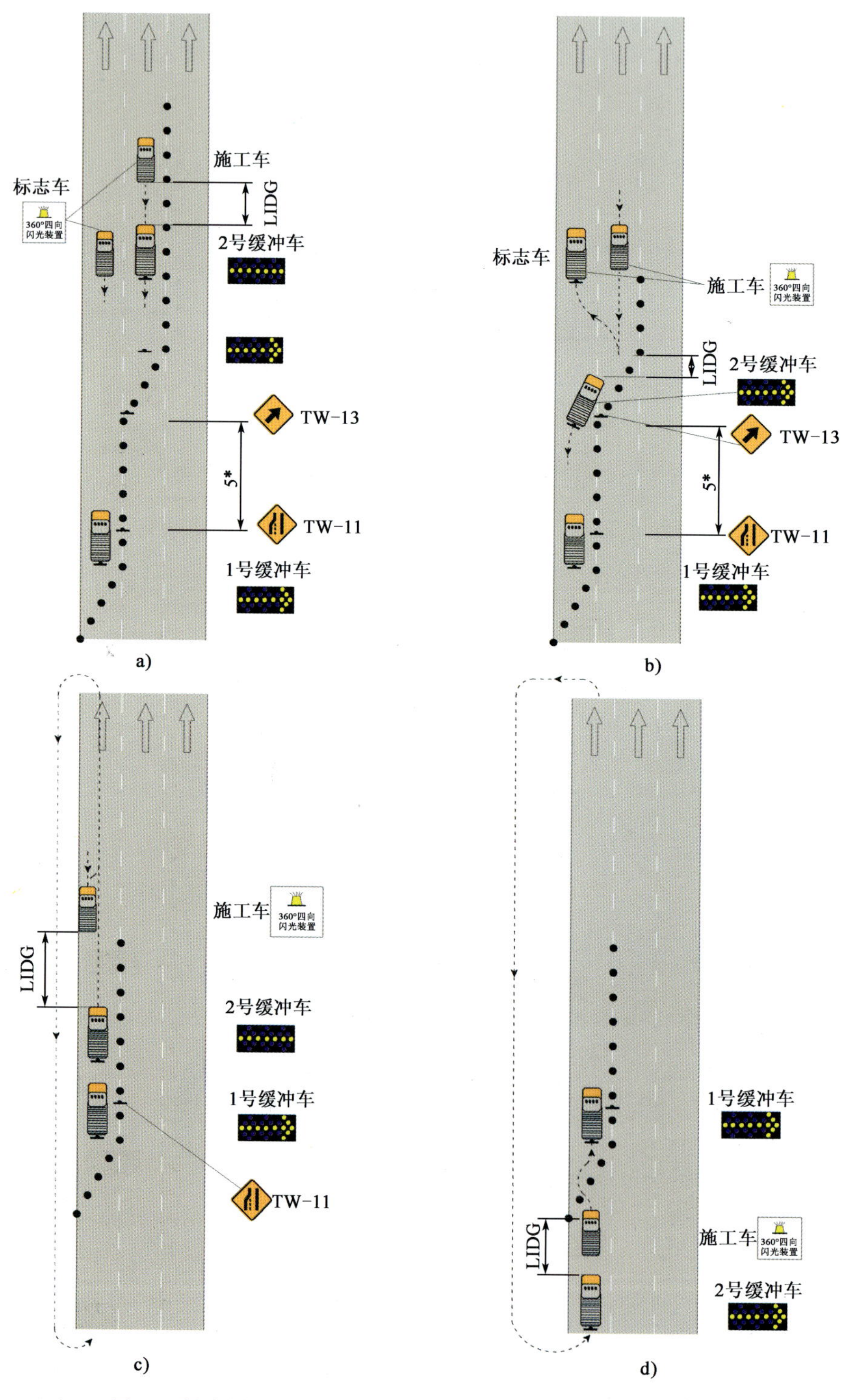

图 6-7　拆除右侧或左侧两车道封闭设施（车道封闭路段路侧无路肩）

(2)这三种车辆保持不变的距离沿着封闭车道后退,设施的拆除方向与放置方向相反,拆除后放置在 WT 上。

(3)当 BV2 到达第二个车道锥形区上游终点处的闪光箭头时,BV2 从其左边绕过,车上带有正确的指示方向的闪光箭头,车辆安置在闪光箭头上游一个 LIDG 距离的位置处。ST 将关闭开关的闪光箭头搬离封闭车道(图 6-7b)。

(4)接下来将拆除第二个车道上的封闭设施,拆除后的设施放置在 WT 上。随着拆除工作的进行,BV2 平行地向后移动。BV2 仍然保持着在 WT 上游一个 LIDG 距离的位置处。

(5)BV2 绕到 TC-104(车道封闭指引标志)之后进入直线部分,车上装有正确的指示方向的闪光箭头。拆除 TC-104,同时拆除工作沿着直线部分继续向上游进行。

(6)随着直线部分设置的拆除,BV2 平行后退且绕过 TW-11(车道封闭标志)。拆除 TW-11,同时拆除工作沿着直线部分继续向上游进行,直至到达第一个锥形区下游终点的 BV1 处(图 6-7c)。

(7)BV2 和 WT 离开工作区,行驶到下一交叉口再返回到第一个锥形区终点的上游。BV2 缓慢移动停靠在左边车道上锥形区起点的上游一个 LIDG 距离的位置处(图 6-7d)。

(8)拆卸人员从左侧下施工车,迅速地将第一个锥形区的设置拆除,且搬运到施工车上。

(9)BV2 随着 WT 向前移动,保持在 WT 上游一个 LIDG 的距离。

(10)当到达第一个锥形区的终点时,BV1、WT 和 BV2 依次离开。

(11)ST 由 BV 在一个 LIDG 的位置处庇护,向下游方向拆除左侧和右侧路肩上所有的预告标志。

6.5　路肩施工——移动和固定施工

高速公路路肩施工区的交通控制设施设置参见图 6-8。

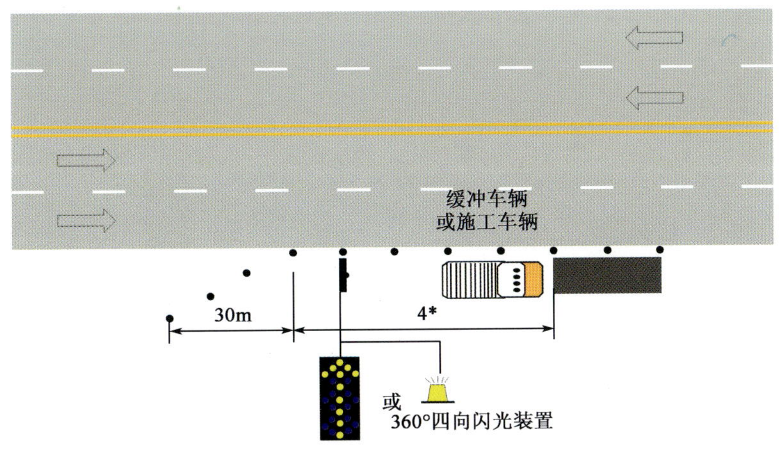

图 6-8　路肩施工——移动和固定施工

图 6-8 所示适用于移动或固定施工,但是对于移动施工,锥形交通标可以不设置。

当施工活动不再进行,但施工区域尚未得到清理时,需要设置反光轮廓标设施和 A 型黄闪灯(夜间)或 B 型的黄闪灯(白天)来分隔施工区和车行道。

在路肩封闭的情况下需注意以下几点。

(1)“路肩封闭”标志需设置在限制驶入的入口处,以免故障车辆驶入施工区域。

(2)如果驾驶员无法看清封闭的路肩旁边的车辆停靠点,信息指示说明牌需对封闭路肩的长度作适当的说明。

(3)临时隔离墩的运用需基于合理规范的工程评价和判断。

6.6　车道不封闭的连续慢速移动施工

高速公路车道不封闭情况下连续慢速移动施工区的交通控制设施设置参见图 6-9。

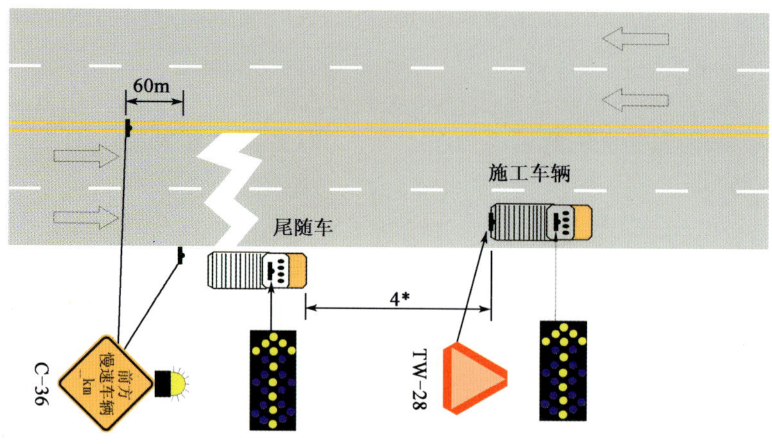

图 6-9　车道不封闭的连续慢速移动施工

(1)此施工方案的典型应用为路面清扫、路面冲刷等。

(2)C-36 标志的设置间距不超过 8km。

(3)保护车尾部应该安装 C-37 标志或其他合适的标志。

6.7　固定和间歇性移动施工——车道封闭

高速公路固定或间歇性移动施工区的交通控制设施设置参见图 6-10。

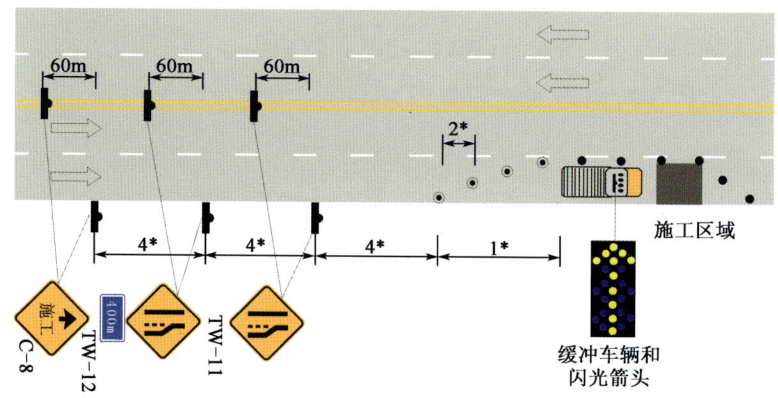

图 6-10　封闭车道的固定和间歇的移动施工

6.8　越过道路中间带的施工

高速公路越过道路中间带施工区的交通控制设施设置参见图 6-11 和图 6-12。

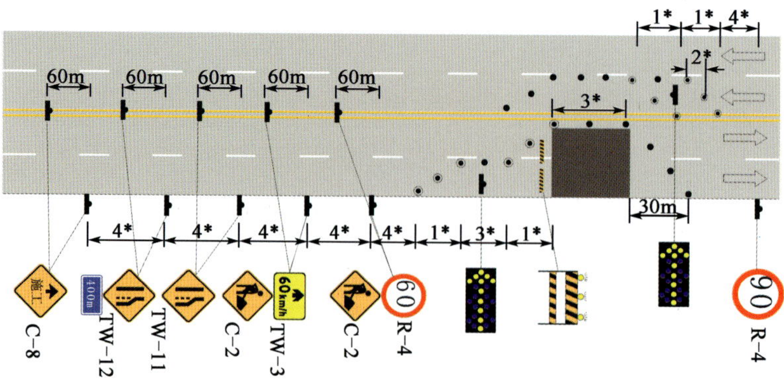

图 6-11　靠近施工区域一侧的标志

(1)反方向远离施工区一侧同样需要设置标志,如图 6-12 所示。

(2)施工区典型示例的限速设置如图 6-11 所示,施工区范围内速度降低。

(3)在交通流量较大的位置可以使用水泥混凝土路障来分隔对向交通。

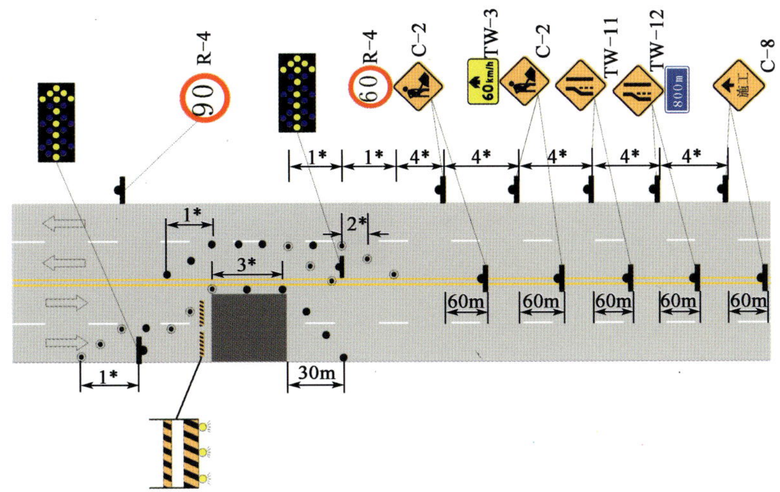

图 6-12 远离施工区域一侧的标志

(1)靠近施工区一侧同样需要设置标志,如图 6-11 所示。

(2)施工区典型示例的限速设置如图 6-11 所示,施工区范围内速度降低。

(3)在交通流量较大的位置可以使用水泥混凝土路障来分隔对向交通。

6.9 三车道的两个车道封闭施工

高速公路多车道情况下占用两个车道封闭施工区的交通控制设施设置参见图 6-13。

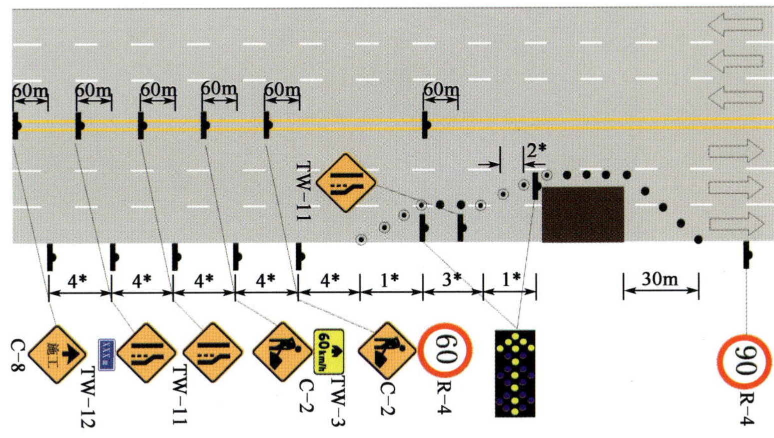

图 6-13 三车道公路上两条车道封闭施工区设置

施工区典型示例的限速设置如图 6-13 所示,施工区范围内速度降低。

6.10 匝道开放下的车道封闭施工

高速公路的开放匝道口附近的施工区交通控制设施设置参见图 6-14 和图 6-15。

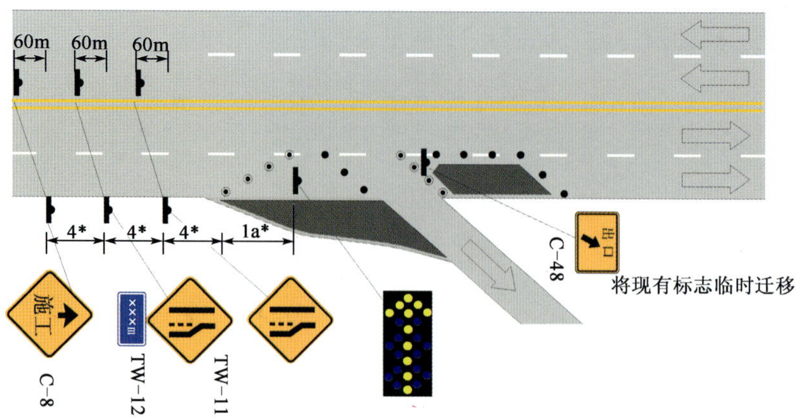

图 6-14　开放的出口匝道处车道封闭

(1)指引标志需标明前方匝道开放。

(2)需设置匝道出口指引标志。

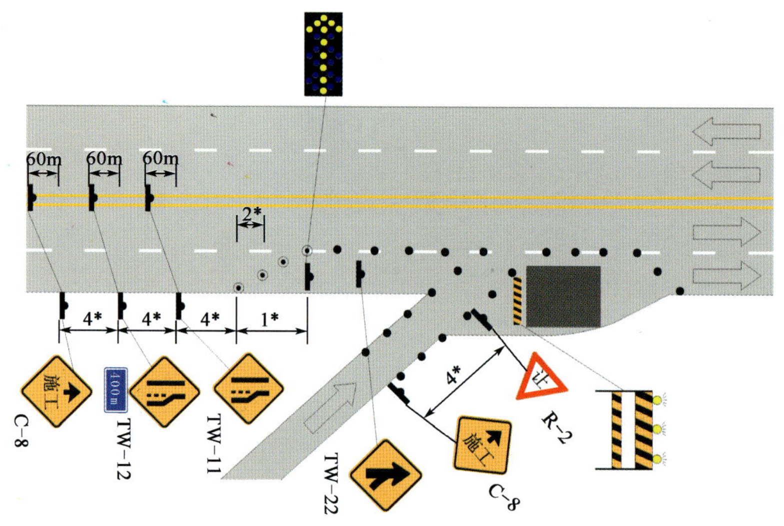

图 6-15　开放的入口匝道处车道封闭

(1)指引标志需标明前方匝道开放。

(2)如果加速车道足够长,可以用合流标志代替“让”标志。

(3)“让”或“停”标志的设置,应使匝道上的车辆能够有足够的安全视距观察到主线上交通流,以选择合理的安全车距汇入主线的交通流。同时,需设置一段较长的加速车道用来满足缩减车距的需要。

(4)当设置“停”标志时,必须设置临时停车线。

(5)主线上带有箭头的“合流”指示板需在起点处提前设置,以保证对驾驶员有很好的只是作用,且有助于主线上从封闭的车道上合流过来的车辆可以先于匝道上的车辆稳定地汇入主线交通流。

6.11　匝道封闭下的施工

如果匝道不能进入,则需要使用出口(入口)封闭标志和类型Ⅲ的路栏。当施工区改变时,通行区也必须改变。图 6-16 是出口匝道封闭的交通控制设施设置。

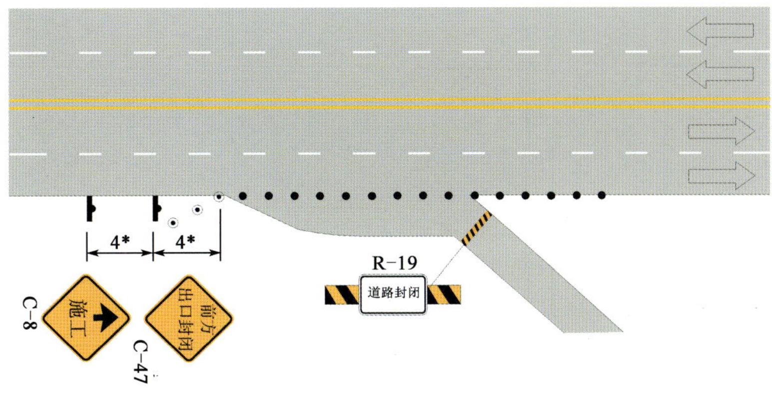

图 6-16　出口匝道临时封闭

7 公路养护施工区设施

在养护施工区，设计和使用临时交通控制设备时，一般情况下应考虑所有道路使用者（机动车、非机动车、行人）包括残疾人的需求。所有公路附属设施，如在国省干道上使用的护栏、防撞垫、标志、信号灯支撑杆等养护施工区的硬件设施等，都要满足相关标准规范。

7.1 标志概述

7.1.1 养护施工区交通控制标志与设施图表

养护施工区交通控制标志与设施的尺寸及形式如表 7-1 ~ 表 7-4 所示。表中所列标志的尺寸在需要更好的易读性或需要强调时（如高速公路上），可适当增大。设计尺寸与标准尺寸偏差应在 15cm 内。其中，法规标志建议按我国国标中现有的规定设置。

养护施工区交通控制标志——法规标志表　表 7-1

标志名称	编码	国外施工标志	我国现有标志	建议尺寸（普通公路）(cm)	建议标志
停标志	R-1	STOP	停	对角线长 60	停
让标志	R-2	YIELD	让	70 × 70 × 70	让
让对向车辆先行标志	R-3	TO ONCOMING TRAFFIC		90 × 120	让 对向车辆
限速标志	R-4	SPEED LIMIT 50 SPEED LIMIT 80 km/h	40	外径 60	40

续上表

标 志 名 称	编码	国外施工标志	我国现有标志	建议尺寸(普通公路)(cm)	建 议 标 志
解除限速标志	R-5		40	外径 60	40
限重标志 (带符号)	R-6a	WEIGHT LIMIT 8T 12T 16T METRIC WEIGHT LIMIT 7.2t 10.8t 14.5t	限制轴重 8T 12T 16T	75 × 90	限制轴重 8T 12T 16T
限重标志	R-6b	WEIGHT LIMIT 10 TONS METRIC WEIGHT LIMIT 9t AXLE WEIGHT LIMIT 5TONS METRIC AXLE WEIGHT LIMIT 4.5T	10t	外径 60	10t
单行路标志	R-7	ONE WAY ONE WAY		60 × 30	
车道使用标志	R-8	ONLY		60 × 60	
可直行和左转标志 (车辆转弯)	R-9			外径 60	

续上表

标 志 名 称	编码	国外施工标志	我国现有标志	建议尺寸(普通公路)(cm)	建 议 标 志
强制转弯标志	R-10	 ONLY		外径 60	
禁止转弯标志	R-11	 NO TURNS		外径 60	
禁止通行标志	R-12	 DO NOT PASS		外径 60	
右(左)侧绕行标志	R-13			外径 60	
停车线标志	R-14	 STOP LINE STOP LINE		60×75	 停车线 停车线
禁止驶入标志	R-15	 DO NOT ENTER		外径 60	
禁止停车标志	R-16	 P		外径 60	

续上表

标志名称	编码	国外施工标志	我国现有标志	建议尺寸(普通公路)(cm)	建议标志
禁止超车标志	R-17			外径 60	
允许超车(解除禁止超车)标志	R-18			外径 60	
道路封闭标志	R-19	ROAD CLOSED	道路封闭	75×60	道路封闭
仅当地车辆通行标志	R-20	LOCAL TRAFFIC ONLY		75×30	仅当地车辆通行
人行道封闭标志	R-21a	SIDEWALK CLOSED		60×30	人行道封闭
人行道封闭,使用另外一侧标志	R-21b	SIDEWALK CLOSED USE OTHER SIDE		60×30	人行道封闭 使用另一侧
前方人行道封闭,从此处通行标志	R-21c	SIDEWALK CLOSED AHEAD CROSS HERE		60×30	前方人行道封闭 此处通行
右转车道必须右转标志	R-22	RIGHT LANE MUST TURN RIGHT		75×60	右侧车道必须右转

养护施工区交通控制标志——警告标志表 表 7-2

标 志 名 称	编码	国外施工标志	我国现有标志	尺寸(普通公路)(cm)	建 议 标 志
前方信号灯控制标志	TW-1			75×75	
前方停车标志	TW-2			75×75	
警告限速标志	TW-3	 50 km/h	 60 km/h	140×100	  60km/h 80km/h
中分带道路起始标志	TW-4a			75×75	
中分带道路结束标志	TW-4b			75×75	
陡坡标志	TW-5		 	75×75	 
无中心线标志	TW-6	 NO CENTER STRIPE		90×90	 无中心线

续上表

标志名称	编码	国外施工标志	我国现有标志	尺寸(普通公路)(cm)	建议标志
单车道标志	TW-7	ONE LANE ROAD 300 m SINGLE LANE TRAFFIC ONE LANE		90×90 或 60×30	单车道 300m 单车道 单车道
双向交通警告标志	TW-8			75×75	
两侧通行标志	TW-9a			30×90	
右侧/左侧通行标志	TW-9b、TW-9c	或	或	30×90	或
前方道路有作业机械标志	TW-10	POAD MACHINERY AHEAD		90×90	前方作业机械

续上表

标 志 名 称	编码	国外施工标志	我国现有标志	尺寸(普通公路)(cm)	建 议 标 志
车道封闭标志	TW-11	    RIGHT TWO LANES CLOSED AHEAD LANE CLOSED	  左道封闭 300m 右道封闭 300m	75×75 90×90	      左道封闭 300m 右道封闭 300m 车道封闭 右侧车道封闭
200m(300m、400m、____m)车道封闭预告标志	TW-12	   200 m 300 m 400 m		60×30	 300m
车道封闭指引标志	TW-13			75×75	
中间车道封闭标志	TW-14	 CENTRE LANE CLOSED	 中间封闭 1km	75×75	 中间车道封闭 或 中间封闭 1km 

续上表

标志名称	编码	国外施工标志	我国现有标志	尺寸(普通公路)(cm)	建议标志
路肩封闭预告标志	TW-15	RIGHT SHOULDER CLOSED 300 m		90×90	右侧 路肩封闭 300m
路肩封闭标志	TW-16	RIGHT SHOULDER CLOSED		75×75	右侧 路肩封闭
路肩施工标志	TW-17	SHOULDER WORK		75×75	路肩施工
前方公共设施施工标志	TW-18	UTLITY WORK AHEAD		90×90	公共设施 施工
前方爆破区警告标志	TW-19	BLASTING ZONE AHEAD		90×90	前方 爆破区
前方窄路起始标志	TW-20			75×75	
前方狭窄车道标志	TW-21			75×75	

续上表

标 志 名 称	编码	国外施工标志	我国现有标志	尺寸（普通公路）（cm）	建 议 标 志
前方左（右）侧合流标志	TW-22			75×75	
合流标志	TW-23	MERGE		75×75	合流
路滑标志	TW-24			75×75 或 70×70×70	或
前方路面未完工标志	TW-25			75×75	
距离说明标志	TW-26	FOR 6 km NEXT 7 MILES OR NEXT 11 Km		45×45	6km

续上表

标志名称	编码	国外施工标志	我国现有标志	尺寸(普通公路)(cm)	建议标志
限高标志	TW-27	 3.8m	 3.5m	外径60	 3.5m
慢行车辆标志	TW-28			36×36×36	
无路肩标志	TW-29	 NO SHOULDER		75×75	 无路肩
白色反光标志	TW-30a			7.6×20	
黄色反光标志	TW-30b			7.6×20	
线形诱导标志	TW-31			60×75	
危险区警告标志(无箭头、单箭头、双箭头)	TW-32a			75×75	
危险区警告标志(无箭头、单箭头、双箭头)	TW-32b			75×75 或 120×120	
	TW-32c			75×75 或 120×120	

注:表中我国现有标志未列明其尺寸,具体参见相关标准规范。

养护施工区交通控制标志——施工和交通控制标志表 表 7-3

标志名称	编码	国外施工标志	我国现有标志	尺寸(普通公路)(cm)	建议标志
交通指挥标志（带有把手）	C-1	STOP SLOW		对角线长度 40	停 慢
道路施工标志	C-2a			75×75 或 70×70×70	或
	C-2b			75×75	
前方有交通指挥人员标志	C-3			75×75	
前方有勘测人员标志	C-4			75×75	

续上表

标 志 名 称	编码	国外施工标志	我国现有标志	尺寸(普通公路)(cm)	建 议 标 志
道路测量限速标志	C-5			外径 60 或 75 × 75	
施工限速标志	C-6			外径 60 或 75 × 75	
恢复原有速度标志	C-7			45 × 90	
前方____km道路施工标志	C-8			120 × 120 75 × 75	 或  
施工区结束标志	C-9			60 × 60	

续上表

标志名称	编码	国外施工标志	我国现有标志	尺寸（普通公路）（cm）	建议标志
改道（绕行）标志	C-10	DETOUR DETOUR	向左改道 向右改道	60×45 75×75	改道 或 向左改道 改道
非机动车改道标志	C-11	DETOUR DETOUR DETOUR		75×60	改道 改道 改道
改道结束标志	C-12	END DETOUR		60×45	改道结束
地面下有施工人员标志	C-13	WORKERS BELOW		60×60	地面下有施工人员

续上表

标 志 名 称	编码	国外施工标志	我国现有标志	尺寸（普通公路）（cm）	建 议 标 志
爆破区—关闭无线通信标志	C-14	BLASTING ZONE SHUT OFF YOUR RADIO TRAHSMITTER		60×75	爆破区 关闭 无线 通信
爆破区结束标志	C-15	BLASTING ZONE ENDS		60×60	爆破区 结束
冲溃路段	C-16	WASHOUT		75×75	冲溃 路段
正在清扫标志	C-17	SWEEPER WORKING		75×75	正在 清扫
标线施工标志	C-18a	ROAD MARKING IN PROGRESS NEXT __km		120×120 75×75	前方 标线施工中 _km 标 线 施 工
注意标线画线车辆标志	C-18b	CAUTION PAINT SPRAY TRUCK AHEAD		120×90	注意 前方标线 画线车辆
软路肩标志	C-19	SOFT SHOULDER		75×75	软路肩

续上表

标 志 名 称	编码	国外施工标志	我国现有标志	尺寸(普通公路)(cm)	建 议 标 志
左/右侧矮路肩标志	C-20			75 × 75	
刚铺沥青标志	C-21	FRESH OIL		75 × 75	刚铺 沥青
前方____km 交通锥处新涂油漆标志	C-22	MEANS WET PAINT NEXT __km		120 × 120	表示 前方新涂油漆 _km
桥梁整修标志	C-23	BRIDGE REPAIR		75 × 75	桥梁 整修
前方____km 路面铺装，请遵守标志	C-24	PAVING NEXT__km PLEASE OBEY SIGNS		120 × 90	路面铺装 前方_km 请遵守
前方____km 松软砾石路标志	C-25	SEALCOATING LOOSE GRAVEL NEXT__km		120 × 90	铺 面 前方_km 松软砾石路
颠簸路面或粗糙路面标志	C-26			75 × 75	

续上表

标志名称	编码	国外施工标志	我国现有标志	尺寸(普通公路)(cm)	建议标志
路面损坏标志	C-27	BROKEN PAVEMENT		75×75	路面损坏
左侧路面不平标志	C-28a	UNEVEN PAVEMENT ON LEFT		75×75	左侧路面不平
	C-28b			75×75	右侧路面不平
路面不平结束标志	C-29	UNEVEN PAVEMENT ENDS		60×60	路面不平结束
临时减速标志	C-30	SLOW	慢	30×30 70×70×70	慢 或 慢
临时危险标志	C-31		!	70×70×70	!
准备停车标志	C-32	PREPARE TO STOP		75×75	准备停车

续上表

标 志 名 称	编码	国外施工标志	我国现有标志	尺寸(普通公路)(cm)	建 议 标 志
有货车驶入标志	C-33			90×90	
前方____km 车辆停顿标志	C-34	TRUCK STOPPED ON ROAD NEXT 2 km		120×120	前方 车辆停顿 2km
注意车辆 经常停顿标志	C-35	CAUTION THIS TRUCK STOPS FREAUENTLY		75×30	注 意 车辆经常停顿
前方____km有 慢速车辆标志	C-36	SLOW VEHICLE NEXT _km		120×120	前方 慢速车辆 _km
慢速车辆标志	C-37	SLOW VEHICLE		75×75	慢速车辆
引导车标志	C-38	PILOT CAR FOLLOW ME		90×45	引导车
引导车标志	C-39	PILOT CAR DO NOT PASS		90×60	引导车 禁止超越

续上表

标 志 名 称	编码	国外施工标志	我国现有标志	尺寸(普通公路)(cm)	建 议 标 志
锯齿状铺面标志	C-40	GROOVED PAVEMENT		120×120	锯齿状 铺面
使用车灯尘土严重标志	C-41	USE HEADLIGHTS EXTREME DUST		75×75	使用车灯 尘土严重
没有道路标线标志	C-42	NO ROAD LINES		75×75	没有 道路 标线
临时道路标线标志	C-43	TEMPORARY ROAD LINES		75×75	临时 道路 标线
雪崩、塌方路控制标志	C-44	AVALANCHE CONTROL		75×75	雪崩路 控制 塌方路 控制
此处通行标志	C-45	PASS THIS SIDE PASS THIS SIDE		90×60	此处通行 此处通行

续上表

标志名称	编码	国外施工标志	我国现有标志	尺寸(普通公路)(mm)	建议标志
公路改造工程标志	C-46	Highway Improvement Project			XX公路改造工程
前方出口封闭标志	C-47	EXIT CLOSCD AHEAD		75×75	前方出口封闭
出口标志	C-48	EXIT		60×45	出口
路障栏上的反光标志(三角形)	C-49a			18×18×25	
路障栏上的反光标志(平行四边形)	C-49b			18×25	

注:①在具体操作时,标志尺寸应根据道路等级选取,二级以下公路选小尺寸版面,一级和高速公路选大尺寸版面。

②表中我国现有标志未列明其尺寸,具体参见相关标准规范。

养护施工区交通控制标志——交通设施标志表 表 7-4

标志名称	编码	国外施工标志	我国现有标志	尺寸单位(普通公路)	建议标志
锥形交通标	D-1				
有警告灯的锥形交通标	D-2		D=80; D=56; 150; 250; 150; 50; 150 100; 700; 60; 28; 30; D=350; D=270; D=300; D=420	mm	D=80; D=56; 150; 250; 150; 50; 150 100; 700; 60; 28; 30; D=350; D=270; D=300; D=420
管状隔离桩	D-3	反光带; 50; 75; 60~150; 75; 最小700; 反光带; 50; 75; 最小450		mm	

续上表

标志名称	编码	国外施工标志	我国现有标志	尺寸单位（普通公路）	建议标志
竖面警告诱导标	D-4	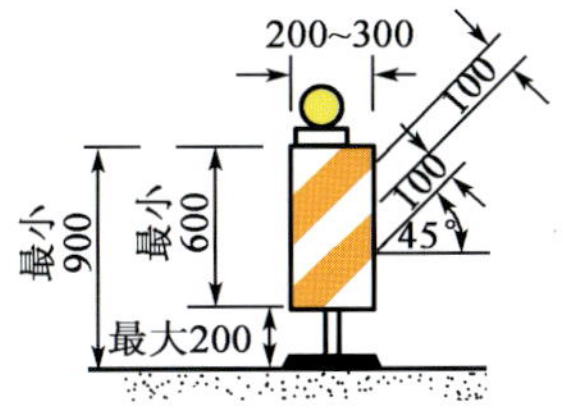 200~300 100 100 45° 最小900 最小600 最大200		mm	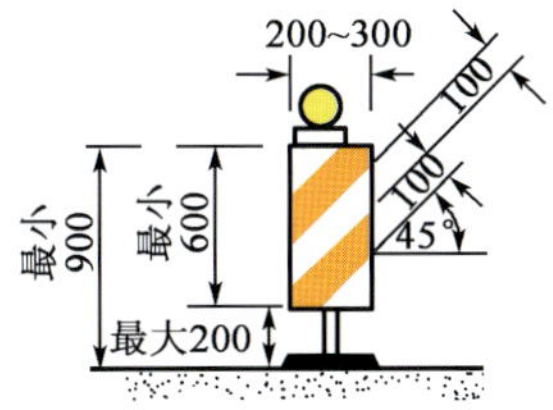 200~300 100 100 45° 最小900 最小600 最大200
鼓形隔离墩	D-5	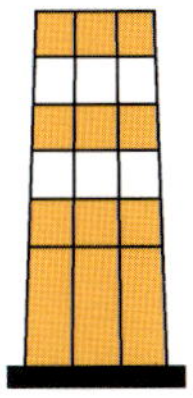	 900 900 720 540 540	mm	 900 900 720 540 540
类型 I 路栏	D-6	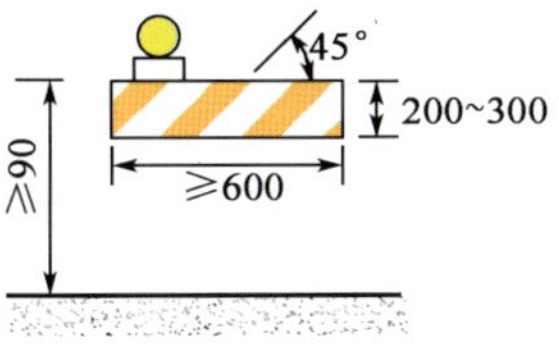 45° 200~300 ≥90 ≥600		mm	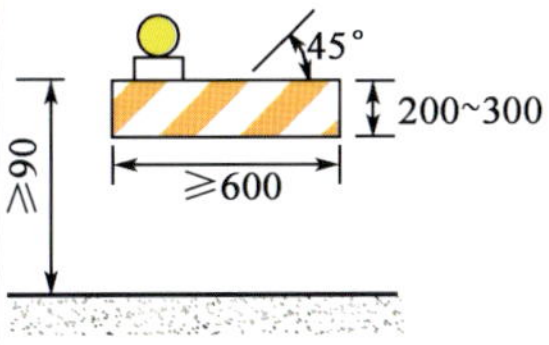 45° 200~300 ≥90 ≥600
类型 II 路栏	D-7	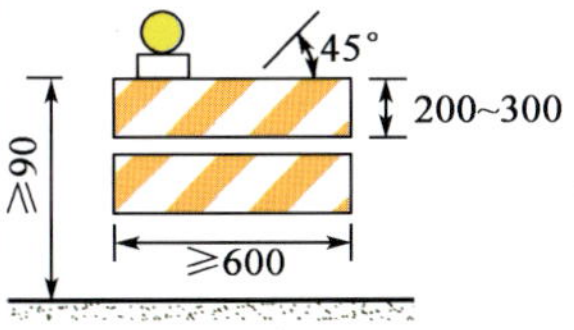 45° 200~300 ≥90 ≥600		mm	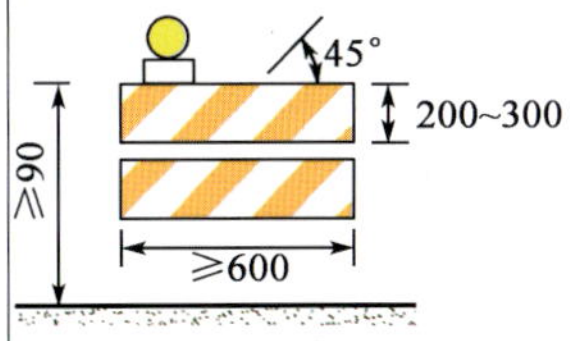 45° 200~300 ≥90 ≥600
类型 III 路栏	D-8	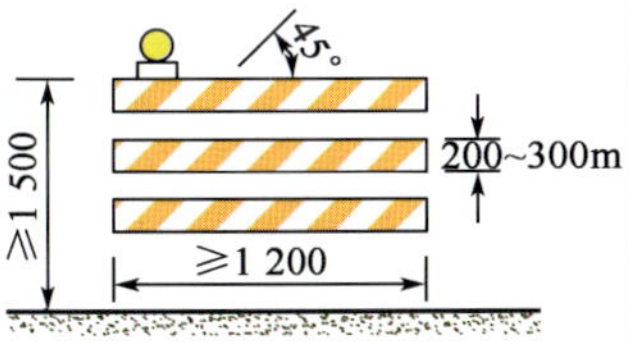 45° 200~300m ≥1 500 ≥1 200		mm	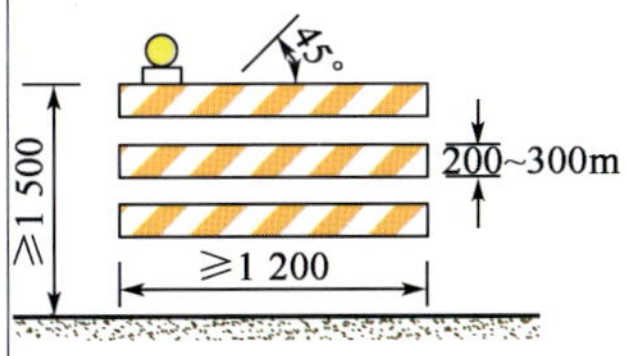 45° 200~300m ≥1 500 ≥1 200
方向指示路栏	D-9	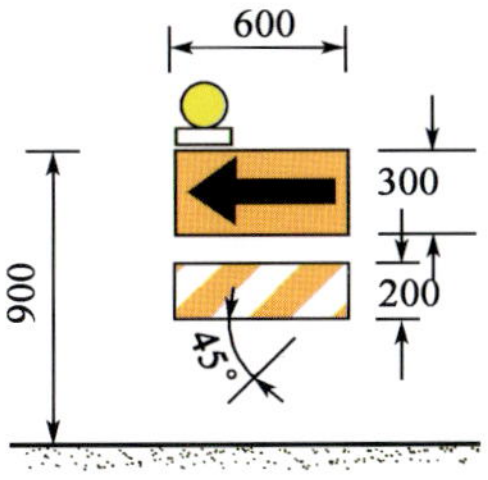 600 300 200 900 45°		mm	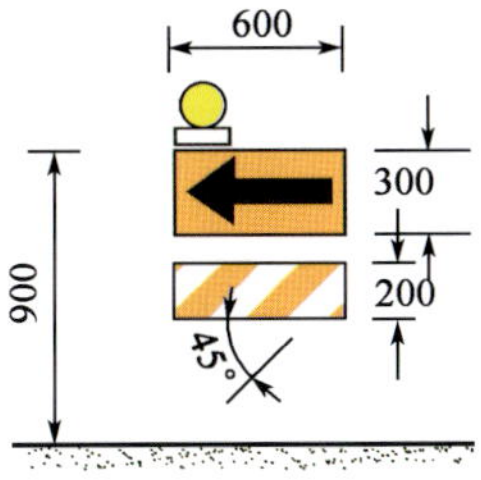 600 300 200 900 45°
高强度警告设施	D-10	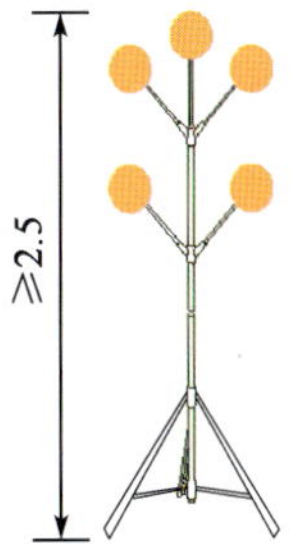 ≥2.5		m	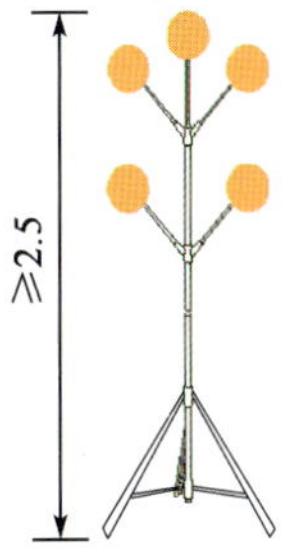 ≥2.5

续上表

标志名称	编码	国外施工标志	我国现有标志	尺寸单位（普通公路）	建议标志
车辆闪光灯	D-11				
闪光箭头	D-12	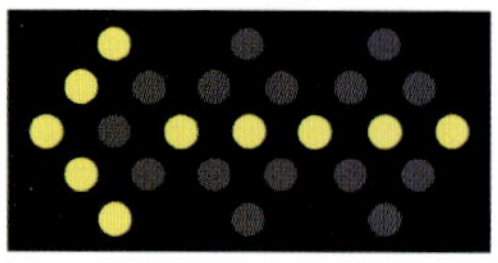			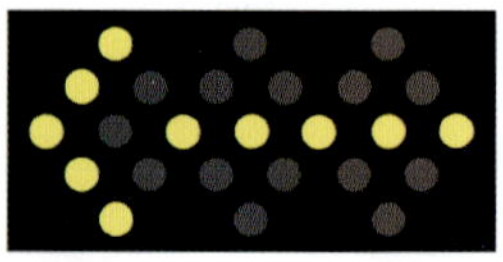
施工警告频闪灯	D-13		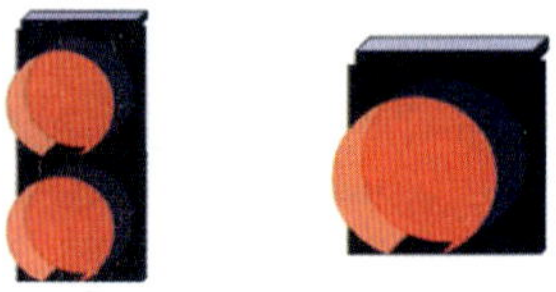 a) b)		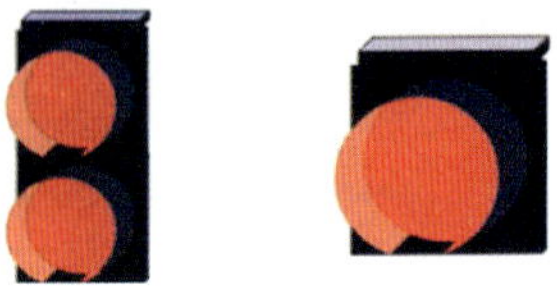 a) b)
临时交通控制信号灯	D-14	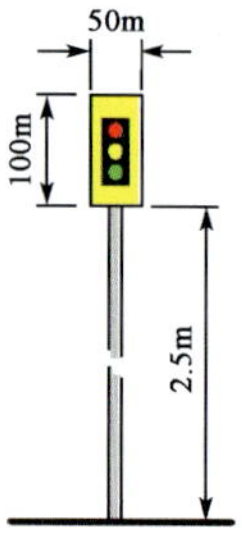 50m 100m 2.5m		cm	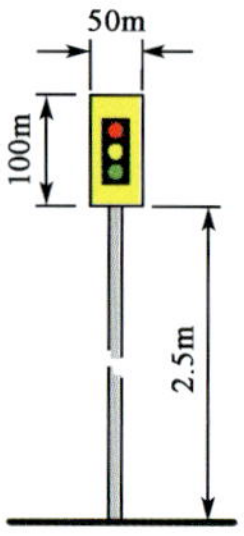 50m 100m 2.5m
防撞墙	D-15		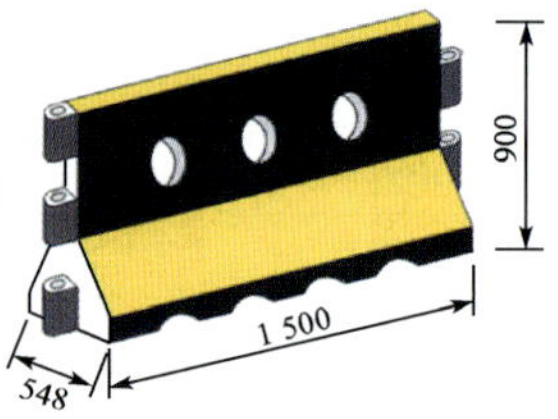 900 1 500 548	mm	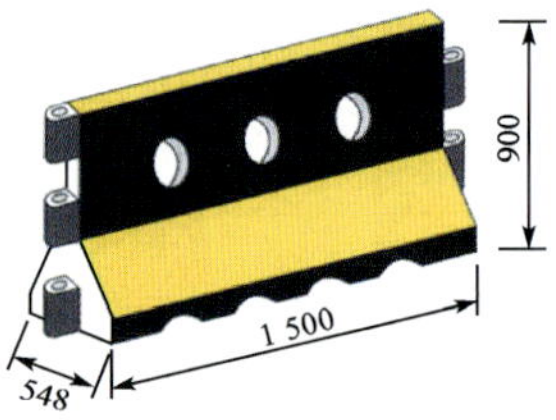 900 1 500 548
混凝土隔离墩	D-16		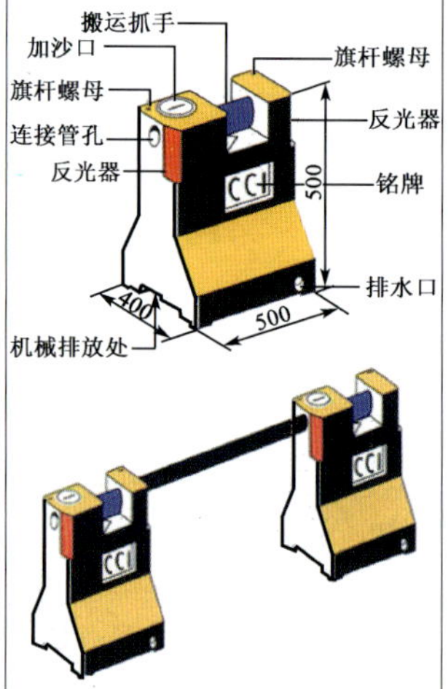 搬运抓手 加沙口 旗杆螺母 连接管孔 反光器 旗杆螺母 反光器 500 铭牌 排水口 400 500 机械排放处	mm	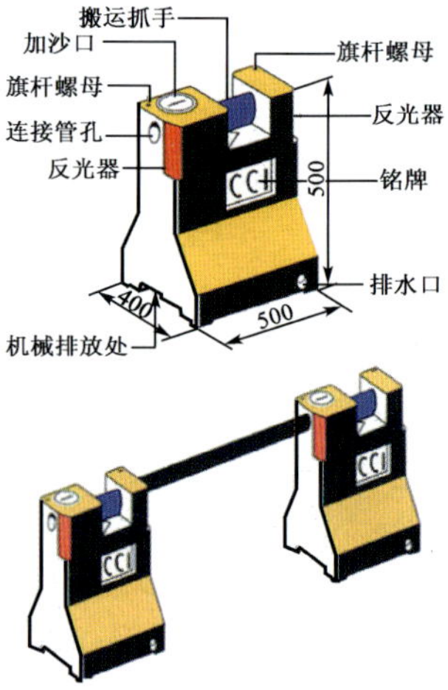 搬运抓手 加沙口 旗杆螺母 连接管孔 反光器 旗杆螺母 反光器 500 铭牌 排水口 400 500 机械排放处
临时交通标志支架	D-17	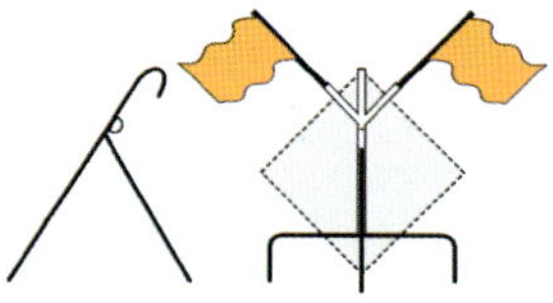			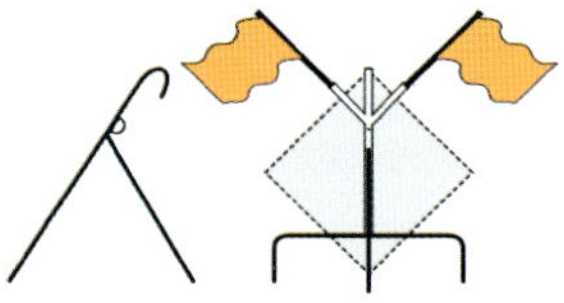

续上表

标志名称	编码	国外施工标志	我国现有标志	尺寸单位（普通公路）	建 议 标 志
旗手	D-18	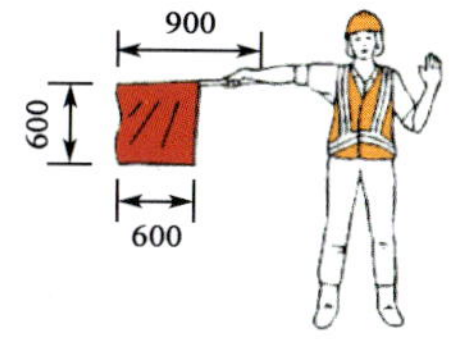 900 600 600		mm	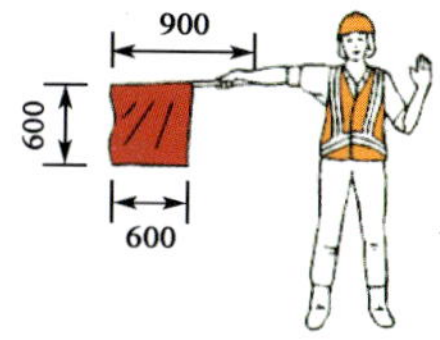 900 600 600
交通管制人员	D-19	 STOP			 停
交通管制人员服装	D-20				
交通管制人员服装	D-21				
现场施工人员服装	D-22				
移动式标志车	D-23		 大1 950，小1 600，微1 250 大800，小600，微400 公路	mm	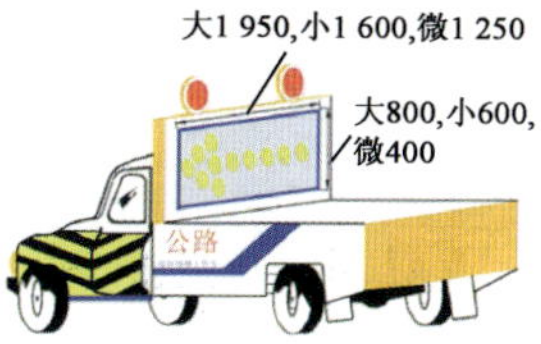 大1 950，小1 600，微1 250 大800，小600，微400 公路

注：①需要高易读性或强调时，可使用尺寸大的标志。

②高速公路上，临时交通控制区菱形警告标志的尺寸的最小值为120cm×120cm。

7.1.2 标志特性

临时交通控制区标志是通过文字和符号来告知道路使用者道路上的具体信息。它和道路交通标志相似,分为三种类型:法规标志、警告标志和指路标志。

(1)法规标志颜色:一般情况下为白底、红圈、红杠、黑图案或图案压杠。

(2)警告标志颜色:一般为橙底、黑边、黑图案;公路—铁路平面交叉提前警告标志为黄底、黑边、黑图案。

(3)指路标志颜色:高速公路为绿底白图案,一般道路为蓝底白图案。

当需用橙色时,可能也会用到橘红色荧光和橘黄色荧光,因为荧光橙色比纯橙色有更好的可视性,尤其在黄昏时。临时交通控制区的警告和指路标志可用黑色图案、边框及粉红色荧光背景。那些仍然适用的现有警告标志可保留在原来位置。行人、自行车、学校的警告标志采用黄色或黄绿色荧光背景。橙色旗帜或闪光警告灯可与标志配合使用。

当橙色旗帜或闪光警告灯与标志配合使用时,应保证不遮挡标志的正面。

标志板的材料应平整光滑,外表面密封,不论在白天还是晚上都有良好的可视性,在夜间应有很好的照明设施,在夜间使用的标志应具有良好的反光性。标志照明可选择内部照明或外部照明,材料可是刚性或柔性的。

7.1.3 标志安装位置

标志安装位置的一般原则如下:

(1)标志一般情况下放置在公路的右侧,需要加强说明的特殊地段,标志可安装在车行道的左右两侧。

(2)标志安装在便携式的支撑杆上时,可放置车行道或护栏上。标志安装高度一般在1.8~2.5m。安装在一根立杆上的标志,可以适当降低至1.5m。

(3)临时安装在地面上的标志,其高度和侧边距如图7-1和图7-2所示。

(4)安装在县乡道路上的标志,从标志板底部距离车行道边缘的高度至少1.5m。

(5)在停车场或自行车、行人活动频繁的商业区、贸易区和居住区,或阻碍视线的区域,从标志板底部距离车道边缘顶部的高度应该至少2.1m。

(6)安装在护栏上的标志也应具有防撞性能。

(7)便携式、永久式的标志杆不能放置在人行道上或指定区域。安装高度低于2.1m的标志距行人设施的距离不超过10cm。

(8)为了增加可视性,在乡村地区可采用2.1m的安装高度。安装在其他标志下的第二块标志的底部距离地面的高度可采用1.8m。

(9)安装在便携式支撑杆上的标志使用时间不能超过3d。

(10)安装在类型III路栏上的标志,不应覆盖超过顶部两个横杆的50%,或三根横杆总区域的33%。

(11)标志支撑杆应具有防撞性能。标志板面积超过5m^{2}时,距离地面的最小安装高度为2.1m。

(12)安装在路栏上或其他便携式标志距车道的距离不小于0.3m。对于机动的施工,标志可以安装在施工车、保护车上,或临时交通控制区前的追踪站或移动式标志车上。

(13)无保护的标志应尽量避免碰撞,且不能阻挡驾驶者视线。

(14)如要改变交通控制设施的支撑杆,需进行碰撞测试,并具有防撞性能。

7.1.4 施工区标志反光要求与规定

施工区标志反光膜可以采用3M^{TM}荧光钻石级可折叠式反光膜,其具有高逆反射性能、颜色鲜艳夺目和优越的角度性等特点,为机动车驾驶者安全通过道路临时施工区提供了良好的保证。同时它具有易于移动的优点,大大方便了道路施工人员的使用。表7-5为施工区标志最小反射率要求。

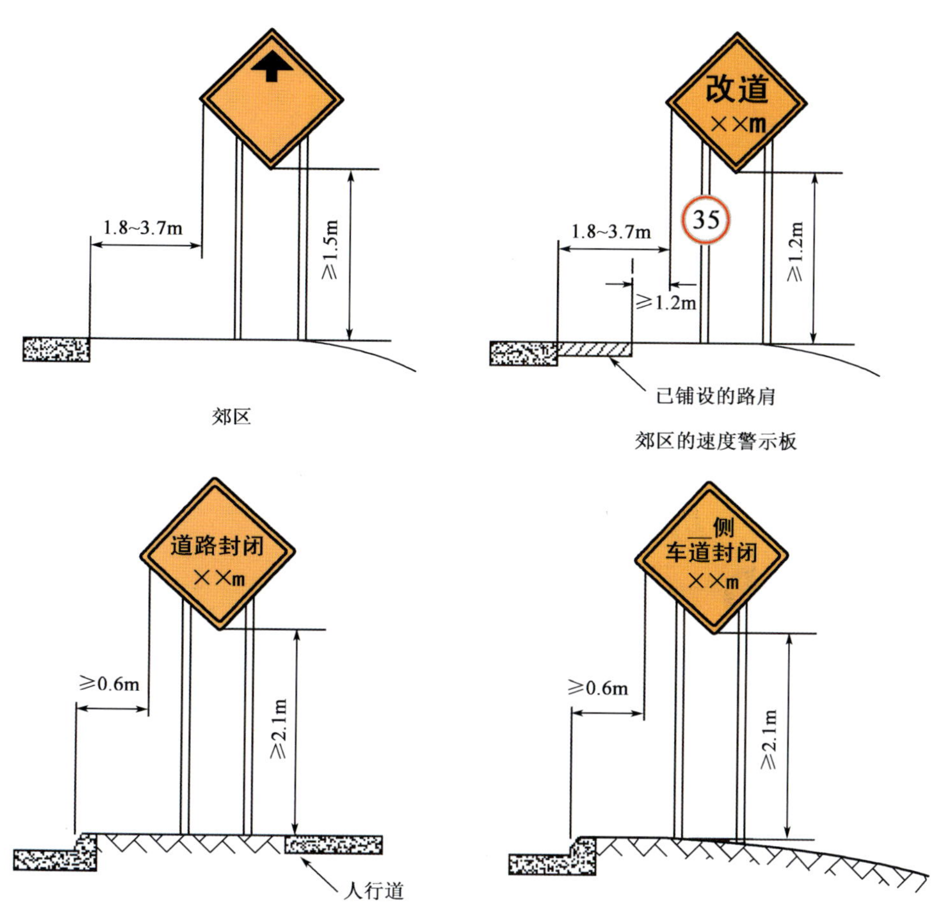

图 7-1　标志安装高度和侧边距(安装在立柱上)

施工区标志最小反射率要求

表 7-5

最小反射率	标志/设备	生效日期
高强度(类型三) 中间反射率水平	TW-11 TW-12 TW-13 TW-30 C-1(“停”) R-3 R-19 闪光箭头 锥形交通标 管状隔离桩 路栏	1995 年 1 月 1 日 除了 2001 年 1 月 1 日的 C-1 和 2002 年 1 月 1 日的闪光箭头、锥形交通标志
高强度的荧光小棱镜 (例如,钻石级的效果) (最高反射等级)	C-1(“慢”) 双面“慢”标志杆 C-2 C-3 C-8 C-10 TW-13	2003 年 1 月 1 日 除了 2001 年 1 月 1 日的 C-1 和 2001 年 1 月 1 日以后所有标志的建议
工程等级	所有其他临时标志	

注:①除了闪光箭头,在可行的情况下,某些标志可能会采用更高的反射率薄膜。

②2003 年 1 月 1 日,C-2、C-3 的标志尺寸也增加到 90cm × 90cm。

③C-1 是正八边形的。

④2001 年 1 月 1 日起,凡在夜间施工的,无论白天或者夜晚,所有锥形路标应采用白色反光环。

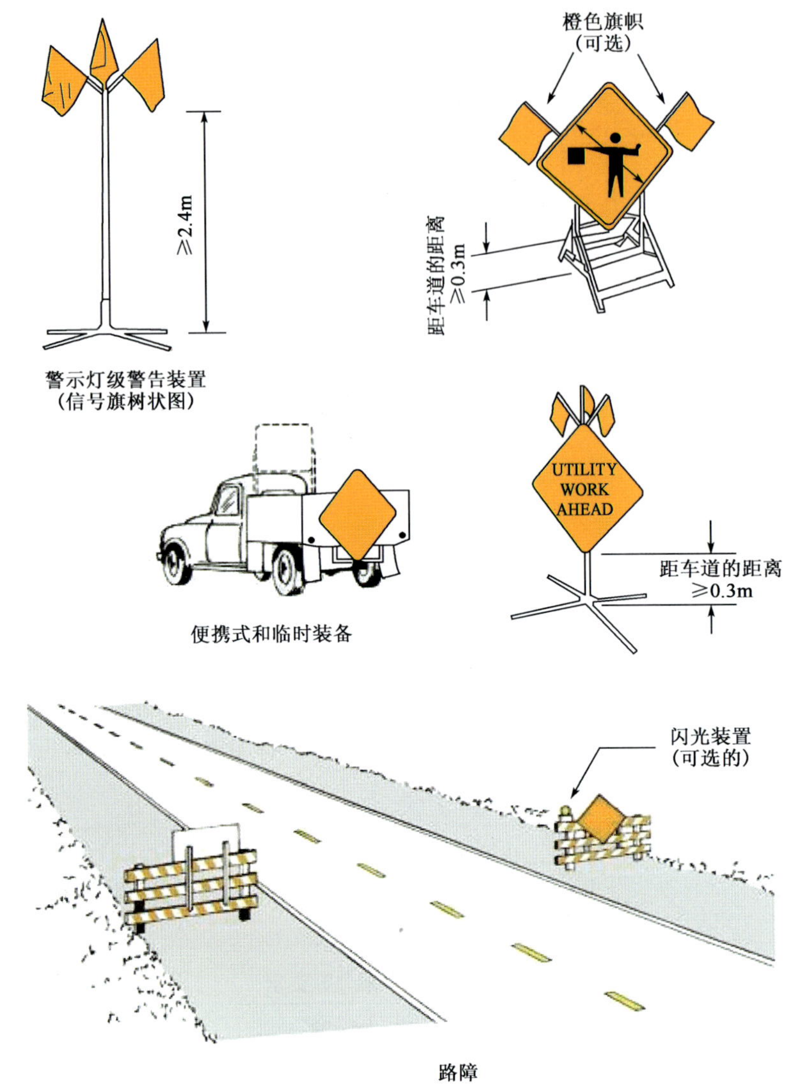

图 7-2　标志安装方法(除安装在立柱之外的)

7.1.5　施工区标志设置与安装(图 7-3)

目标是将标志设置在驾驶员的视线范围内。

标志一般安装在驾驶员能看到的地方,通常是在道路右侧。辅助标志一般安装在道路左侧且宽度足够安装标志的位置。那些多车道、单车道以及在以往经验中驾驶员很难看到重要标志的情况下,应设置辅助标志。

标志的高度和宽度应该根据狭窄的城市空间允许设置标志的要求来调整。

1)标志位置

标志必须设置在那些传递消息最有利的地方,但不能在妨碍横向距离和视距以及反应时间的距离内设置。它们必须垂直于行驶方向。

施工区标志设在道路施工、养护等路段前的适当位置。这些特殊的施工标志为长方形、蓝底白字,图案部分为黄底黑图案。

(1)交通标志立柱可选用 H 型钢、槽钢、管钢及钢筋混凝土管等材料制作,临时性的也可用木柱。钢柱应进行防腐处理,钢管顶端应加柱帽。标志柱应考虑与基础的连接方式。

(2)钢制立柱、横梁、法兰盘及各种连接件,可采用热浸镀锌。立柱、横梁、法兰盘的镀锌量为 $550g/m^2$,紧固件为 $350g/m^2$。

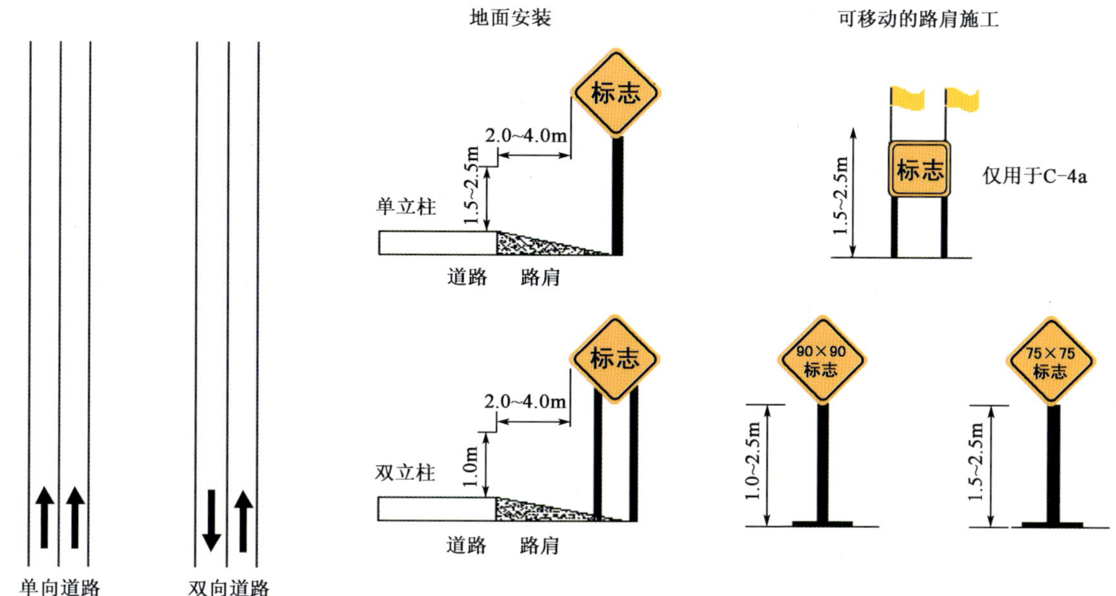

图 7-3　典型的标志设置

(3)各种标志立柱的断面尺寸,连接方式、基础大小等,应根据设置地点的风力、板面大小及支撑方式由计算确定。

(4)标志板和立柱的连接应根据板面大小、连接方式选用多种方法。在设计连接部件时,应考虑安装方便、连接牢固、板面平整。

(5)各种标志立柱的埋设深度,决定于板面承受外力的大小及地基的承载力。一般应浇筑混凝土基础。立柱金属预埋件应进行防腐处理。

7.1.6　施工区标志维护

所有维修工作所需的标志必须放置在驾驶员期望看到的位置,并且车上的乘客可以很容易地看到它们。必须确定交叉口有标准的交叉口标志。所有工作区域的标志都是很重要的。

(1)标志应进行合理维护,定期进行清洁,以保证可视性和权威性。

(2)无用标志应及时拆除。

7.2　施工区交通控制标志

7.2.1　法规标志

法规标志是为了告知驾驶者相关的交通规则,法规标志应该经过公众机构或官方的权威认可。法规标志主要以我国国标为准。

如果临时交通控制区需要的控制措施与现有的不同,那么现有的交通标志需拆除、覆盖或用合适的临时法规标志代替。

1)停止标志(R-1)(图 7-4)

在临时的交叉口需要路权分配时,要设置停止标志(R-1)。停止标志应该安装在与永久标志大致相同的高度和位置。

2)让行标志(R-2)(图 7-5)

让行标志(R-2)一般设置在正常的路权分配规则不能安全实施,而停止标志又限制过多的地点处。在直角交叉口处,该标志不能替代停止标志 R-1,除非右转不受限制时。让行标志应该安装在与永久标志大致相同的高度和位置。

图 7-4　停止标志(R-1)

R-2 标志应用的实例就是在高速公路临时上匝道和其他单进口道与主路小角度斜交时,如果匝道的加速车道的长度足够让车辆在进入主路时,可加速到正常车速,此时可以设置 R-2 标志。

图7-5　让行标志(R-2)

3)避让对向车辆标志(R-3)(图 7-6)

R-3 避让对向车辆标志与临时警告标志、单车道标志等同时使用,用来控制单车道的交通流。该标志仅用于单车道、有足够视距、交通量较小,以及未设置 TCPs、临时交通标志或临时车道控制标志的低速区域。

R-3 标志也可设置在施工车辆后面,包括双向两车道的慢速移动施工时。

图 7-6　避让对向车辆标志(R-3)

4)限速(R-4)和解除限速标志(R-5)(图 7-7)

限速标志(R-4)表示至前方解除限制速度标志或另一块不同限速值的限制速度标志的路段内,机动车行驶速度不准超过标志所示数值。限制速度标志设在需要限制车辆速度路段的起点,其限速值不宜低于 20km/h。

限速标志(R-4)　　解除限速标志(R-5)

图 7-7　限速和解除限速标志

在施工区,此标志是施工限速区域的强制限速标志,由道路交通管理部门确定限速区域和限速的级别。

R-5 标志表示限速区结束,设在限制车辆路段的终点。解除限速标志应和限制速度标志配合使用,以另一块不同限速标志表示前一限速路段结束时，可不设此标志。

5）限重标志（R-6a、R-6b）（图7-8）

限重标志（R-6a、R-6b）显示公路或桥梁容许的总重或轴重，应该符合国家或地方法规标准的规定，在没有获得交通管理部门的正式批准之前不能在道路上安装该标志。

临时交通控制区的施工活动需要对车辆进行限重时，要给超过设置限重值的车辆提供绕路标志。

限制总重（R-6a）

对某种车型限制总重（R-6b）

图7-8　限重标志（R-6a）、（R-6b）

6）单行路标志（R-7）（图7-9）

单行路标志（R-7）表示该道路为单向行驶，已进入车辆应依标志指示方向行驶，设在单行路入口起点处的适当位置。有时间、车种等规定时，应用辅助标志或附加图形说明。

图7-9　单行路标志

7）车道使用标志（R-8）（图7-10）

车道使用标志（R-8）是引导道路上的车辆在正确的车道上行驶，避免车辆在交叉口处突然转换车道，使道路上的车辆能够各行其道，有秩序地通行。

图7-10　车道使用标志（R-8）

8）直行和左转标志（R-9）（图7-11）

直行和左转标志（R-9）表示该车道上的一切车辆只允许直行和左转弯。设在直行和左转路口以前的适当位置，有时间、车种等规定时，应用辅助标志或附加图形说明。版面附加图形时，保持箭头的位置不变；如果指示两种以上（含两种）车辆时，宜用辅助标志说明。

图7-11　直行和左转标志

9)强制转弯标志(R-10)(图7-12)

强制转弯标志(R-10)表示道路上的车辆只能依照标志版面上箭头所指的方向转弯行驶,应设在需强制转弯路口前的适当位置。

图7-12　强制转弯标志(R-10)

10)禁止转弯标志(R-11)(图7-13)

禁止转弯标志(R-11)表示前方路口禁止一切车辆(向左、向右、回转等)转弯,设在禁止转弯路口以前的适当位置,有时间、车种等规定时,应用辅助标志或附加图形说明。版面附加图形时,保持箭头的位置不变;如果指示两种以上(含两种)车辆时,宜用辅助标志说明。

图7-13　禁止转弯标志(R-11)

11)禁止通行标志(R-12)(图7-14)

禁止通行标志(R-12)表示前方道路禁止一切车辆通过,应设在禁止通过道路之前的适当位置,提醒驾驶员及时采取改道、绕行等措施。

图7-14　禁止通行标志(R-12)

12)右(左)侧绕行标志(R-13)(图7-15)

当车辆必须偏离原有的行驶路径且不能使用渠化设施的临时情况下,可以设置该标志,这种情况一般出现在交叉口附近。

图7-15　右(左)侧绕行标志

13)停车线标志(R-14)(图7-16)

停车线标志只作为临时交通标志或临时车道控制标志安装在无法设置停车线或需额外增加停车线的地方。

R-14标志通常设置在准备停车区域,且位于靠近车辆的右侧。在单向通行或多车道道路上有同方向的临时标志时，R-14 标志设置在左侧易于察觉的安全位置。位置确定时，标志上的箭头指向通行路段。

图 7-16 停车线标志（R-14）

14）禁止驶入标志（R-15）（图 7-17）

禁止驶入标志（R-15）表示禁止一切车辆驶入前方道路，应设在禁止驶入路段入口的明显之处。

图 7-17 禁止驶入标志

15）禁止停车标志（R-16）（图 7-18）

禁止停车标志（R-16）表示在限定的范围内，禁止一切车辆停放，如果路段较长，可以根据需要重复设置，另外也可以在标志下设置辅助标志表示禁止停车路段区域。如标线有可能被积雪覆盖，宜同时设置此标志，设置了此标志可不设“禁止停车标线”。

禁止长时间停车标志（图 7-19）表示在限定的范围内，禁止一切车辆长时间停放，临时停车不受限制，设在禁止车辆长时间停放的地方。临时停车指车辆停车上下客或装卸货等，且驾驶员在车内或车旁守候。

图 7-18 禁止停车标志（R-16）

图 7-19 禁止长时间停车标志

16）禁止超车标志（R-17）和允许超车（或解除禁止超车）标志（R-18）（图 7-20）

禁止超车标志（R-17）

允许超车（或解除禁止超车）标志（R-18）

图 7-20

两车道或三车道的双向道路，需要强化障碍线或由于施工活动通常容许的超车被禁止时，可以设置这组标志。

当封闭三车道道路的超车道或单个车道时，R-17 标志设置位置与禁止超车行为地点间的最小距离见表 7-6。

R-17 标志设置位置与禁止超车行为地点间的最小距离 表 7-6

车　　速(km/h)	距　　离(m)	车　　速(km/h)	距　　离(m)
50	80	80	140
60	100	90	165
70	120		

使用这两种标志时,需要其他标志和设施来标明车道封闭和施工区域。如果禁止超车路段超过了合适的距离,可能需要设置一个或更多的 R-17 标志。R-18 允许超车标志应该和 R-17 标志配合使用,表明禁止超车区域的结束。

17)前方道路封闭标志(R-19)和仅当地车辆通行标志(R-20)(图 7-21)

由于道路建设、养护或遇其他紧急情况,如遇洪水或雨天路面湿滑,需临时封闭公众交通的道路上须设置 R-19 标志。R-19 标志应该安装在最接近行车道路障的最高处。

仅当地车辆通行标志(R-20)和 R-19 标志配合使用,在封闭路段只容许当地车辆通行。在这种情况下,安置在封闭地点处的路障必须有足够的空间使当地车辆能够安全地单向或双向进入和离开封闭区域。

R-20 标志安装在 R-19 标志的下面或右侧。

图 7-21

18)人行道封闭标志(R-21a、R-21b、R-21c)(图 7-22)

人行道封闭标志应设在由于道路施工、养护、维修等原因,行人的通行受到限制的路段。

由于仅文字的标志对于有视觉障碍的行人起不到作用,所以该标志通常被安装在一些可察觉的路障上,以指引行人依照标志指示通行以及告知行人前方人行道封闭的信息。

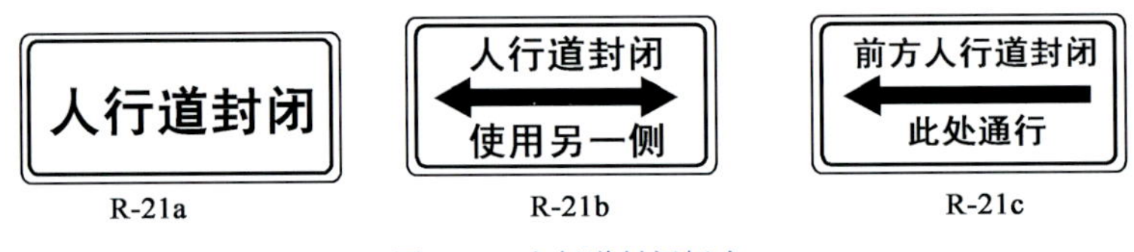

图 7-22　人行道封闭标志

19)右侧车道必须右转标志(R-22)(图 7-23)

该标志配合 R-10 强制转弯标志使用,起辅助作用。

图 7-23　右侧车道必须右转标志(R-22)

20)特殊的法规标志

使用特殊的法规标志要根据工程实际情况,并要与法规要求一致。

特殊的法规标志要符合颜色、形状、字母大小和其他一系列的要求,标志信息要简洁、清晰、有条理。

7.2.2　警告标志

为了区别施工区与常规路段的标志设置,起到更有效、更强的警告作用,我们在我国现行国家标准的基础上,结合国外施工区警告标志的设置理念及规范,提出了施工区警告标志的设置形式。

考虑到菱形的有效利用面积大于三角形,所以施工区警告标志的形式主要采用菱形,文字与图形均以黑色为主,底色建议采用橘黄色,以达到更加醒目的效果。

1)前方信号灯控制标志(TW-1)(图 7-24)

对于短期施工区域,TW-1 标志应该设置在临时车道控制信号灯的前面。

对于长期施工区域,TW-1 标志应该设置在所有的临时交通信号控制点的前方,在这种情况下,标志通常是单立柱支撑。

图 7-24　前方信号灯控制标志(TW-1)

2)前方停车标志(TW-2)(图 7-25)

前方停车标志(TW-2)用于临时停车标志不能满足相应速度的停车视距或需要临时停车,而常规状况下通行者又不会预料到要停车的情况。

图 7-25　前方停车标志(TW-2)

3)警告限速标志(TW-3)(图 7-26)

警告限速标志(TW-3)用于对前方限速区域进行警告,提醒驾驶员提前做好减速慢行的准备,常与 C-2 等标志配合使用。

图 7-26　警告限速标志(TW-3)

4)中央分隔带道路起/终点标志(TW-4a、TW-4b)(图 7-27)

中央分隔带道路起/终点标志表示前方道路中央分隔带的起点和终点,警告驾驶员注意行车安全。

TW-4a

TW-4b

图 7-27　中央分隔带起/终点标志

5）陡坡标志（TW-5）（图 7-28）

陡坡标志（TW-5）用以提醒驾驶人员小心驾驶。当纵坡坡度大于表 7-7 的规定时，在纵坡坡脚或坡顶以前适当位置设置；纵坡坡度小于表 7-7 规定，经常发生制动失效事故的下坡路段，也可以根据现场条件设置下坡标志。

图 7-28　陡坡标志（TW-5）

纵坡坡度值　　表 7-7

设计速度（km/h）			20	30	40	60	80	100	120
纵坡坡度（%）	上坡	海拔 3 000m 以下	7	7	7	6	5	4	3
		海拔 3 000 ~ 4 000m	7	7	6	5	4		
		海拔 4 000 ~ 5 000m	7	6	5	4	4		
		海拔 5 000m 以上	6	5	4	4	4		
	下坡		7	7	7	6	5	4	3

6）无中心线标志（TW-6）（图 7-29）

当道路由于施工原因冲刷或擦掉了路面上的中心线标线时需设置此标志。无中心线标志需设置在临时交通控制区域，在较长距离的临时施工区域，每隔 3.2km 重复设置一次此标志。

图 7-29　无中心线标志（TW-6）

7）单车道标志（TW-7）（图 7-30）

前方单车道标志（TW-7）应该用于在双向两车道上可用通行宽度缩减或两个方向的交通流轮流使用一条车道时，设置在施工区域的前方。缩减的道路宽度取决于交通组成、车速、流量、道路线形和视距等，通常约为 5.5m。

图 7-30　单车道标志（TW-7）

8）双向交通警告标志（TW-8）（图 7-31）

在单向道路上，这个标志用于警告驾驶者将进入双向交通路段。一个典型的情况就是：分向行驶道路的一个方向封闭时，另外一个方向的道路要承担两个方向的交通流。此时，应该使用合理的标志和其他设施，将单向通行的多车道车流合并为一个车道，在车辆进入双向道路交通之前，TW-8 标志应该在单车道的右侧设置，如果空间允许的话，也可在左侧设置。

图 7-31　双向交通警告标志(TW-8)

9)两侧通行标志(TW-9a)和左侧/右侧通行标志(TW-9b、TW-9c)(图 7-32)

这两种标志统称为侧向行驶警告标志，主要用于以下情况：

临时的危险障碍物边线，障碍物侵占到车道或公路的路肩范围，如桥梁的端头；

面对或者接近两向车流的中央隔离设施或者交通岛的末端。

正确设置时，侧向通行标志斜线应该由障碍物一侧指向允许车辆通行的一侧。TW-9a 两侧通行标志上的斜线形成了一个倒立的 V 形。

TW-9b 右侧通行标志用于标识驾驶者左侧的危险物；TW-9c 左侧通行标志用于标识驾驶者右侧的障碍物。当允许交通流从左右两侧通过时，应该设置 TW-9a 标志。

当用于标注桥梁端头时，TW-9b 或 TW-9c 标志应该表示障碍物的内侧边线。

侧向通行标志在障碍物之前单立柱安装，一般该标志的底边高于行车道 1m。靠近车流安装高度低的标志比其他标志更易变脏，所以这类标志需要经常清洁，以保持其在夜间的效用。

两侧通行标志（TW-9a）

右侧通行标志（TW-9b）

左侧通行标志（TW-9c）

图　7-32

10)前方道路有作业机械标志(TW-10)(图 7-33)

前方道路有作业机械标志(TW-10)用于提醒道路使用者前方道路有作业机械，注意减速慢行。

图 7-33　前方有道路作业机械标志(TW-10)

11)车道封闭标志(TW-11)和 200m(300m,400m,______m)车道封闭预告标志(TW-12)(图 7-34)

临时情况下，这些标志应该设置在同一方向有两条或两条以上车道的道路上，以明确前方左侧或右侧车道封闭。上游的标志应该有一个安装在底部的车道封闭预告标志，表明到达车道封闭锥形交通标的距离。在一般公路上，预告标志应该是 200m 对应 70km/h 或 80km/h 的限速，300m 对应 90km/h 的限速；对于高速公路所有正常路段，预告标志为 400m。在施工限速区域确定的情况下，预告标志可以为 800m 或其他合适的距离。标志一般设置在右侧路肩上，当空间允许时，可以设置在左侧路肩或中央分隔带上。标志应该在中央分隔带上重复设置，比右侧路肩上的标志提前大约 60m 设置。

如果同方向三车道的中间车道被封闭，右侧车道应该先被封闭（使用 TW-11 将车道减少为两条），在中间车道被封闭之前再重新开放左侧车道。

车道封闭标志（TW-11）

300m车道封闭预告标志（TW-12）

图 7-34

12）车道封闭指引标志（TW-13）（图 7-35）

车道封闭指引标志（TW-13）应设在车道封闭路段之前，特殊设计路段用闪光箭头代替。

图 7-35　车道封闭指引标志（TW-13）

13）中间车道封闭标志（TW-14）（图 7-36）

中间车道封闭标志（TW-14）用于单向三车道的公路中只需封闭中间车道的情况。标志一般设置在提前警告区域。

图 7-36　中间车道封闭标志

14）路肩封闭预告标志（TW-15）和路肩封闭标志（TW-16）（图 7-37）

路肩封闭预告标志（TW-15）用以警告前方道路路肩上进行维修养护、改建或公共设施作业等，但车道仍保持畅通的情况。

在高速公路上，路肩封闭预告标志 TW-15 配合路肩封闭标志 TW-16 设在路肩施工区的前方。

路肩封闭预告标志（TW-15）

路肩封闭标志（TW-16）

图 7-37

15）路肩施工标志（TW-17）（图 7-38）

路肩施工标志（TW-17）可设在没有控制车辆驶入的路肩工作路段之前，可单独设置，也可配合前方施工预告标志共同设置。

图 7-38　路肩施工标志(TW-17)

16)公共设施施工标志(TW-18)(图 7-39)

公共设施施工标志(TW-18)用以警告前方道路上或路边正在进行公共设施施工作业,提醒车辆注意减速慢行,避让作业车辆及作业人员。

图 7-39　公共设施施工标志(TW-18)

17)前方爆破区警告标志(TW-19)(图 7-40)

前方爆破区警告标志(TW-19)用于任何一处需作爆破处理的施工区的临时交通控制,且前方爆破区警告标志需与爆破区结束标志配合一起设置。

图 7-40　前方爆破区警告标志(TW-19)

18)前方窄路起始标志(TW-20)前方狭窄车道标志(TW-21)(图 7-41)

双向道路临时在宽度或车道数上缩减,有必要警告驾驶者以使他们安全通过时,应该设置此标志。道路宽度的缩减受交通组成、车速、流量、公路线形和视距等因素的影响,但一般缩减后的宽度应大于 5.5m。如果缩减后路段的宽度很小,即使在车辆减速的状况下,也不能使车流双向安全通过,就需要按照单向交通进行控制。TW-21 标志不用于窄的只有少量低速车流通行的次要道路。

前方窄路起始标志(TW-20)

前方狭窄车道标志(TW-21)

图　7-41

19)前方左(右)侧合流标志(TW-22)(图 7-42)

前方左(右)侧合流标志(TW-22)设置在所有临时匝道和施工的加速车道之前。无论匝道上的交通是否设置 R-2 让行标志或者 TW-23 前方合流标志,都应设置 TW-22 标志,用于警告主线上的交通流。

图 7-42　前方左(右)侧合流标志(TW-22)

20)合流标志(TW-23)(图 7-43)

合流标志(TW-23)应该在临时高速公路上匝道时替代让行标志,上匝道有足够长度的加速车道使车辆在进入主车道时达到高速公路的限速。

图 7-43　合流标志(TW-23)

21)路滑标志(TW-24)(图 7-44)

在雨天和露水较重的情况下,应该设置前方路滑标志(TW-24)。此标志可以与其他警告类标志配合使用,也可以在长路段上重复设置。

图 7-44　路滑标志(TW-24)

22)前方路面未完工标志(TW-25)(图 7-45)

当沥青铺装、混凝土或其他表面铺装路段结束,砾石或未铺路段开始时,应该设置前方路面未完工标志(TW-25)。

图 7-45　前方路面未完工标志(TW-25)

23)距离说明标志(TW-26)(图 7-46)

距离说明标志(TW-26)可以置于临时状况的警告标志之下,一般受影响的距离在 2km 以上(含 2km)。标志上的距离应该是最接近的公里数。

24)限高标志(TW-27)(图 7-47)

限高标志(TW-27)表示禁止装载高度超过标志所示数值的车辆通行,设在最大容许高度受限制的位置。道路净高符合相关法律法规和标准规定的道路不需设此标志。设置此标志的路段,在进入此路

图 7-46 距离说明标志(TW-26)

段的路口适当位置要设置相应的指路标志提示,使装载高度超过标志所示数值的车辆能够提前绕道行驶。

在最大容许高度受限制的地方,如果易发生车辆碰撞事故、碰撞可能导致结构损坏时,除了设置限高标志外,可在标志处设置立面标记和其他防护设施。

图 7-47 限高标志(TW-27)

25)慢行车辆标志(TW-28)(图 7-48)

慢行车辆标志(TW-28)应该设置在临时施工区内施工车辆的后面或其他移动仪器上,由于工作性质的限制车速低于 40km/h,其中包含连续慢行施工车辆。当车辆以正常车速行驶时,这些车辆可移除 TW-28 标志或对其进行覆盖。

这个标志也可以设置在移动的仪器后面,包括道路施工时,车速不能高于 40km/h 的连续行驶车辆。

慢行车辆标志应该尽可能安装在仪器尾部的中间,高于水平线 90 ~ 150cm。

图 7-48 慢行车辆标志(TW-28)

26)无路肩标志(TW-29)(图 7-49)

无路肩标志(TW-29)警告驾驶员前方道路无路肩,提醒驾驶员注意行车安全。

图 7-49 无路肩标志(TW-29)

27)白色反光标(TW-30a)和黄色反光标(TW-30b)(图 7-50)

反光标用于临时设施和永久设施时的颜色是相同的。临时反光标的颜色由其设置位置确定。白色反光标用于替代或强化车道边线和右侧车道边线。在分向行驶道路上，黄色反光标用于替代和强化分向行驶线和左侧车道边线。

图 7-50

28）线形诱导标志（TW-31）（图 7-51）

同提前警告标志和其他反光设施配合使用，线形诱导标（TW-30）可以用于平曲线临时急剧变化处。应用时，标志应该与线形相协调，以保证驾驶者至少能看见两个诱导标。

图7-51　线形诱导标（TW-31）

29）危险区警告标志（TW-32a、TW-32b、TW-32c）（图 7-52）

危险区警告标志包括无箭头（TW-32a）、单箭头（TW-32b）和双箭头（TW-32c）三类。

TW-32a 标志可以和 3 类障碍物及 R-19 道路封闭标志配合使用，以标明道路临时封闭并没有可供选择的其他路线。使用时，该标志应该用单立柱安装在封闭道路的中央及障碍物之后。

当可选择封闭道路的左侧或右侧通行时，应该用 TW-32b 标志代替 TW-32a 标志，设置地点相似。TW-32b 标志也可用于标明急剧变化的、临时曲线的顶点。需要在这种情况下设置时，这个标志应用单立柱安装在路肩上曲线外部，并表明到达车辆的行驶路径。

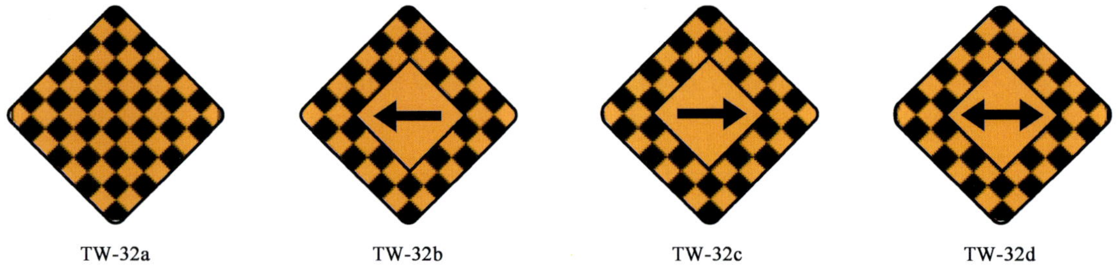

图 7-52　危险区警告标志

当可选择封闭道路的左侧和右侧通行时，应该用 TW-32c 标志替代 TW-32a 标志。

通过在 T 形交叉口的远端设置单立柱式 TW-32c 标志，标示临时的 T 形交叉口。这个标志应该与主干线的中线一致。

如果需要，危险区警告标志的安装高度可以根据竖曲线曲率往高或低调整。所有的危险区警告标志为菱形警告标志，不能像方形标志一样安装。

30）便携式可变信息标志

便携式可变信息标志是临时交通控制设施，可以灵活地显示变化的信息。每一个信息有一个或两个相位组成。每一个相位有三行，每行八个字符。

便携式可变信息标志多用于高密度的城市快速路，也可以用于所有类型的路网公路，显示驾驶者的路线，或其他需要提前警告的相关道路条件和信息。

便携式可变信息标志在临时交通控制区有广泛的应用，包括：车道和匝道封闭、碰撞或紧急事故处管理、宽度受限、限速或减速、施工进度安排信息、车辆的管理和分流、不利条件或特殊事件的警告和其他施工控制等。

临时交通控制区设置便携式可变信息标志的主要目的是提醒驾驶者注意一些意想不到的情况。一些典型的应用包括如下几个方面：

(1)行车速度需要充分降低的路段；

(2)排队和延误严重的路段；

(3)现有环境条件不利的路段；

(4)队列或道路表面条件有改变的路段；

(5)匝道、车道封闭需要提前提醒的路段；

(6)发生碰撞或需要事故管理的路段；

(7)通行车辆的类型发生改变的路段。

便携式可变信息标志的组成包括：信息标志板、控制系统、电源、安装和传输设备。

标志的表面需要覆盖一层保护材料。标志应该为黄色或橙色字体，黑色背景。

便携式可变信息标志应该在白天和夜间都有800m的可视距离。跟踪车和大型车上安装标志时，文字的最小高度为450mm。可变信息标志安装在服务巡逻车上，文字的最小高度为250mm。

可变信息板可以调节显示速度(最小为3s/相位)，这样在限速条件，或85%位车速条件或预期的行驶速度下，整个信息可以被驾驶者至少读两遍。

信息设计要考虑以下几个因素：

(1)每个相位传达单独的信息。

(2)如果信息可以在一个相位里显示，最上面一行应该显示问题，中间一行显示位置或前方距离，最下面一行显示对驾驶者的建议。

(3)信息应尽可能的简短。

(4)当一条信息长于两个相位，应使用附加的便携式可变信息标志。

(5)当使用缩写时，要易于理解。

(6)信息板的尺寸可以改变。

便携式可变信息标志安装在跟踪车、大货车或服务巡逻车上。在施工状态时，可变信息标志的底部距离车道的距离在城市最少为2.1m，在乡村最少为1.5m。

信息的文字部分不能被卷起，须与车行道平行或与标志板垂直，安装在跟踪车或大货车上的便携式可变信息标志，可以使用更小尺寸的文字，但要保证在200m距离处信息清晰易读；如果安装在服务巡逻车上，应保证在100m距离处信息清晰易读。如果要使整个信息在限速条件下，能够被驾驶者读两次，那么可以使用两个便携式可变信息标志。

便携式可变信息标志在不同的光线条件下，可以自动调整其亮度，来保证可视性。

便携式可变信息标志，要安装电源设备和电池，在初始电源损坏后也能保证标志持续工作。控制系统应该包括一个显示屏，通过显示屏可以观看信息板标志将要显示的信息。控制系统在无电时有存储功能。

便携式可变信息标志应该放置在公路的路肩上，实践中，放的位置应离行车道远一点。可变信息标志与其他反射性的临时交通控制设施的设置原则相同。当便携式可变信息标志不使用时，应该移除；如果不移除，则必须将其遮挡；如果上面两种选择都不切实可行，用其他反射性的临时交通控制区的设施来详细说明可变信息标志。

当便携式可变信息标志用于路径变更时，标志应该提前放置在道路变更路段前，使驾驶者有充足的时间去变更车道，调整速度或驶离受影响的道路。

便携式可变信息标志的放置和排列要提供给驾驶者最大的可视性。大量的可变信息标志应该放置在道路的同一侧，每两个标志之间隔开一定的距离。

便携式可变信息标志用于跟踪车上时，应采用永久的基础，粘贴显著的反光材料，在跟踪车表面连续地排列成一行，让对向的驾驶者看见。

便携式可变信息标志作为补充标志使用，不能替代普通标志和标线。

31）箭头指示板（图 7-53）

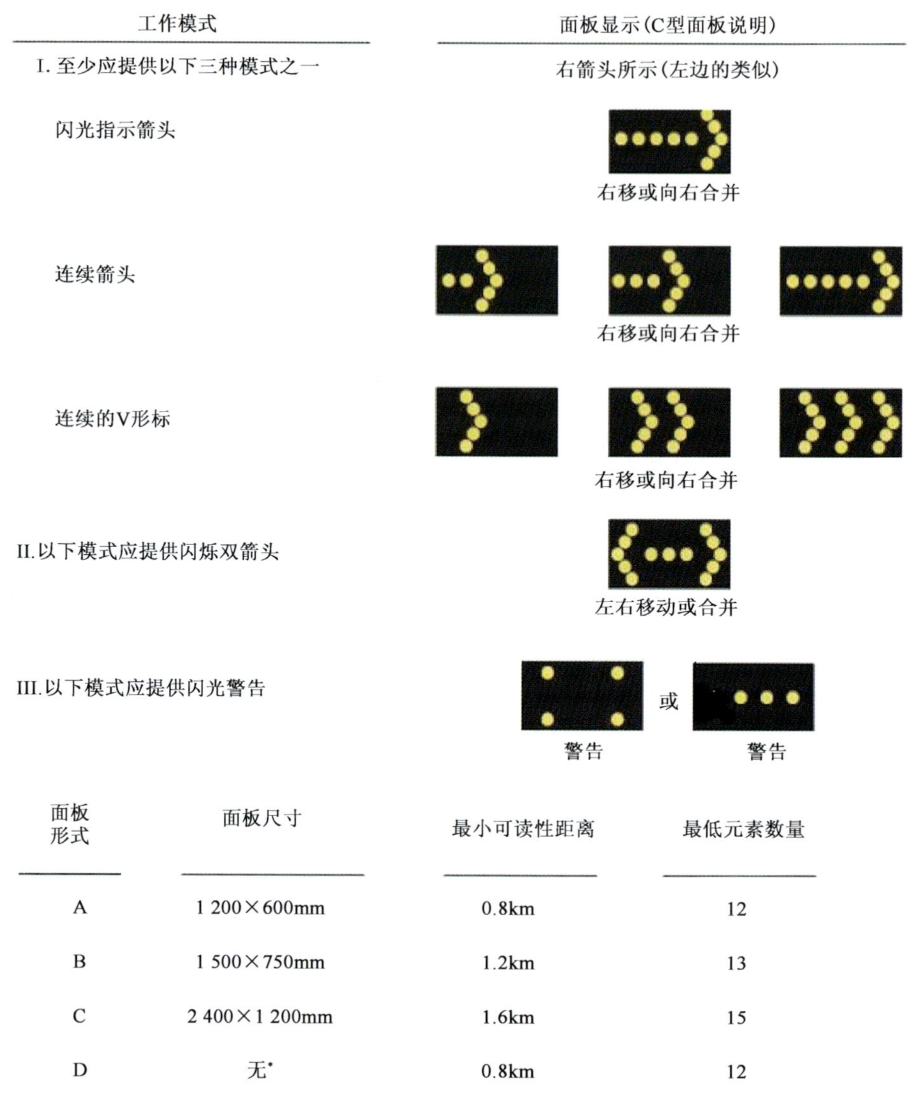

面板形式	面板尺寸	最小可读性距离	最低元素数量
A	1 200×600mm	0.8km	12
B	1 500×750mm	1.2km	13
C	2 400×1 200mm	1.6km	15
D	无*	0.8km	12

*箭头长度为1 200mm，箭头部分宽度为600mm。

图 7-53　箭头指示板标志

箭头指示板标志采用矩阵元原理，可以闪也可以连续显示。该标志也能提供另外的警告和方向信息来帮助车辆汇流或指引驾驶者直接通过或绕行通过临时交通控制区。

箭头指示板的箭头或 V 形模式，用于提示靠近的车辆沿线车道封闭，防止在交通流量大、速度高、视距受限或其他条件下，由于驾驶者没有预料到车道会封闭而引发的交通事故。

箭头指示标志要与适当的警告标志、渠化设施或临时交通控制区设施结合使用。

箭头指示标志应该设置在公路的路肩上，实践中，放的位置应离行车道远一点。它与其他反射性的临时交通控制区的设施一同详细描述。

箭头指示板应该满足最小尺寸、视认距离、编号原理和图 7-53 中提到的其他具体要求。

类型 A 箭头指示板适用于速度较低的城市道路；类型 B 箭头指示板适用于中速设施的车道或维护和移动施工速度较高的公路；类型 C 箭头指示板适用于高速、高流量的机动车辆控制工程；类型 D 箭头指示板适用于官方车辆。

类型 A、B、C 箭头采用固体矩形外框，类型 A 和 D 箭头板要符合箭头的形状。

所有的箭头要显示在无反射的黑色背景上。箭头指示板可以安装在车辆、跟踪车或其他适当的支撑物上。

箭头指示板的最小安装高度为标志板的底部距道路表面 2.1m（安装在车辆上的箭头指示板除外），其安装高度要根据实际情况来判断。

安装在车辆上的箭头指示板应该有遥控装置。

箭头指示板应该能够把亮度从全亮调整到至少 50% 亮。箭头指示板的暗淡模式适用于夜间施工，箭头指示板的全亮模式适用于白天施工。

箭头指示板应该具有适应不同施工模式的功能。

如果箭头指示灯使用球形矩阵，基础应该凹下去安装或上面加盖，盖子成不小于 180°的半弧。

箭头指示板闪烁时间最少占 50%，相等组距为每相位 25%。闪的速度不小于 24 次/min，不超过 40 次/min。

箭头指示灯有如下三种模式供选择：

(1)箭头闪烁，连续的箭头或连续的 V 形模式；

(2)闪烁的双箭头模式；

(3)闪烁加盖模式。

箭头指示板箭头或 V 形模式，仅用于多车道公路固定或移动施工的车道封闭。

窄路肩的路段，箭头指示板应该放置在靠近车道处。双向两车道临时封闭其中一条车道时，箭头指示板仅采用警告模式。静态车道封闭，箭头指示板应该放置在合流渐变段的开始处。静态车道封闭，窄路肩的路段，箭头指示板应该放置在封闭的车道上。

当多车道封闭使用箭头指示板时，每一个封闭车道都使用单独的箭头指示板。如果第一块箭头指示板放置在路肩上，那么第二块箭头指示板应该放置在第一条封闭车道的第二个合流渐变段的开始处。当第一块箭头指示板放置在第一条封闭车道上时，第二块箭头指示板应该放置在第二条车道上的第二个合流渐变段的下游终点处。

对移动施工的车道封闭，箭头指示板的放置位置应距离养护施工区有足够的间隔，使得靠近的驾驶者有充足的时间做出正确的反应。

车上安装的箭头指示板，箭头指示板应该是高亮度、闪烁、振荡或装有闪光灯。

箭头指示板不能和车辆有侧向偏移。便携式可变信息标志可以用来显示箭头指示。

32)高强度警告设施（旗树）

高强度警告设施（旗树）可用作临时交通控制区其他临时交通控制设施的补充。

高强度警告设施一般设置在典型的小汽车的顶部。

高强度警告设施最少有两个旗帜带，或者高密度闪光警示灯。从车道到旗帜或警告灯透镜最低点的距离不小于 2.4m。旗帜为边长 400mm 或更大的正方形，应该为橙色或荧光橘红色。

适当的警告标志可以安装在旗帜的下面。

高强度警告设施通常用在高密度交通流的情况下，用于警告驾驶者前方正在进行短期施工。

7.2.3　交通控制标志

1)交通指挥标志（带有把手）（C-1）（图 7-54）

图 7-54　交通指挥标志（带有把手）（C-1）

交通指挥标志有一根短的把手。特别情况下，当需要延长时，把手可以用直径2.5cm，长1.3m的销子连接，这样可以把交通指挥标志方便地抬高到需要的高度。

2）道路施工标志（C-2a、C-2b）（图7-55）

道路施工标志（C-2）用以预告前方道路施工，提醒驾驶人员注意采取减速或绕道行驶等措施，可作为临时标志设在施工区适当位置，一般与C-6配合使用。

当现场需增强警示作用时，可采用带有旗帜的道路施工标志，如图7-55中所示的C-2b标志。

图7-55　道路施工标志

3）前方有交通指挥人员标志（C-3）（图7-56）

前方有交通指挥人员标志（C-3）应该用于有交通指挥人员控制车辆通过的施工区前的任何地点，此标志与其他建设和养护标志配合使用。

当交通指挥人员不在岗时，应该马上移除此标志或对其进行覆盖。

图7-56　前方有交通指挥人员标志（C-3）

4）前方有勘测人员和道路测量限速标志（C-4、C-5）（图7-57）

C-4标志用于勘测工作在进行中或紧邻未封闭交通流的行车道。如果勘测人员认为需要设置临时限速区域，该标志可以单独使用或与道路调查建议限速30km/h、50km/h的标志一起使用，如图7-57中的C-5标志。

图7-57　前方有勘测人员和道路测量限速标志

5）施工限速标志（C-6）（图7-58）

施工限速标志（C-6）用于工作人员在没有用障碍物和/或锥形交通标隔离的行车道上的施工，通常紧接警告标志设置。

施工建议限速30km/h标志可用于正常路段法规限速为60km/h或更小的路段。出于对施工人员、仪器或公众交通威胁的考虑,也可在高于60km/h的道路上设置30km/h的限速。

一般来说,施工建议限速50km/h标志可用于正常路段法规限速为70km/h或更高的路段。在设置30km/h的限速过于苛刻的地方,交通控制人员可以考虑设置50km/h的限速。

图7-58 施工限速标志

6)恢复原有速度标志(C-7)(图7-59)

恢复原有速度标志(C-7)应该应用于临时限速区域的终点,也可以设置在施工区的下游终点。

恢复原有速度

图7-59 恢复原有速度标志(C-7)

7)前方____km道路施工标志(C-8)(图7-60)

前方____km道路施工标志安装在临时交通控制区前3.2km处。

前方____km道路施工标志可以安装在类型III的路栏上,标志要满足临时交通控制区的最短长度要求。前方道路施工____km标志要安装在最接近整km处。

图7-60 前方 km道路施工标志(C-8)

8)施工区结束标志(C-9)(图7-61)

图7-61 道路施工区结束标志(C-9)

当需要设置道路施工区结束标志时，其设置位置应该根据工程情况，在接近施工区终点的位置设置。

道路施工区结束标志可以安装在警告标志的后面，面对反方向的驾驶者，或安装在类型 III 的路栏上。

9）改道（绕行）标志（C-10）（图 7-62）

多车道交叉口处一条车道或多条车道封闭，通过的车辆在靠近交叉口时需要使用左边（右边）的车道通过交叉口，在这种情况下，在交叉口前设置改道标志（C-10）。

图 7-62　改道（绕行）标志（C-10）

10）非机动车改道（绕行）标志（C-11）（图 7-63）

非机动车改道（绕行）标志（C-11）是引导自行车或行人改道行驶，避开前方的施工区或障碍物。

图 7-63　非机动车改道（绕行）标志（C-11）

11）改道结束标志（C-12）（图 7-64）

改道结束标志（C-12）是提醒道路使用者改道路段结束，可回到正常路段继续行驶。

图 7-64　改道结束标志（C-12）

12）地面下有施工人员标志（C-13）（图 7-65）

该标志可以用于警告清扫车、扫雪机和吹雪机前方建筑物下有施工人员。对于这个标志的应用可以由监督人员根据可见性和暴露性、视距、接近速度和道路/天气状况确定。

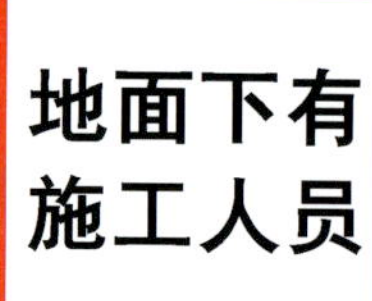

图 7-65　地面下有施工人员（C-13）

13）爆破区—关闭无线通信标志（C-14）和爆破区结束标志（C-15）（图 7-66）

爆破区—关闭无线通信标志（C-14）和爆破区结束标志（C-15）可以设置在道路附近有爆破发生的地点。C-14 标志可以在爆破区前 500m 设置，C-15 可以在爆破区 300m 后设置。在炸药被引爆后，C-14

和 C-15 标志必须立即移除或覆盖,并且在开始打洞之前不能再次设置。

爆破区-关闭无线通信标志（C-14）

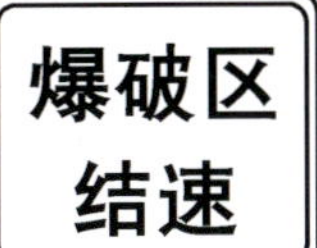

爆破区结束标志（C-15）

图 7-66

14)冲溃路段标志(C-16)(图 7-67)

冲溃路段标志(C-16)用于路肩或行车道的一部分被冲走但是还有足够的宽度供两辆车在减速的情况下安全通过。

图 7-67　前方冲溃路段标志

15)正在清扫标志(C-17)(图 7-68)

正在清扫标志(C-17)应该设置在机械清扫机清扫铺面或路肩的路段前。双向双车道的行车道进行清扫时,第二个 C-17 标志应该设置在面向对向交通流清扫区段(最长区段为 8km)的终端。

如果清扫工作允许在清扫机后面使用屏蔽车辆,C-17 标志可以设置在屏蔽车辆的后端警告其施工方向车辆驾驶员。

图 7-68　前方正在清扫标志(C-17)

16)标线施工标志(C-18a)和注意前方标线画线车辆标志(C-18b)(图 7-69)

这两个标志应该设置在双向两车道乡村道路的标线施工区段前。这两个标志设置的最大距离为 10km。但是,当画线机在高速公路工作并且对标志施工人员和车辆设置有一些实际的限制时,长度超过 30km 的路段上可能有必要设置 3 套这类标准。

标线施工标志（C-18a）

注意前方标线画线车辆标志（C-18b）

图 7-69

在标线施工区，C-18b 需与 C-18a 同时配合使用，提醒驾驶员注意避让前方画线车辆。

17）软路肩标志（C-19）（图 7-70）

软路肩标志（C-19）可以用于新铺的没有压实或由于天气或其他原因路肩变软的路段，防止软路肩对于冲出行车道的车辆构成危胁。

图 7-70　软路肩标志（C-19）

18）左/右侧矮路肩标志（C-20）（图 7-71）

矮路肩标志用于铺面工程没有结束时，路肩与新铺路面不在同一高度，车辆有潜在掉下去危险的路段。

C-20 标志提前设置，告知驾驶者道路右（左）侧为低路肩。要求车辆使用左侧道路的低路肩时，C-20 标志应该设置在道路左侧路肩上。

图 7-71　左/右侧矮路肩标志（C-20）

19）刚铺沥青标志（C-21）（图 7-72）

施工修补路面时，C-21 标志可以用来警告驾驶者道路表面为刚铺的沥青。当沥青没有凝固时，它会使车辆打滑，可能会引起喷溅；即使不再喷溅，C-21 标志仍应保留，直到喷溅路段用新的铺面铺好或用砂子/碎石覆盖。

C-21 标志设置在喷溅路段之前，并在一个较长区段的中间断重复设置。

图 7-72　刚铺沥青标志（C-21）

20）前方____km 锥形交通标处新涂油漆标志（C-22）（图 7-73）

图 7-73　前方____km 锥形交通标处新涂油漆标志（C-22）

C-22 标志用于道路标志标线施工尚未完工，正在进行施工的情况，是对“前方道路标志标线施工”标志的补充，不用于施工已经完成的情况。

21）桥梁整修标志（C-23）（图 7-74）

当桥梁在边整修边通车时，桥梁整修标志（C-23）可以设置在桥梁整修路段的前方。

图 7-74　桥梁整修标志（C-23）

22）前方____km 路面铺装，请遵守标志（C-24）（图 7-75）

C-24 标志应该设置在道路铺装工程之前，需要时，应明确标志的前置距离。

图 7-75　前方____km 路面铺装，请遵守标志（C-24）

23）前方____km 松软砾石路标志（C-25）（图 7-76）

C-25 标志应该设置在所有的封闭层处理工程之前，在工程需要时重复设置。需要时，明确标志的前置距离。

图 7-76　前方____km 松软砾石路标志（C-25）

24）颠簸路面或粗糙路面标志（C-26）（图 7-77）

颠簸路面或粗糙路面标志（C-26）应该用于警告道路路面粗糙、颠簸足以诱发危险的路段。它应该代替临时减速标志用于危险不能马上清除的路段，如霜降、道路沉降、短的坑槽路段等。

图 7-77　颠簸路面或粗糙路面标志（C-26）

25）路面损坏标志（C-27）（图 7-78）

路面损坏标志（C-27）用以警告前方道路路面损坏，可能会造成车辆行驶困难和通行的危险，提醒驾驶者和行人注意，谨慎通行。

图 7-78　前方路面损坏标志（C-27）

26）前方左（右）侧路面不平标志（C-28a、C-28b）路面不平结束标志（C-29）（图 7-79）

C-28 标志用于警告有矮路肩或新铺道路边界与路面高度不同。

如果没有交通管制人员时，C-28 标志应该用于路面铺装工作区，以警告在中线或车道线处路面不平，存在潜在危险。

双向两车道道路，路面不平的危险可能在中线。对于双向交通流，C-28 标志应该提前设置在通过区域的前方适当位置。

在多车道公路上，路面不平的危险一般在车道边线处。在这种情况下，C-28 标志设置在右侧路肩，当空间允许时，可设在左侧路肩或中间。

前方左（右）侧路面不平标志（C-28）　　路面不平结束标志（C-29）

图　7-79

C-29 标志用于标示路面不平整路段的结束。

在路面铺装过程中，C-28 和 C-29 标志的位置需经常进行调整。

27）临时减速标志（C-30）和临时危险标志（C-31）（图 7-80）

C-30 临时减速标志仅在紧急情况时与 C-31 临时危险标志一起使用。它可以设置在临时危险区路段之前，例如路肩冲失、落石、路面塌陷、霜降等。如果危险不能被马上移除，临时减速标志应该被一个合适的临时警告标志替代，如 C-16 冲溃路段，C-27 路面损坏，C-28 路面不平等。

临时减速标志不应该和减速标志混淆。

C-31 临时危险标志同 C-30 标志和其他临时警告标志一起使用。这些标志设置在路肩上标示出危险的确切地点。在冲失或落石的情况下，可能需要一组 C-30、C-31 标志来警告危险。

单独的路面拥包、塌陷或其他路面损坏，每个方向的交通一般只需要设置一个 C-31 标志。

C-30 和 C-31 标志一般埋置在路肩的桩上，因而它们一般比路面高出大约 1m。

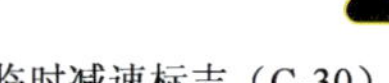

临时减速标志（C-30）　　临时危险标志（C-31）

图　7-80

28）准备停车标志（C-32）（图 7-81）

由于各种原因，避让对向来车、前方有交通管理控制人员或前方信号标志中的标志不能提供足够的危险警告时，可能需要在施工区内设置 C-32 标志。C-32 标志不能单独用于危险警告。

图 7-81　准备停车标志（C-32）

29）有货车驶入标志（C-33）（图 7-82）

这个标志应该临时设置在砾石坑等之前，加长和/或慢速货车经常通过、进入或离开道路的地方。

图 7-82　有货车驶入标志（CT-33）

30）前方____km 车辆停顿标志（C-34）（图 7-83）

C-34 标志用于双向两车道公路间歇慢速施工时，如贝克曼梁试验、接缝和反光路面道钉的安装等。应在每个 C-34 标志上设置一个或两个 B 类便携式黄闪灯，也可以通过一个高级警告标志来增加其可见性。

两个相反的 C-34 标志设置最大距离一般不应超过 2km，但落锤式弯沉仪在乡村公路上施作时，间距可不超过 8km。

图 7-83　前方 2km 车辆停顿标志（C-34）

31）注意车辆经常停顿标志（C-35）（图 7-84）

这是为了特殊需要而设置在车辆后端的标志，用于双向两车道公路在开放的行车道上间歇式施工时。在施工不再进行和车辆以正常车速行驶时，应该移除此标志或对其进行覆盖。

图 7-84　注意车辆经常停顿标志（C-35）

32）前方____km 有慢速车辆标志（C-36）（图 7-85）

C-36 标志应该用于连续慢速施工之前，在一个行车道被占用或可能被占用的情况下，如施画标线、冲洗和清扫等。每个C-36标志上均应设置旗帜或B类高密度黄闪灯，也可以设置一个高级警告标志用于增加其可见性。两个相反的C-36标志的最大距离不能超过8km。

图7-85　前方____km有慢速车辆标志（C-36）

33）慢速车辆标志（C-37）（图7-86）

对于连续慢速施工，当一个屏蔽车辆在路肩上跟驰在施工车辆之后时，C-37标志或其他合适的标志可以设置在屏蔽车辆的后端。

C-37前方有多辆慢速车辆标志应该置于双向两车道标线施工的下游，并应该在标线施工区域内不断调整。

图7-86　慢速车辆标志（C-37）

34）引导车标志（C-38）（图7-87）

引导车标志（C-38）应该安装在引导车尾部的显著位置，引导车用来带领某个方向的车辆经过或绕行临时交通控制区。旗手在接近施工区的位置，指挥车辆跟随引导车行驶。

图7-87　引导车标志（C-38）

35）引导车禁止超越标志（C-39）（图7-88）

C-39标志应该安装在巡查车辆顶部的合适位置，使其信息面向车辆尾部。在该标志的反面，只有“巡查车辆”的字可以面向车辆前方。当车辆不是巡查车辆时，这个标志应该移除或折叠起来。

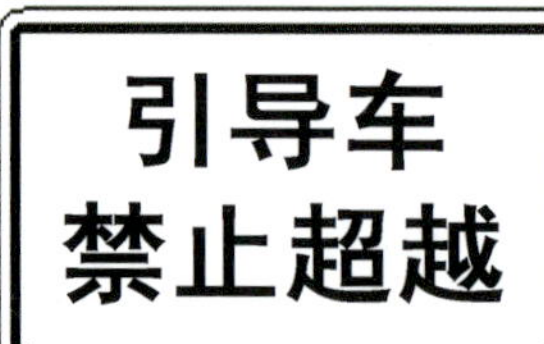

图7-88　引导车禁止超越标志（C-39）

36）锯齿状铺面标志（C-40）（图7-89）

锯齿状铺面标志（C-40）用于前方有锯齿状标线和路面需要进一步铺面施工的路段，因为锯齿状标线或粗糙路面可能极大地影响到车辆的驾驶性能。

图 7-89 锯齿状铺面标志（C-40）

37）使用车灯尘土严重标志（C-41）（图 7-90）

C-41 标志用于刚封顶或其他砂砾或脏污路面，当风或移动车辆经过时带动的尘土足以影响到可见性时。在长路段上，这个标志可以重复设置，进一步明确警告信息。

图 7-90 使用车灯尘土严重标志（C-41）

38）没有道路标线标志（C-42）和临时道路标线标志（C-43）（图 7-91）

在道路本应有标线的路段而没有设置标线的路段对交通流开放时，应该设置这两个标志中的一个。C-42 标志设置在没有道路标线的路段，C-43 标志设置在设有临时标线的路段，如进行铺装、碾压或中线填缝等施工路段。

如果未设标线路段的长度超过 2km，建议距离标志应该设置在 C-42 或 C-43 标志的下面。

没有道路标线标志（C-42）

临时道路标线标志（C-43）

图 7-91

39）雪崩、塌方路控制标志（C-44）（图 7-92）

此标志需要和其他标志一起设置在由于雪崩或塌方控制的封闭道路前。标志上应该安装旗帜或 B 类高密度黄闪灯。在不需要时，必须移除此标志或对其进行覆盖。

图 7-92 雪崩、塌方路控制标志（C-44）

40）此处通行标志（C-45）（图 7-93）

该标志设在缓冲车辆的后面，或者安装在闪光箭头不可见或无法利用的进行路面铺装的其他车辆上，引导车辆及行人的通行，以免误入施工区域。

图 7-93　此处通行标志

41）××公路改造工程标志（C-46）（图 7-94）

该标志用于长期施工的工程说明牌，对工程概况作简单介绍和说明。

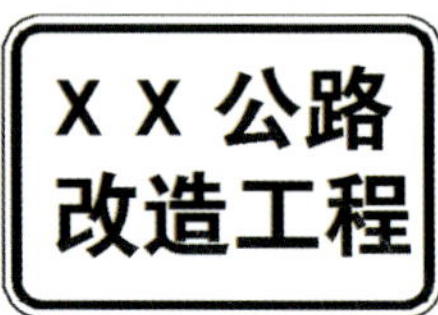

图 7-94　××公路改造工程标志（C-46）

42）前方出口封闭标志（C-47）（图 7-95）

出口封闭标志（C-47）主要设置在出口封闭道路前方的合理位置，尤其是高速公路在匝道封闭情况下施工时，需设置此标志。

图 7-95　前方出口封闭标志（C-47）

43）出口标志（C-48）（图 7-96）

出口标志（C-48）用于指引出口交通，尤其在高速公路匝道开放的情况下施工时，临时替代现有标志，对出口的交通进行指引。

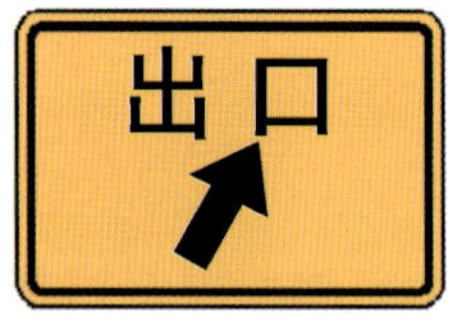

图 7-96　出口指引标志（C-48）

44）路障栏上的反光标志（三角形、平行四边形）（C-49a、C-49b）（图 7-97）

由 C-47a 三角形反光标志制成 45°的平行四边形，左边和右边的可以由相同构件制成。这种平行四边形的反光标志可以由后反光的材料制成，有时也需单独设置 C-49a 和 C-49b 标志。

图 7-97　路障栏上的反光标志（C-49a、49b）

7.3　施工区临时标线

标线一般不用于短期、移动或临时交通控制区的交通控制，而是用于长期或中期固定的临时交通控制区、街道和公路沿线，要与临时交通控制区外的标线相匹配。在绕行路线和临时路线开放前，应在全线设置标线。

对于长期固定施工区，临时车道的标线不再适用，施工前要计划和筹备标线的清除，标线的清除应对路面的伤害最小。在现有的标线上涂上黑色油漆或喷上沥青不是合适的清除标线的方法。可移动、不反光、预制的带状物可用于临时覆盖标线。

利用警告标志、渠化设施和图形标志在标线不能提供清晰路线的路段，可以给驾驶者指明临时交通控制区的行驶路径。要保证所有用于指路的标线和设施在白天和夜间都能够被识别，同时要提供给驾驶者临时交通控制区标线和沿线公路常用标线的比较，特别是临时交通控制区结束位置处，要详细说明不同时间段（白天、夜晚、黎明）和不同车道环境（湿润、干燥）下的车辆行驶路径。

7.3.1　临时标线

当进行铺装、封顶、铣面、接缝等施工时，永久性标线有时会被覆盖或损坏。若临时标线当天不能替代永久性标线时，必须设置临时反光轮廓标。在道路和天气状况容许的情况下，临时道路标线应尽可能当天设置。如果当天不能设置，必须设置突起渠化设施。应首先设置分向导流线，其次是设置车道线和其他标线。如果工程进度快，有必要隔段时间设置临时标线。

可以在临时标线油漆中掺加玻璃珠或在标线上贴附成型标带、道钉和 L 形可折叠反光标等。标线的移除会破坏路面铺装，因而标线应用于路面的最后铺装。封顶和铣面时，L 形可折叠反光标是唯一可用的标线设施，在粗糙路面上，有必要将其钉牢。因为某种原因不能设置临时标线时，尽管可能会减少通行的效率，也应该设置临时轮廓标，至少要分隔对向的交通流。

如果永久标线和渠化设施使驾驶者感到困惑时，永久性标线应该移除。应当牢记的是，有些在干燥条件下清除的标线可能在潮湿的状况下又会出现，如果这种情况可能发生或已经发生，有必要设置突起路标或特殊反光标。

当条件允许时，在交通流从原道路上转移过来之前，就应该设置临时标线。如果条件不允许时，例如，行车方向经常变化的路径或交通流在没有交通控制人员或巡查车辆的协助下，必须通过铺面路段时，临时轮廓标可以设置为锥形交通标或其他渠化设施。

正常路段限速在 70km/h 以上时，先前所讲的临时措施可能不足以确保安全，有必要设置施工减速区域。施工减速区域一天 24h 都要设置，即在施工活动进行时或不进行时都要设置。当不施工而设置施工减速区域的一种情况是施工区内有交通控制人员或巡查车辆。

7.3.2　反光标记

用于临时分向导流线和车道线的油漆标志线或塑料标线材料应该大约 10cm 宽，长度最少 50cm，每 8m 以内需重复设置一次。禁止跨线超车时，双黄线两线间距大约 10cm。停车线大约 30cm 宽，方向箭头的尺寸应该至少是标准箭头的 1/3。

突起路标，如反光道钉或 L 形可折叠反光标等可用于补充临时标线的设置，或替代临时标线。当作为补充使用时，突起路标应该沿下游方向在虚线的每个 200cm（规范中为 3m）处设置。当单独使用时，突起路标应该以 26m 左右的间距设置。不管上面最大间距的限制，突起路标应该经常设置，以满足在任意角度都可以至少看见并排的四组中的四个路标。在多数情况下，这些设施比临时标线更有效，尤其是在通过平曲线或竖曲线，车速和/或流量都较高的区域，以及不利天气状况（如雾、雨）可以预料的区域内。

临时标线和突起路标必须是反光的，并且白天和夜晚颜色应一样，当替换时，颜色也应该一致。

当条件许可时，可以施画临时标线。临时标线不能超过两周，除非经过工程研究判断认为可行时，可延长使用时间。

所有临时虚标线的每一段虚线要使用同样的长度，并且至少0.6m长。

通过施工区的车道线，其中心线要有严格的曲率，半圆线周长的最小值为0.6m。

不超过3d的两车道或三车道的临时施工，如果没有通行区域，要使用“禁止通行”标志，而不是使用标线。同时，“禁止通行”标志依照国家和公路管理机构的规定，可以代替标线用于低流量长期施工的区域。

临时使用的边界线、渠化线、车道变窄标线、三角形岛标线和其他纵向标线，以及其他非纵向标线（如停车线、铁路通过线、人行横道线、文字或符号等）均应该符合国家或公路管理部门的规定。

7.4 车道渠化分配设施

7.4.1 一般原则

车道渠化分配设施的功能是警告驾驶者由于施工活动带来的环境变化和车道附近的环境条件，或给驾驶者指路。

渠化设施使交通流平滑、渐进地从一个车道进入另一个车道，或提示驾驶者绕行路径。渠化设施也用于把交通流从施工区、人行道、共用车道，或相反方向的交通流中分离出来。

1）高度可感知性

针对视力较差的行人，行人渠化设施要能够让行人用长手杖感觉到，并且具有高可见度。

路栏用于渠化路段时，要求其连续、底部可见，路栏之间横杆的顶部没有缝隙，行人用长手杖可以感觉到。横杆的底部距车道表面的距离不高于150mm，横杆的顶部距车道表面的距离不低于900mm。底部横杆和车行道表面的间隙不超过150mm是为了便于排水。

如果鼓形隔离墩、圆锥形隔离墩或管状标记牌用于行人渠化，它们要连续、无间隙地设置，并且每一个鼓形隔离墩、圆锥形隔离墩或管状标记牌的高度不小于900mm，以便于行人用长手杖可以感觉到。

2）设置间距要求

提前设置渠化设施或放置沙囊，避免车辆由于不注意而造成不必要的后果。渠化设施应该具备防撞性能，渠化设施和沙囊的碎片不能给驾驶者和施工人员造成危害。

当对梯形的渐变段进行渠化时，渠化设施间的间距不能超过以km/h为单位的限速值的0.2倍。当对直线段进行渠化时，渠化设施间的间距不能超过以km/h为单位的限速值的0.4倍。

当渠化设施有潜在的导流作用时，渠化设施要远离过渡区结束位置，设施间的间距要延伸一定距离，但不能超过以km/h为单位的限速值的0.4倍。

3）警告灯设置

在频繁有雾、雪或车道严重弯曲，或有视觉分散的地区，要设置警告灯。

当渠化设施单独使用或连成一串，用于警告道路环境时，放置的警告灯应该带有闪光设施。当放置在渠化设施上的一系列警告灯用来疏导交通流时，警告灯应该稳定地发光。

用于警告设施的反光材料要平滑，外表面密封，白天和晚上看起来颜色要一样。

4）其他要求

公路管理机构、承包人、供应商的名字和电话号码要显示在各种类型的渠化设施的无反射的表面。名字和电话的文字和数字应该为不反光的，并且高度不超过50mm。

维护渠化设施时有些细节需要注意：要保持设施干净、可见和一致；渠化设施要放置在合适的位置；设施损坏或部分反光性能和有效性有重要缺失时，应该及时更换。图7-98为各种渠化设施的尺寸。

7.4.2 锥形交通标

锥形交通标（表7-4）要采用易引起注意的橙色并且使用碰撞时对车辆无影响的材料。

1）交通标高度要求

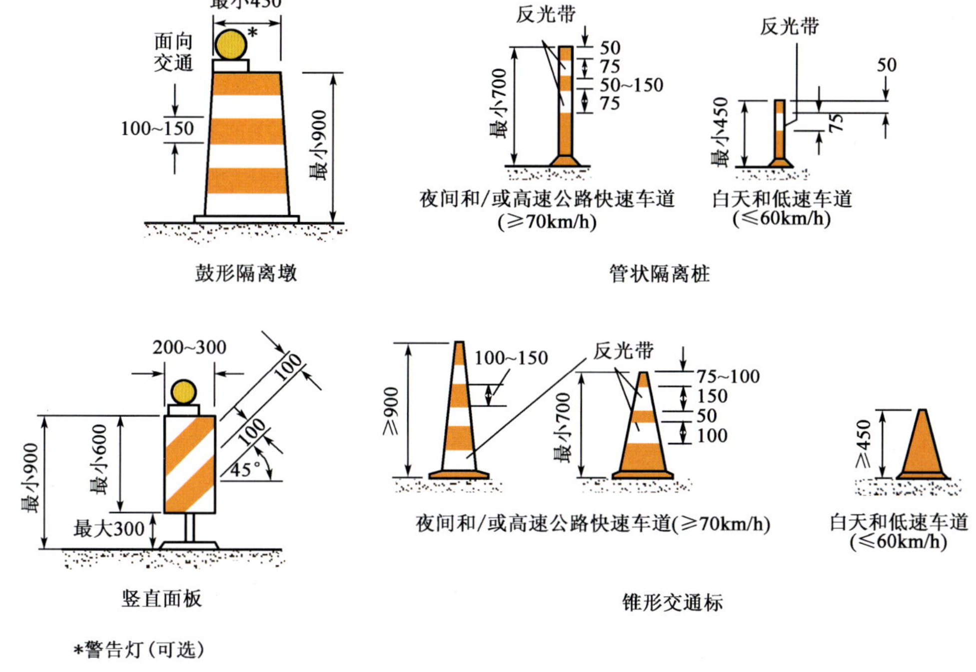

图 7-98　渠化设施(尺寸单位:mm)

白天和低速的车道,交通标高度不小于 450mm。当锥形交通标用于高速公路和其他速度较高的公路,或某路段需要强化指路时,锥形交通标的最小高度为 700mm。

反光锥形交通标的高度要大于 900mm,交通标要求水平,外表为反光的橙色和白色相间的带状圆环,带宽为 100 ~ 150mm。每一个交通标有最小带宽值的两个橙色条纹和两个白色条纹,并且顶部为橙色条纹。不反光的橙白相间的条纹的带宽不能超过 75mm。

2)适用范围

锥形交通标用于渠化驾驶者,划分对向的车行道,划分保持开放的同一方向的两个或更多车道,或者分隔短期的维修施工活动和公用事业设施施工。

锥形交通标不应该用于行人渠化,或作为临时交通控制区或人行道的行人路栏设施,除非每个设施间是连续的,并且行人用长手杖可以感觉得到。

3)设置注意事项

放置锥形交通标时要尽量减少其被风吹坏、吹走或被通过车辆损坏的可能性。

锥形交通标可以成对使用以增加其宽度。

某些有基础的锥形交通标可以填满沙囊,沙囊应保持所需的最小数量。其他有特殊宽度的基础,可以将锥形交通标放置在基础上以增加稳定性。

7.4.3　管状隔离桩

管状隔离桩(图 7-98),面向驾驶者的一侧,要为显著的橙色并且高度不小于 450mm,宽度不小于 50mm。管状隔离桩使用碰撞时对车辆无影响或影响很小的材料。

1)不同情况下的设置尺寸要求

在高速公路或其他速度较高的公路上,或某路段需要明显的导流时,管状隔离桩的最小高度为 700mm。

夜间使用时,管状隔离桩应该具备反光性能。具备反光性的 700mm 或更大的管状隔离墩,上面的两条白色条纹为 75mm 宽,两条白色条纹间的橙色条纹的宽度为 50 ~ 70mm。

放置在公路上的管状隔离桩面向驾驶者的最小宽度为 50mm。当使用非圆柱的管状隔离桩时,面向驾驶者一侧的宽度也应满足最小值要求。

2)用途

管状隔离桩可以有效地分隔对向车道的车流;分隔只一个方向开放的两车道或多车道的各车道上的车流;在空间受限地段,不容许使用更大的设施时,用它划分出人行道的边界。

管状隔离桩与其他设施比起来较少见,仅用于空间受限,或不容许用其他更多的明显设施的路段。

管状隔离桩不用于行人渠化或作为临时交通控制区人行道上或沿线的路栏,除非它们之间是连续的,行人用长手杖可以感觉得到。

3)加固措施

管状隔离桩应该使用坚固的基础稳定地放置在公路上,例如管状隔离桩可以利用沙囊增强稳定性,沙囊根据需要保持最小的数量。

7.4.4 竖面警告诱导标

竖面警告诱导标(或竖直面板)(图7-98)为200~300mm宽,最少600mm高,应为橙色和白色相间的条纹,并且具备反光性能。

安装竖面警告诱导标时,其顶部距车道的最小值为900mm。当竖面警告诱导标自身的高度等于或超过900mm时,面板上每一个条纹的宽度为150mm;当竖面警告诱导标自身的高度小于900mm时,面板上每一个条纹的宽度为100mm。

竖面警告诱导标上为橙色和白色交互的反光性条纹,斜向下与经过车辆成45°角。垂直面板用于高速公路、快速路和其他速度较高的道路上时,面向车辆一面的反光板的面积为169 000mm^2。

空间受限的路段,竖面警告诱导标可用于渠化车辆交通,分隔对向车道或代替路栏。

7.4.5 鼓形隔离墩

1)规格

鼓形隔离墩(图7-98)用于警告驾驶者或用于渠化,制造时使用轻质和可变形的材料,不能使用金属材料。

不论哪个方向,其最小高度均为900mm,最小宽度为450mm。鼓形隔离墩上的条纹应该为水平的,橙色和白色相间的反光环状条纹,宽度为100~150mm。每一个鼓形隔离墩都有宽度最小的两个橙色条纹和两个白色条纹,最上面的条纹是橙色的。在橙色和白色之间不反光的间隔不超过75mm宽。鼓形隔离墩的顶部是封闭的,这样不会有建筑碎片或其他残骸落入。

2)适用范围

鼓形隔离墩可见度高,容易发现,有一种让人敬畏的感觉,因此可以很好地约束驾驶者。它可以方便地从临时交通控制区的一个地方移动到另一个地方,以适应环境的改变,但鼓形隔离墩常用于施工需要延后一段时间的路段。

尽管鼓形隔离墩通常用于渠化或分隔驾驶者,但也可单独或成组用于标记特殊区域。

鼓形隔离墩不用于行人渠化或作为临时交通控制区人行道上或沿线的路栏,除非它们之间是连续的,行人用长手杖可以感觉得到。

3)注意事项

鼓形隔离墩不能用沙、水或其他材料来扩展宽度,否则当驾驶者或施工人员碰撞时会有危险。沙囊不能放置在鼓形隔离墩的顶部。

7.4.6 类型Ⅰ、Ⅱ、Ⅲ路栏

路栏是一种可移动的或固定的设施,它通常由1~3根有合适斑纹的横杆组成,通过限制、描述或封闭全部或部分可通行道路等手段来控制驾驶者。

路栏分为类型Ⅰ、类型Ⅱ、类型Ⅲ,见图7-99。

路栏横杆的条纹为橙色和白色交互的条纹,与经过的驾驶者成45°角。当横栏的宽度小于900mm时,使用100mm宽的条纹,其他情况下条纹的宽度为150mm。

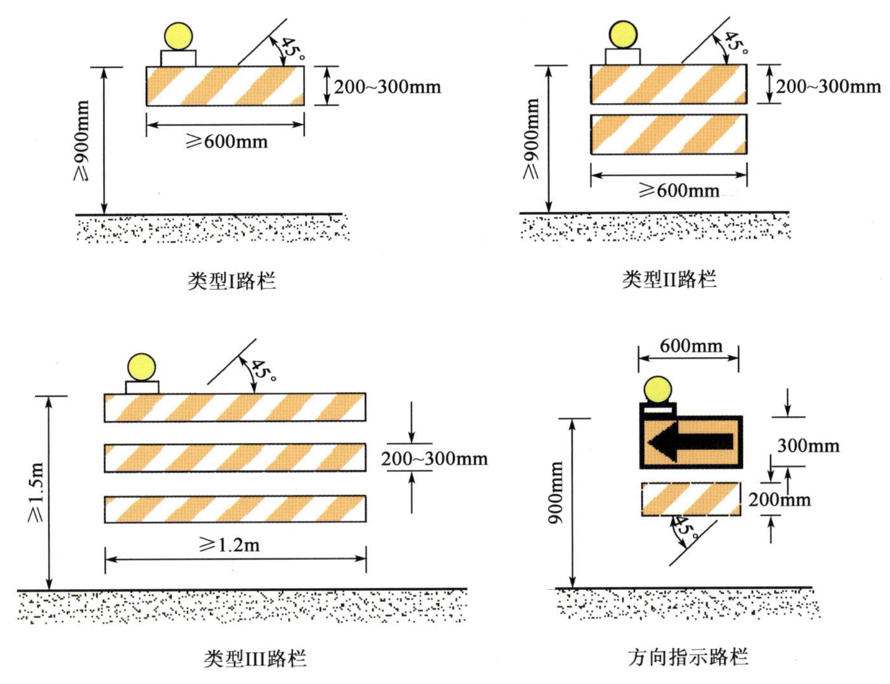

图 7-99　路栏

类型 I 和类型 II 路栏的最小长度为 600mm，类型 III 路栏的最小长度为 1 200mm。每个路栏的横杆宽度为 200 ~ 300mm。高速公路、快速路和其他速度较高的道路上使用路栏时，面向驾驶者一侧的反光区域的面积的最小值为 16 000mm^2。

沿着车道方向放置路栏时，条纹斜向下的方向朝着驾驶者必须转弯的方向；如果向左或向右都要拐弯时，路栏的条纹从路栏的正中向两侧斜向下；如果不需要拐弯的地段，条纹从路栏中心斜向下。

路栏横杆的支撑方式要保证驾驶者可以看见，并且稳定坚固，不容易被吹走或移位。类型 I 路栏的支撑杆，可以靠其他无条纹的、水平的面板来提供必需的稳定性。

路栏要具备防撞性，设置在距离车流比较近的位置。当无法预料的车辆撞上后，要对车辆无危害或危害最小。

在高速行驶的快速路上或其他路栏易受风力影响和破坏的地方，要增加沙袋。沙袋放置在结构较低的部分或放在路栏的加沙袋里。加沙袋不能放在有条纹横杆的顶部。路栏的加沙袋里不能放置不可变形的材料，像岩石或大块混凝土等。

类型 I 和类型 II 的路栏用于有连续车流通过临时交通控制区的路段；类型 I 路栏，可以用于普通公路或城市街道；类型 II 或类型 III 路栏用于高速公路和快速路或其他行车速度较高的公路，类型 III 路栏用于全封闭或部分封闭道路。当类型 III 路栏用于道路封闭时，从道路一边到另一边要全部放上路栏。

需要留出部分区域给施工设备和车辆使用的路段，每天施工结束后要安排专人用类型 III 路栏封闭道路。

当公路依法封闭但必须允许当地车辆通行时，路栏通常不能完全横跨道路，并要安装附带允许当地车辆通行的标志。从两个方向，路栏都要提供足够的可视性。

路栏可单独使用或成组使用，用于标记特殊的道路环境，或者也可连续使用来对交通流进行渠化。

安装临时路栏时，要保证不影响原有人行设施。交通控制设施和其他建筑材料不能侵入人行道、临时道路或其他人行设施的可用范围。如果整个路段不能提供宽度最小值为 1.5m 的人行通道，那么，每 60m 就要提供一个 1　500mm × 1　500mm 的通行空间，使单个轮椅可以通过。

7.4.7 方向指示路栏

方向指示路栏(图7-99)有一个指示方向的大箭头标志安装在斜条纹、水平的反光横杆上。

指示方向的大箭头标志,背景为黄色,箭头为黑色。底部横杆应该为橙色和白色反光条纹相间,条纹斜向下与经过的驾驶者方向成45°角,条纹应为100mm宽。指示方向大箭头标志尺寸为600mm×300mm。底部的横杆的长度为600mm,高度为200mm。方向指示路栏,包括相关的沙囊和灯,都应该是防撞的。

方向指示路栏,用于渐变段、过渡区和驾驶者需要特别方向指示的其他区域。一系列的方向指示路栏用于指导驾驶者通过过渡区进入想要行驶的车道。

7.4.8 临时路栏

临时路栏不是临时交通控制区本身的设施。但是将同样的临时路栏放置成一条线时,可以作为渠化设施,并且标记和装备适合的渠化特征,在白天和晚上提供指路和警告信息。

临时路栏不仅可用于渠化交通流,而且也可用于保护工作空间。如果临时路栏用于渠化交通流,它应作为标线、渠化设施的补充,以增加它们在白天和夜晚的可视性。

临时路栏一般不能用于合流渐变区,除非在低速城市道路上。临时路栏一般也不能用于狭窄的和受限制的临时交通控制区。

当在低速城市道路的合流渐变区或狭窄和受限的临时交通控制区必须使用临时路栏时,渐变段应该封闭或渐变段的长度设计在考虑几何条件的情况下要使驾驶者通行最方便。

当临时路栏作为渠化设施使用时,应采用较亮的颜色,以增加其可视性。

7.4.9 其他渠化设施

渠化设施不同于本章中描述的其他设施,基于工程研究应用与特殊条件下使用。

其他渠化设施均要遵守设施的一般尺寸、颜色、条文样式、反光性和设置等的要求。

1)行人能感觉到的边缘

单独的渠化设施,包括用带状物或绳子连接的、单独的设施或其他不连续的路栏、标线等,不能被视觉有障碍的人感觉到,并且在临时或重新建立的人行道或其他人行设施上无法提供可感觉的路径指导。

当决定使用让视觉有残疾的行人易理解和能感觉到的设施时,连续的、可感觉到的边缘应该贯穿整个设施,使得行人可以通过长手杖获得指引。边缘应该至少高出道路表面150mm,边缘底部距离地面的最大值为62mm。除了在行人或车辆将要拐弯或横越的路段留出缝隙,边缘应该连续贯穿设施的整个长度。边缘是由预制或现场浇筑的路缘石组成,沿着人行道边界放置。边缘应该与路面或其他设施稳固连接。边缘的临近部分要互相连接,这样边缘不会被行人、车辆或施工活动移位,也不会给行人、车辆或其他驾驶者带来连续的危害。

行人可发觉的边缘的例子包括:

(1)预制的、轻质的塑料、金属或其他合适的材料板相互连接,并固定在一定位置形成连续的边界。

(2)预制的、轻质的塑料、金属或其他合适的材料板相互连接,放置在水平地面连接人行道上间断的渠化设施,形成连续的边界。

(3)用木材相互连接,并固定形成连续的边界。

(4)现场浇筑沥青或混凝土边界。

(5)预制混凝土路缘石相互连接,并固定形成连续的边界。

(6)连续的临时路栏或纵向渠化路栏沿着人行道边界放置在水平路面上,形成边缘。

(7)链条或其他栅栏设施有连续的底部横杆。

可发觉的人行边缘应该为橙色、白色或黄色,并且要与现有的、临近的渠化设施或交通控制设施的颜色相匹配。

2)临时突起岛

临时突起岛要与人行道标线和其他适合的渠化设施结合使用。

临时突起岛用于分隔双向两车道养护施工区上的车辆,路段上平均每天的交通量范围为4 000 ~ 15 000pcu,高速公路上平均每天的交通量范围为 22 000 ~ 60 000pcu。

临时交通突起岛的基准尺寸为 100mm 高,至少 450mm 宽,并且有圆角、倾斜角。

临时交通突起岛的设计要符合两个条件:(1)如果车辆撞击到临时交通突起岛时,交通突起岛的设计不能额外地造成驾驶者失控。(2)如果发生碰撞,岛的各部分不能进入车厢,或影响其他车辆。

设临时突起岛应该开口或缩短,以提供至少 1.5m 宽的通道给行人过街。

3)对向车道分隔物

对向车道分隔物放置在车道中央,作为分隔设施用于分离双向两车道交通流。对向车道分隔物不能放在行人交叉路上。

对向车道分隔物标志为垂直的、反光的橙色标志,放置在可变形支撑杆上,标志的最小尺寸为 300mm 宽,450mm 高。

4)突起路标

如果用突起路标代替标线的虚线部分,当每段虚线的长度为 0.6 ~ 1.5m 时,至少需要放置两个反光突起路标,其中一个放在每一段虚线部分的结束处。当每段虚线长度大于 1.5m 时,每段至少需要放置 3 个反光突起路标,放置时路标之间的距离相等,且不超过 $N/8$。虚线段或点线段的 N 的取值为虚线段或两点之间的间隔距离。实线的 N 的取值等于连接实线的虚线段和点线段的 N 值。应考虑在绕行路、临时路线和其他改变车道或新的车道上使用突起路标。

反光或内部发光的突起路标,或者发光或内部发光的突起路标补充在不反光的突起路标里,可以用来替代标线或作为标线的补充。

5)反光灯

反光灯在使用时,要与其他临时交通控制区的设施结合使用,或作为这些设施的补充。反光灯安装在防撞的支撑杆上,反光单元在车行道上方接近 1.2m 处。双向街道或公路的两侧,或单向公路的右侧,反光灯的标准颜色为白色;单向公路的左侧,反光灯的标准颜色为黄色。

临时交通控制区的反光灯指明了车辆通过临时交通控制区时应该走的路线。

7.5 高强度警告设施

施工现场的危险区域,要采取高强度警告设施,见图 7-100。

高强度警告设施是较高的可移动式警告设施,上有萤光浆或旗帜,可见性能好。这类设施只用于白天,并且大多数在城市中应用,尤其是在施工区域前没有足够的距离安装常用警告标志时常被采用。高强度警告设施可用作离移动施工区较远的警告标志,也可用于没有车辆的施工区域内。

高强度警告设施也有标志和 B 类黄闪灯。考虑到它的高度和其上附设的其他设施,其风中和高速交通流中的稳定性是需注意的问题,因此建议在其底部放置沙包增强稳定性

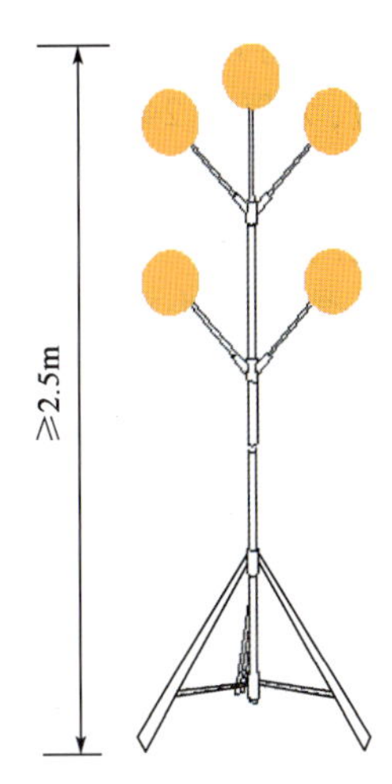

图 7-100 高强度警告设施

7.6 照明设施

临时交通控制区照明设施的设置应经过工程判断,通常使用照明灯、警告灯和稳定发光的电灯 3 种类型的照明设施。

照明设施可以用来作为反光标志、路栏或渠化设施的补充。当警告灯作为渠化的补充时,其最大间隔应该与渠化设施的间隔要求一致。

在白天维修施工中,在维修车辆上安装高可见度、高闪烁和高振荡频率的

闪光灯作为闪光警告灯。虽然车辆危险警告灯可以作为高可见度、高闪烁和高振荡频率的闪光灯的补充,但不能用来替代它们。

7.6.1 照明灯

公共设施施工、维护或公路施工,通常在夜间车流量低时进行。大的建设工程有时采用两班轮班制,需要在夜间施工。当进行夜间施工时,照明灯要用于施工区域、过街设施和其他区域的照明。

除了紧急情况外,旗手站岗的位置也应该在夜间设置照明,同时照明灯不能对接近的驾驶者、旗手和施工人员产生炫目的光。

照明灯的适当安装并消除眩目的光是通过驾驶和观察决定的,一般是在照明灯刚设置好后的晚上,沿着所有进入道路的每一个方向,观察照明灯的照射区域,从而判断是否存在眩光。

期望的照明水平取决于施工活动,一般的施工活动,平均照明亮度为 50lx 就足够了,精度要求高的施工活动需要的平均照明亮度为 216lx。

当道路照明不足或根本没有照明设施时,可以用强力照明灯照亮施工区域、交通控制人员所在地点和其他潜在的危险地点。强力照明灯应该被遮蔽以避免眩光。某些地方的强力照明灯可能需要降低可见度,需要提供其他设施,如一系列的 C 类稳定低功率黄灯,用来明确车辆路径。

区域的强力照明灯不应该考虑作为标志或其他设施(在夜间需要反光或提供光源的)的照明设备。

长期施工区域,如过渡区和重要的交叉口处,也应考虑在重要地点安装照明设备。

7.6.2 警告灯

警告灯是便携、发光、黄色,带有定向透镜、密封的灯。警告灯有重量轻的优点,使其成为标志和渠化设施的反射器,可以有效地引起驾驶者的注意。

当使用警告灯时,应该将其安装在标志或渠化设施上,这样,当有车辆撞上时,不会穿破风挡玻璃。

警告灯的最大设置间隔和渠化设施所要求的最大间隔相同。警告灯使用时可以采取稳定发光的模式,也可以采用闪光模式。

闪光警告灯不用于照明,因为一系列的闪光物不能辨别出需要的车辆路径。

类型 A、B、C、D 及 360°警告灯必须为手提式的,并且使之在夜间在 900m 距离清晰可见。高亮度的闪光警告灯也要经常维护,使之在晴朗的天气当太阳不直接照射,在 300m 距离内能有较好的可视性。

警告灯安装时灯头距离底部的最小距离为 750mm。

类型 A 为低亮度的闪光警告灯,用于在夜间警告驾驶者在靠近和通过施工区时注意潜在的危险,可以安装在渠化设施上。

类型 B 为高亮度的闪光警告灯,用于在白天和夜间提醒驾驶者在靠近和通过施工区时注意潜在的危险,为每天 24h 运行,可以安装在提前警告标志上或使用独立的支撑杆。

类型 C 为在夜间使用的平面镜头、稳定发光警告灯,显示车道分界。警告灯仅用于曲线外,不用于曲线内。

类型 D 为在夜间使用的 360°稳定发光警告灯,用于显示车道的边界。当在曲线段使用照明设施时,警告灯仅用于曲线外,不用于曲线内。

7.6.3 稳定发光的电灯

稳定发光的电灯是一系列低功率、黄色的电灯,通常使用牢固的电线外接 110V 的电源。稳定发光的电灯可以代替稳定发光的警告灯。

7.7 闪光设施

7.7.1 车辆闪光灯(图 7-101)

由于对社会车辆有潜在的危险,所有在行车道或靠近行车道上的施工车辆、缓冲车辆和屏蔽车辆都必须装置黄闪灯。这些车辆至少也应该装有 4 向闪光灯(紧急情况)和 360°旋转黄灯。虽然后面的 360°旋转黄灯不闪烁,但需要如此设置是为了在任何角度都可见。

当车辆在施工区域会影响到交通时,应该设置 360°旋转黄灯和 4 向闪光灯。

7.7.2　闪光箭头(图 7-102)

闪光箭头是点阵式交通信号灯,可以组合使用或排列使用。在白天和夜间都是很有用的。闪光箭头可以显示方向,也可以不显示方向。

图 7-101　车辆闪光灯

图 7-102　闪光箭头

闪光箭头的主要用途就是使用合适的箭头引导车流从封闭车道转向另一个可用车道。它们通常用于车道封闭和慢速移动养护施工中。在这种情况下,闪光箭头可静态或动态使用。但是闪光箭头也可不指明方向来替代或作为 4 向闪光灯和 360°旋转黄灯的补充,警告施工正在进行当中。

闪光箭头可以安装在施工车或拖车后面,用闪光和序列两种箭头。这两种箭头都有三种应用模式:

(1)左箭头;

(2)右箭头;

(3)无箭头,用四个或更多的灯给出警告。

通常一次只有一种箭头闪烁。序列箭头有多组箭头作为一组闪烁,引导车辆向左或向右。

闪烁的频率应该为 25 ~40 次/min。正闪烁的灯至少应该为闪光箭头的 50% 和序列箭头的 25% 。箭头版面的最小推荐尺寸如表 7-8 所示。

箭头版面最小推荐尺寸　　表 7-8

类　型	最小尺寸(cm)	灯泡的最小数目	最小可见距离(m)	限速(km/h)
A 类	90 ×45	9	600	50
B 类	120 ×60	12	800	60
C 类	150 ×75	15	1 000	≥70

B 类和 C 类闪光箭头不能用于速度高于 50km/h 的非高速公路的短期施工区域,A 类闪光箭头可以用于大型车辆。

对于更小尺寸的闪光箭头,应该考虑灯光的密度和安装的高度,以确保闪光箭头足够醒目,尤其是车道封闭时。

闪光箭头和序列箭头不能用于以下情况当中:

(1)当工作地点不需要车道封闭时;

(2)当所有施工在路肩上或路肩外进行,相邻行车道没有必要封闭时;

(3)交通管理人员在双向两车道道路上指挥交通时。

闪光箭头的上述应用会导致其效力降低,以至于在车道封闭或多车道道路上的移动式的正确使用不能引起相应的警示。闪光箭头只能用于车辆可以安全地转移到其他车道的情况。

闪光箭头可以用于行车道或路肩上的静态和移动式施工,可能要和其他设施如标志、渠化设施和常规黄闪车辆信号灯配合使用。

大的箭头版面可以在 1km 处可见,用于高流量或高速区域内正在移动的施工车辆或屏蔽车辆更为有效。在夜间,闪光箭头应该装置手动和自动减弱亮度的设备,使亮度可以减弱50%。夜间应用的闪光箭头应该经常检查,以确保设施的减弱亮度性能良好,否则可能会导致驾驶者暂时失明。

光纤板的尺寸可以根据灯泡数量进行调整,以保证提供最小的可见距离和确保版面的尺寸。

闪光箭头的推荐最小高度为高于道路表面1.5m。

设置位置:静态封闭车道时,将闪光箭头置于路肩上锥形区内靠近起点处。禁止将其设置在匝道、立体交叉和交叉口叉处,否则可能会引起驾驶员的误解。在静态车道封闭时,使用单个箭头版面,过多的箭头版会导致驾驶员不必要地变更车道。

对于封闭车道进行动态或慢速移动养护施工时,闪光箭头必须放置在封闭车道的尾部。如果可能的话,在施工区域使用两个闪光箭头,第一个置于封闭车道的屏蔽车辆上,第二个置于第一个箭头上游路肩上的屏蔽车辆、卡车或拖车上。闪光箭头板应该置于车辆上以区别施工车辆,放置在最后一个施工车辆上和公众车辆之间。

在视距受限区域,可能需要将闪光箭头车辆滞后或停在施工活动之后,保证其具有最佳的可见性。当视距改善后,闪光箭头车辆应该填充空隙。然而,闪光箭头车辆和施工活动的距离应该足够短,避免驾驶者又进入该车道。

7.7.3 顶部交通指示柱

临时顶部交通指示柱在白天和夜间均可用于施工区域,以警告驾驶者潜在的危险,如货车的驶入、运输道路交叉口等。在特殊情况下,闪烁红灯需要强调其他不可预料的、需要临时停车的危险。

顶部交通指示柱只可以在道路管理部门认可下安装,其不能用于道路渠化。

7.7.4 施工警告频闪灯(图7-103)

在施工区内沿路设置施工警告频闪灯,在较远的距离内就能引起驾驶员和行人的注意,以便及时采取避让措施。

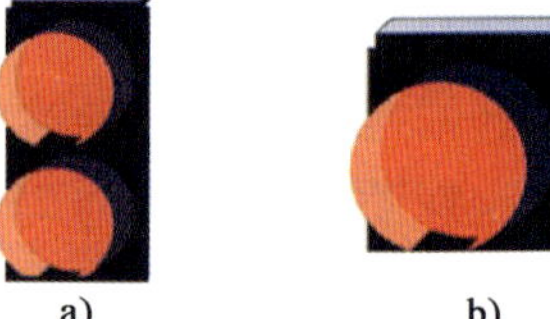

图7-103 施工警告频闪灯

7.8 临时车道控制信号设施

临时交通控制信号灯(图7-104)能控制驾驶者通过交通控制区的活动和其他临时交通情况。

交通控制区使用临时交通控制信号灯的典型例子有:临时运输通道交叉口、沿着双向单车道公路的临时单向通行、桥梁的临时单向通行、可逆车道和交叉口。

双向单车道的交通流需要一个足够时间的、全红的间隔,使驾驶者清楚有交通控制信号灯在控制临时交通控制区。安全装置需要联合成一体,避免冲突的交通信号显示在每一个临时交通控制区的结束位置。

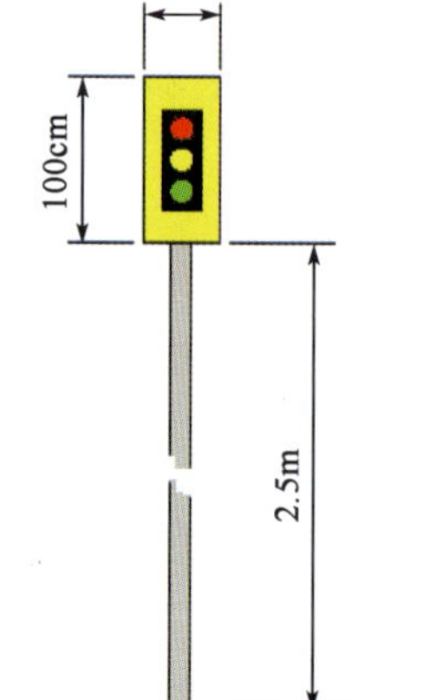

图7-104 临时交通控制信号灯

如果行人需要绕行临时交通控制信号灯,需要经过工程判断分析,决定在行人绕行的路径上是否需要设置行人信号灯。

当使用临时交通控制信号灯时,传统的交通控制信号灯应该使用冲突监控器。

临时交通控制信号灯可以使用便携或临时的安装支撑杆。临时交通控制信号灯的支撑杆侵占最小宽度的“行人进入通道”不应该超过1.2m,“绕行的路径”不超过900mm。

临时交通控制信号灯仅用于使用交通信号灯比其他方式能更好地控制交通的路段。其他控制交通的方式有:改变施工分段或施工区大小不使车辆单向行驶,使用旗手来控制单向交通或过街通行,使用“停”标志或“让”标志,单独使用警告设施等。

临时交通控制信号灯设计和应用需考虑的相关因素如下：

(1)安全和驾驶者的需要；

(2)施工分段运输和操作；

(3)使用其他临时交通控制策略的可行性；

(4)考虑人为因素(例如,驾驶者不熟悉临时交通控制信号灯)；

(5)交通流量,包括车道和交叉口容量；

(6)受影响的边道和车道；

(7)车速；

(8)临时交通控制设施的设置；

(9)停车；

(10)转弯限制；

(11)行人；

(12)临近土地的使用类型(住宅区或商业区)；

(13)法律；

(14)信号相位和需要的周期；

(15)全部时间还是部分时间的施工；

(16)运行模式,如是自动的、固定周期的,还是手动运行；

(17)电源故障或其他紧急情况；

(18)检查和维护需求；

(19)详细的布置需求、周期和运行记录；

(20)承包人或其他人的作用。

虽然临时交通控制信号灯可以安装在跟踪车上或轻质的便携支撑杆上,但固定的支撑杆可以抵抗恶劣天气、汽车撞击和故意破坏行为对信号灯的损坏。

其他临时交通控制设施可以用来补充临时交通控制信号灯,包括警告和法规标志、标线和渠化设施。

临时交通控制信号灯的设计和布置包括和附属道路沿线其他交通控制信号灯的相互联系。临时交通控制信号灯不使用时应该将其遮盖或移除。

临时车道信号控制(单向道路临时交通控制)周期时长如表 7-9 所示。

1)注意事项

(1)假设 25km/h 的运行速度；

(2)最小绿灯间隔约 15s；

(3)黄灯间隔 3s；

(4)基于 50% 排队通过的可能性。

2)举例

已知:最大的车流量(单程) = 365 辆/h

单向段长度 = 150m

求:绿灯时间(单向)为多少。

解:应用表 7-9 查得:

①周期长度 = 90s

②红灯区间长度 =22s

每个绿灯时间等于周期的长度减去两个全红区间长度再减去空隙时间(2 ×3s)除以 2,所以:

每个绿灯时间 =［90 -(2 ×22) -(2 ×3)］/2 =20s

表 7-9

临时车道信号控制周期时长

单车道长度(m)		15	30	45	60	75	90	105	120	135	150	165	180	195	210	225	240	255	270	285	300	315	330	345	360
单方向红灯时间(s)		2	4	6	9	11	13	15	17	19	22	24	25	28	30	32	35	37	39	41	43	45	47	50	52
周期时长(s)	150	810	785	760	725	700	675	650	625	605	570	545	520	495	470	450	415	390	370	345	325	300	275	245	220
	140	800	775	750	710	685	660	660	610	580	545	520	490	470	445	420	380	360	335	310	285	260	235	200	175
	130	795	765	735	695	670	640	640	585	560	520	490	465	440	410	385	345	320	290	270	240	215	195		
	120	785	755	725	680	650	620	590	560	535	490	460	430	405	375	345	305	275	250	220					
	110	775	740	710	660	630	590	565	530	500	460	425	395	360	330	300	255								
	100	760	725	690	640	600	565	535	500	465	415	380	345	315	285										
	90	745	710	670	615	575	535	500	460	420	365	330	295												
	85	740	700	660	600	560	500	480	440	395	340	305													
	80	730	690	645	585	545	480	455	410	370	315														
	75	725	680	630	565	520	455	430	385	340															
	70	715	670	620	545	500	430	405	360																
	65	705	650	600	520	470	405	370																	
	60	695	635	580	495	440	370																		
	55	675	610	555	470																				
	50	660	595	530																					
	45	640	570																						
	40	625																							

7.9 其他设施

7.9.1 防撞墙(图 7-105)

防撞墙具有一定的防撞作用,用作道路施工养护作业。

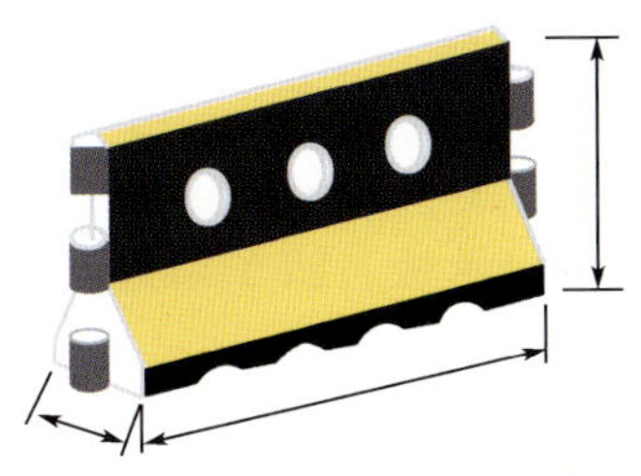

图 7-105 防撞墙

7.9.2 混凝土隔离墩(图 7-106)

用于临时隔离或渠化交通区段的设计、预制。

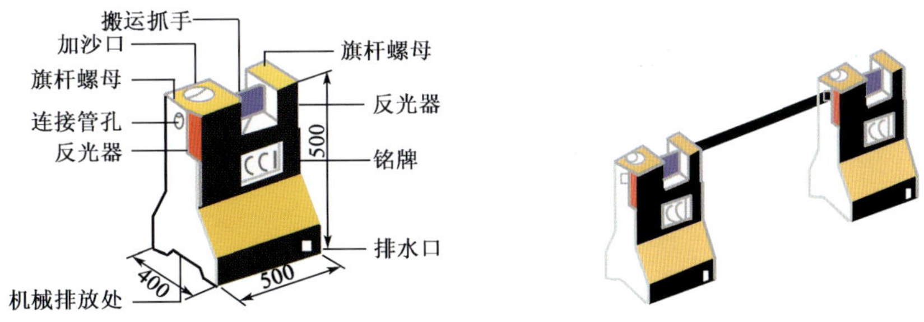

图 7-106 混凝土隔离墩

当需要时,混凝土隔离墩通常用于长期(临时)施工区段,其作用是:

(1)保护工作人员;

(2)在施工区域内,将车辆与危险物、施工区段分离;

(3)当路栏或其他渠化设施不能满足需求时,分离对向车道;

(4)强化车道封闭锥形区或其他不容许进入公众车辆区域的其他交通渠化设施的效果。

7.9.3 临时交通标志支架(图 7-107)

这里只介绍一种临时交通标志的支架。这种支架具有很好的稳定性,带钩的把手可以挂在车辆后面。但如果标志堆积起来,这个把手会划坏其表面。临时交通标志支架的一般特征是稳定、可移动。支架的底边至少要高于行车道 30cm,需要时,支架上可插两面旗帜。

短期施工、阶段式施工或标志需要经常移动时,需要采用临时交通标志支架。长期施工当中,交通标志应该固定在确定点上。

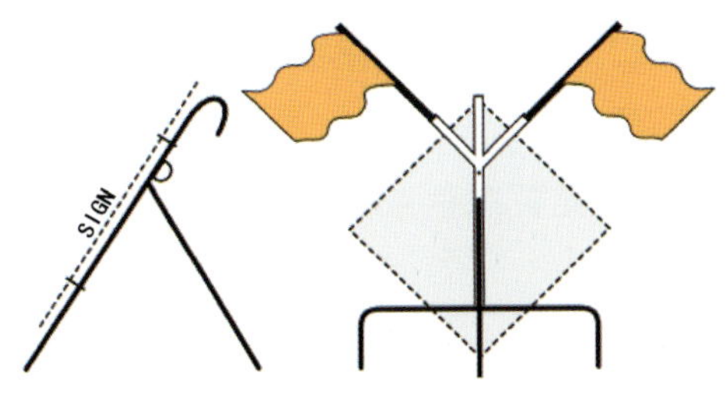

图 7-107 临时交通标志支架

临时交通标志和支架不需要时，它们必须从行车道和路肩上移除。将标志面向路边或平放于路肩上的做法是不可取的。在这些地方，不需要的标志和支架会成为车辆和行人的安全隐患。

7.9.4 旗手（图7-108）

旗手必须警惕道路上的交通状况，或者根据工作区域的进程要求间歇性地阻止交通。旗手的指挥可为施工养护人员和公众提供安全保护。作为一个旗手，必须有高度的警惕性、整洁的着装和高度的责任感。

旗手唯一的工作任务就是工作区域保护和交通管制。旗手在工作中不能松懈，不能分心，必须值好每一班岗。必要的时候需要用"停"、"让"警示板。旗子可以在十字路口使用，或在无法判断对向交通流等条件下使用。

使用旗帜的情形：

（1）单车道的双向交通流；

（2）短期封闭的道路；

（3）需要大幅度减速的交通；

（4）距离不足、阻碍视线，需提高预警的路段；

（5）信息变化的情况下，必须传达给驾驶员；

（6）对向交通流在十字路口需得到控制；

（7）安装和移动其他交通控制装置；

（8）需要采取特殊措施的情况。

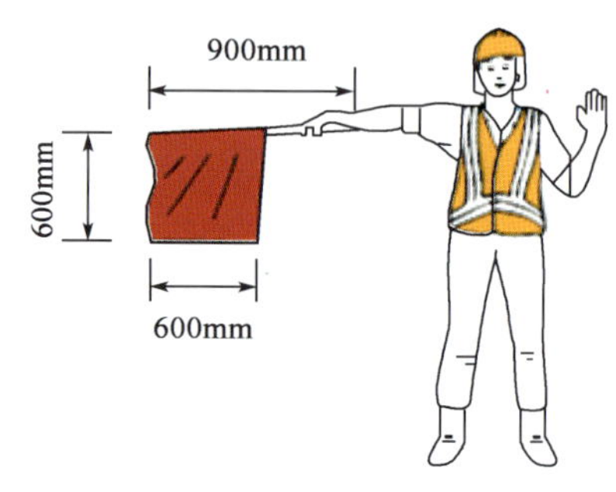

图7-108 旗手

7.9.5 交通管制人员（图7-109）

交通管制人员（TPCs）用来调节道路上的交通流量，防止车辆、行人和工作区域设备之间发生冲突；也可以用来控制车辆通过施工人员和设备时的行驶速度。当其他所有方法都不能够充分地控制、引导、规范交通，提醒驾驶员时，就应设置交通管制人员。

图7-109 交通管制人员

适合设置交通管制人员的常见情况：两车道的断面部分暂时减少为单车道的交互式单向交通管制，以及阻止公共交通允许施工设备进入工作区域或者横穿马路等现象。

7.9.6 交通管制人员服装（图7-110）

交通管制人员必须穿防护服装。荧光黄绿色或荧光橙红色是两个公认背景的颜色，该服装需有荧光对比色彩条纹，其宽度大于等于100mm。

交通管制人员穿戴的安全服饰应满足以下条件：

（1）服装背面的"×"需对称从肩膀到腰部。

（2）两个垂直条纹在前面跨过肩膀延伸到腰部。

（3）腰部的横条纹：延伸的条纹从背后围着腰部在前面结束，能够扣合（临时拉链等）。

图 7-110 交通管制人员服装

7.9.7 现场施工人员服装(图 7-111)

现场施工人员必须穿上安全的反光服（背心或夹克）。荧光、对比条纹以及服装样式等都应满足规范要求。

图 7-111 现场施工人员服装

7.9.8 移动式标志车(图 7-112)

移动式标志车警示板的板面上固设有交通警示标志,不仅白天使用,更适合夜间在公路、高速公路、施工现场、事故现场等处提醒驾驶员,使其具有明确的行驶方向和行驶速度。

图 7-112 移动式标志车(尺寸单位:mm)

8 养护施工区交通控制人员

8.1 概述

交通控制人员主要用于规范交通流，避免行人、车辆、施工人员和施工区域器材发生冲突（表8-1）。交通控制人员也可用于控制接近施工人员或设备的车辆的速度。在其他的交通控制方法不足以有效地警告、引导或规范交通流时，需要交通控制人员执行操作。

交通控制人员常用于双向通行道路区段临时改为单车道的单向交通和禁止公共交通流通行，以保证施工设备能够进入或通过道路的情况。

交通控制人员在某些地点可以不设置，让车辆自行规范通过，但是该区域不应延伸到交叉口。临时车道控制信号灯或临时交通信号灯也可用于替代交通控制人员控制单车道上的双向交通流的区段。

在多车道公路的车道缩减段，一般不需要设置交通控制人员。

交通控制人员（TCP-Traffic Control Person）的设置　　表8-1

配备交通控制人员的条件	正常检测车速在60km/h以下，单车道或减速到某条车道	正常检测车速在70～90km/h，某条车道减速到另一条车道	某车道任意方向的任意车速
保护公用区域的工作人员	需要	需要	不需要
保护施工车辆穿越施工道路	需要	仅限施工区交通，而非公共交通	不需要
保护施工车辆进入施工道路	需要	仅限施工区交通，而非公共交通	不需要

8.2 责任

交通控制人员的责任是通过准确和审慎的交通控制信号和手势，有效地与通行车辆沟通，使交通信号的信息能够清楚传递。具体表现在以下几个方面：

（1）通过控制和指引交通流安全穿越工作区来保护施工人员和驾驶者；

（2）任何时候使交通流停止都要保证工作进度，否则，必须让交通流保持在减速状态下运行，避免发生交通拥堵和延误；

（3）保证施工设备安全、有效地运行；

（4）提醒工作人员注意即将发生的危险；

（5）确保公共交通比施工设备拥有优先权；

（6）在指挥交通时把工作重点放在交通控制上，而不执行其他任务。

8.3 必备条件

交通控制人员与车辆接触多，应该仔细挑选并进行培训。培训应该完成所有必要的课程。交通管制人员应该具备以下条件：

（1）灵敏的思维反应和一般常识；

(2)高度的警觉性；

(3)礼貌谨慎的工作态度；

(4)对于施工人员和公众安全的责任感；

(5)身体状况良好，尤其是视力和听力；

(6)穿着整洁；

(7)经认证的技能培训证明。

8.4 技能培训

交通管制人员应该明确其职责，在交通管制人员的培训中，应该强调以下几点：

(1)明确工作的重要性；

(2)礼貌谨慎的工作态度；

(3)符合职业健康与安全条例的高能见度的个人防护设备；

(4)交通管制人员的信号必须符合规则；

(5)在施工区域的合理位置工作，以确保公众、施工人员和交通管制人员的安全；

(6)高度的警觉性；

(7)遵守纪律，防止其他人在交通管制人员周围徘徊，并且在交通冲突未解决之前不能离开岗位；

(8)当交通管制人员不在岗时，需要移除“前方交通控制人员”标志。

8.5 设施设备

(1)所有的交通控制人员都应该穿着高反光性的服装，包括穿戴在夜间有反光带的安全帽、防护鞋以及护眼镜等；其安全设施必须保持清洁，处于良好状态。

(2)在夜间进行交通控制时需要足够的交通控制人员和设备。一座具有较好可见性的交通控制亭、反光的交通控制标志以及配有红色信号指挥棒和备用电池的闪光灯都是必备的。

(3)“前方有交通控制人员”标志必须设置在交通控制人员之前。交通控制人员使用的交通控制杆(停和慢)必须有反光膜，不允许采用其他的替代物。

(4)当某路段的交通控制人员相互之间不可见时，需要第三位交通控制人员或者其他通信工具来传达任意端交通控制人员的信号。

(5)在可行的地方使用慢速停止控制杆。特殊情况下需要用旗帜进行控制指挥交通流，旗帜可以用于交叉口或某些实际情况不适合使用控制杆的地方(例如有疾风的情况)。控制杆与旗帜的使用情况如表8-2所示。

交通控制人员手中信号设备的使用　　表8-2

优先使用的方法	仅限紧急情况下使用
停或慢的短棒	红旗

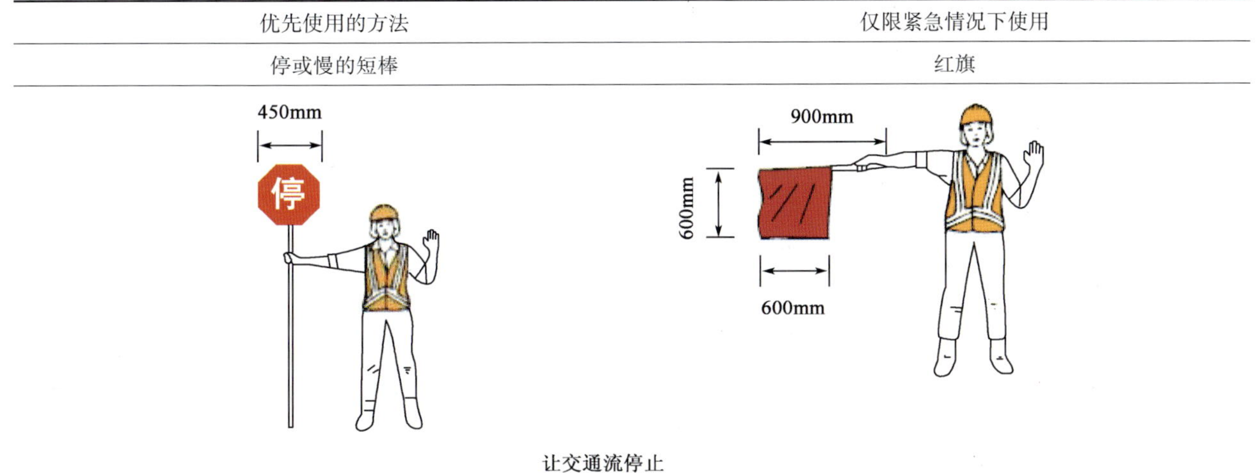

让交通流停止

续上表

优先使用的方法	仅限紧急情况下使用
停或慢的短棒	红旗

让交通流继续前行	

警告交通流减速慢行	

8.6 位置

当交通控制人员所处的位置会妨碍其他交通控制设施(如停车标志或交通信号)时,可能需要遮蔽标志或调整信号灯,以避免向驾驶者传递相反的信息。交通控制人员的设置位置应该满足以下要求(图8-1):

(1)站立在车辆行驶车道外侧。

(2)如没有明确要求,交通控制人员应该站立在施工区域25~75m的地方,以确保变换车道的足够空间或交通控制车辆的出入。

(3)面对交通流站立,但应注意停车线处的状况。

(4)施工区域邻近交叉口,位置不能满足上述三个要求的一点或两点时,可能需要站在交叉口中间。

(5)站立在能看见交通流,也能被车辆看见的地方。实际中,使交通控制人员尽可能站立在醒目的地方。

(6)在任何情况下,交通控制人员都应该站在最合适的地方指挥车辆通过施工区域。

(7)规划一条安全逃生线路。

(8)如果两个交通控制人员之间不可见,并且没有无线通信时,有必要设置第三个交通控制人员以传递信号。

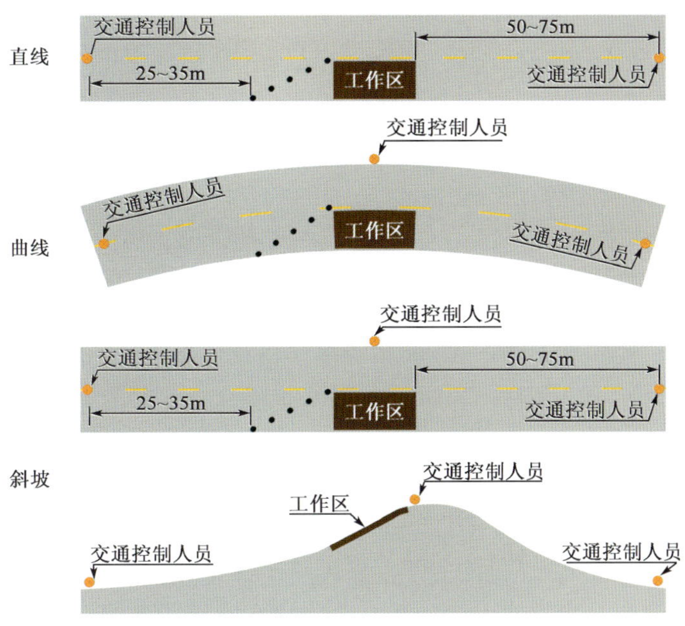

图 8-1 交通管制人员的位置

8.7 交通管制人员使用“停”或“慢”的交通控制杆

1）如何制止交通流

（1）站立在路肩上，右手握住交通控制杆，使用“停”一面使第一辆车停止（图 8-2）。控制杆应该处于静态，然后移动到中线并将控制杆握到左手。

（2）站立在能看见车辆和被车辆看见的地方，并有足够的安全制动距离，至少为 150m。

（3）站立在离施工区域有一定距离的地方，最好在 25 ~ 75m 之间，保障人员和车辆的安全。

2）如何使交通流减速

（1）将交通控制杆的“慢”一面伸入来车的车道上；

（2）为避免来车的停止，另一只手向前挥动指挥车辆通过。

3）着装

对于所有的交通控制人员来说，高可见度的服装、安全头罩和防护鞋是必需的。

个人防护衣和设备应该符合标准，头罩和防护鞋必须满足相关的规定，同时，头罩的帽檐部分应该为橘红色。

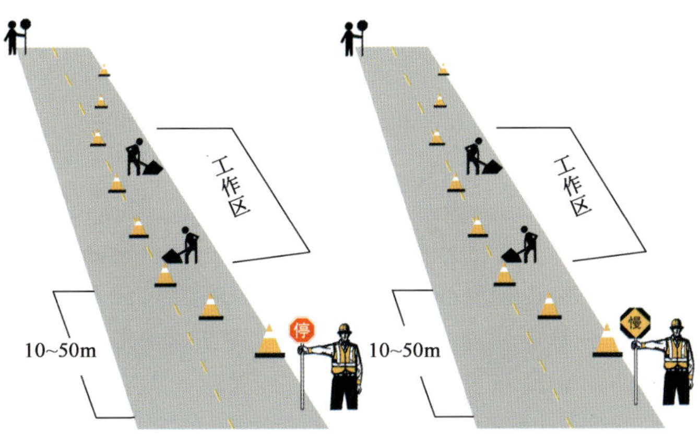

图 8-2 交通控制人员使用“停”或“慢”的交通控制杆

参考文献

[1] 中华人民共和国国家标准. GB 5768—2009 道路交通标志和标线[S]. 北京:中国标准出版社,2009.

[2] 中华人民共和国行业标准. JTG H30—2004 公路养护安全作业规程[S]. 北京:人民交通出版社,2004.

[3] 中华人民共和国行业标准. JTG B01—2003 公路工程技术标准[S]. 北京:人民交通出版社,2003.

[4] 中华人民共和国行业标准. JTG D20—2006 公路路线设计规范[S]. 北京:人民交通出版社,2006.

[5] 中华人民共和国行业标准. JTG D8—2006 公路交通安全设施设计规范[S]. 北京:人民交通出版社,2006.

[6] 中华人民共和国推荐性行业标准. JTG/T D81—2006 公路交通安全设施设计细则[S]. 北京:人民交通出版社,2006.

[7] 中华人民共和国行业标准. JTG F71—2006 公路交通安全设施施工技术规范[S]. 北京:人民交通出版社,2006.

[8] 中华人民共和国行业标准. JTG D80—2006 高速公路交通工程及沿线设施设计通用规范[S]. 北京:人民交通出版社,2007.

[9] 中华人民共和国行业标准. JTG A03—2007 国家高速公路网命名和编号规则[S]. 北京:人民交通出版社,2007.

[10] 中华人民共和国行业标准. 国家高速公路网相关标志更换工作实施技术指南(2007 年第 30 号公告).

[11] 美国联邦交通部. Manual on Uniform Traffic Control Devices,2003.

[12] 美国 Oregon 州交通部. Highway Design Manual,2003.

[13] 美国 Oregon 州交通部. Temporary Traffic Control Handbook,2006.

[14] 美国 Texas 州交通部. Compliant Work Zone Traffic Control Devices,2009.

[15] 美国 Colorado 州交通部. Work Zone Traffic Control Guidelines,2005.

[16] 美国纽约州交通部. Work Zone Traffic Control,2005.

[17] 加拿大联邦政府交通部. Manual of Standard Traffic Signs and Pavement Markings,2000.

[18] 加拿大安大略省交通部. Traffic Manual,2001.

[19] 加拿大 BC 省. Traffic Control Manual,1999.

[20] 加拿大 BC 省交通部. Trafic Control Manual for Work on Roadways,1999.

[21] 加拿大 Ontario 省交通部. Traffic Manual – Book6: Temporary Conditions,2001.

[22] 加拿大 Calgary 城市交通局. Temporary Traffic Control Manual,2009.

[23] 加拿大 Manitoba 省交通部. Work Zone Traffic Control Manual,2008.

[24] 英国 UK 交通部. TEMPORARY TRAFFIC MANAGEMENT,2001.

[25] 英国苏格兰交通局. Traffic Safety Measures and Signs for Road Works and Temporary Situations,2009.

[26] 周蔚吾. 道路交通标志标线设置技术手册[M]. 北京:知识产权出版社,2007.

[27] 周蔚吾. 公路交通标志标线综合设置技术[M]. 北京:人民交通出版社,2008.

[28] 交通部公路司. 降低造价公路设计指南[M]. 北京:人民交通出版社,2009.

[29] 交通部公路司. 新理念公路设计指南[M]. 北京:人民交通出版社,2009.

[30] 孙家驷,朱晓兵. 道路设计资料集 6 交叉设计[M]. 北京:人民交通出版社,2008.